Erich Boehme

Einleitung in die Sprachwissenschaft

AF291030

Verlag
der
Wissenschaften

Erich Boehme

Einleitung in die Sprachwissenschaft

ISBN/EAN: 9783957008329

Auflage: 1

Erscheinungsjahr: 2016

Erscheinungsort: Norderstedt, Deutschland

Hergestellt in Europa, USA, Kanada, Australien, Japan
Verlag der Wissenschaften in Hansebooks GmbH, Norderstedt

EINLEITUNG IN DIE
SPRACHWISSENSCHAFT

VON

Dr. VIKTOR PORZEZIŃSKI
PROFESSOR AN DER UNIVERSITÄT IN MOSKAU

AUTORISIERTE ÜBERSETZUNG AUS DEM RUSSISCHEN
VON
Dr. ERICH BOEHME
LEKTOR AN DER HANDELSHOCHSCHULE BERLIN

1910

LEIPZIG UND BERLIN

DRUCK UND VERLAG VON B. G. TEUBNER

VORWORT.

Nicht ohne Bedenken ging ich auf den Vorschlag der Firma B. G. Teubner ein, eine deutsche Übertragung meiner ʻEinleitung in die Sprachwissenschaft' erscheinen zu lassen. Einmal war klar, daß für das Buch, das einen kurzgefaßten Leitfaden für die Hörer meiner Vorlesungen an der Universität Moskau und an den Moskauer Frauenhochschulkursen darstellt, wesentliche Umgestaltungen nötig waren, weil für alle speziell auf das Russische und die anderen slavischen Sprachen bezugnehmenden Auseinandersetzungen eine neue, auf den Tatsachen des Deutschen beruhende Fassung gefunden werden mußte. Sodann stütze ich mich vielfach auf die Vorlesungen meines verehrten Lehrers Ph. F. Fortunatov (dessen Nachfolger auf dem Katheder der Sprachwissenschaft an der Universität Moskau ich bin), die bisher nicht im Buchhandel erschienen sind und nur in den lithographierten Ausgaben der Studentenschaft vorliegen. Doch entschloß ich mich schließlich zu dem Schritt, dessen Resultat das Buch in der hier vorliegenden Form ist. Weit entfernt von einer Überschätzung meiner ʻVorlesungen' dachte ich lediglich meine engeren Fachgenossen mit einigen Ideen meines Lehrers bekannt zu machen, die sich durch Tiefe des Gedankenganges auszeichnen, und gleichzeitig schien mir das Erscheinen einer solchen ʻEinleitung' im deutschen Gewande nicht überflüssig als Ergänzung der schon vorhandenen Hilfsmittel, um den Anfänger mit den modernen Auffassungen der Grundprobleme eines hochinteressanten Wissenszweiges bekannt zu machen. Wie weit mir das gelungen ist, mögen andere beurteilen. Jedenfalls haben ich und Dr. Boehme, der Übersetzer, dem ich bei dieser Gelegenheit meinen aufrichtigsten Dank sage, uns nach Kräften bemüht, diesen ʻVorlesungen' die für den Leserkreis, für welchen sie bestimmt sind, entsprechende Gestalt zu geben. Endlich ist es mir eine angenehme Verpflichtung, alle die meiner Dankbarkeit zu versichern, die mir mit Rat oder Tat behilflich gewesen sind.

Moskau, März 1910.

V. PORZEZIŃSKI.

INHALT.

I. Gegenstand der Sprachwissenschaft, ihre Aufgaben und Methoden.

Das Untersuchungsobjekt der Sprachwissenschaft ist die menschliche Sprache. „Sprache" im weitesten Sinne des Wortes heißt die Gesamtheit derjenigen Zeichen unserer Gedanken und Gefühle, die äußerer Wahrnehmung zugänglich sind, und die wir willkürlich hervorbringen und wiederholen können. Diese Definition schließt also aus dem Begriff „Sprache" einmal bestimmte Momente unseres Seelenlebens aus, die unmittelbarer Äußerung nicht fähig sind, dann verschiedene von unserm Willen unabhängige Reflexe, die unwillkürliche Nebenerscheinungen seelischer Zustände sind. Weil nun die Wortsprache, d. h. die Sprache, deren Ausdruckszeichen Wörter sind (d. h. äußerlich betrachtet, Sprachlaute oder Kombinationen solcher), von höchster Bedeutung für die geistige Entwicklung der Menschheit ist und gleichzeitig den gewöhnlichsten und vollkommensten Typus einer Sprache darstellt, wird der Begriff „Sprache" ohne weitere Erläuterungen in der Regel in diesem Sinne verstanden. Auch in unserer Darstellung wird überall, wo es nicht ausdrücklich anders bemerkt, „Sprache" als „Wortsprache" verstanden, Sprachwissenschaft oder Linguistik als die Wissenschaft von dieser Sprache.

Man weiß, daß keine Sprache im Laufe der Zeit unverändert bleibt, sondern daß eine jede bestimmten Umgestaltungen äußerer oder innerer Art unterworfen ist; die Zustände jeder Epoche im Leben der Sprache gehen also auf die vorangegangenen zurück, denen gegenüber sie in bestimmter Weise verändert sind. Diese Tatsache als solche hatte man schon früh erkannt, doch lernte man sie erst richtig würdigen, als man aufhörte, die hierher gehörigen Erscheinungen lediglich für ein Spiel von strenger Nachprüfung und Erklärung im einzelnen nicht unterworfener Zufälligkeiten zu halten, d. h. erst als der Begriff der Sprachgeschichte aufkam, als eines entwicklungsgeschichtlich begründeten Zusammenhangs der Erscheinungen jeder Epoche des Sprachlebens mit denen der voraufgegangenen und der folgenden. Weitere Beobachtungen ergaben, daß die Umgestaltungen der Sprache gesetzmäßig vor sich gehen. Daraus ergibt sich auch die allein mögliche Art wissenschaftlicher Sprachbetrachtung. Als erster Grundsatz der wissenschaftlichen Methodik hat zu gelten, daß das Untersuchungsobjekt, welches eine gesetzmäßige Folge von Erscheinungen darstellt, in deren historischem Zusammenhange betrachtet wird. Die allgemeine Aufgabe unserer Wissenschaft läßt sich also definieren als Geschichte der menschlichen Sprache.

So wie das letzte Endziel der Sozialgeschichte die Klarlegung der allgemeinen Bedingungen der Entstehung, des Bestehens und der Entwicklung der Formen des menschlichen Zusammenlebens ist, so muß uns auch in der Sprachwissenschaft die historische Betrachtung der Einzelsprachen zur Erkenntnis der allgemeinen Gesetze führen, die Entstehung und Leben der Sprache in allen ihren verschiedenen Formen bestimmen. Diese beiden Aufgaben — die zunächstliegende, Erforschung der Geschichte der Einzelsprachen, und die weiterführende, Aufhellung der Geschichte der Sprache im allgemeinen — stehen in so enger Beziehung miteinander, daß die Arbeit nur dann Früchte verheißt, wenn sie einmal da, wo es sich um die konkrete Wirklichkeit handelt, sich stets streng von unserer Kenntnis der allgemeinen sprachlichen Prozesse leiten läßt, und auf dem allgemeineren Gebiete andrerseits niemals den realen Boden der wirklich gegebenen Sprachen verläßt. Die Erfolge der Wissenschaft auf dem ersten Arbeitsfelde bringen auch Fortschritte mit sich auf dem Wege zu den weitergesteckten Zielen der höheren Aufgabe, und jeder Schritt vorwärts auf dieser Bahn bedeutet ein entsprechendes Weiterschreiten der wissenschaftlichen Arbeit und ihrer Resultate dem ersten, näheren Ziele zu.

Mit der Definition der Linguistik als Wissenschaft der Geschichte der menschlichen Sprache legen wir die Grenze fest, die sie von den verwandten Wissensgebieten trennt. So muß uns augenscheinlich die Psychologie die Frage beantworten, wie überhaupt Sprachzeichen zustande kommen, und wie der Zusammenhang zwischen dem Wort und seiner sprachlichen Bedeutung, deren Zeichen das Wort ist, entsteht. Diesem Zusammenhang an konkreten Fällen in der Sprache historisch nachzugehen und die allgemeinen Bedingungen der Entstehung und weiteren Entwicklung eines Zusammenhanges womöglich in jedem Einzelfalle aufzuzeigen, ist schon die Aufgabe des Sprachforschers. Andrerseits vermittelt ihm die Physiologie des Menschen Kenntnis von der Beschaffenheit der Sprachwerkzeuge und ihren Funktionen, und vervollständigend treten die Lehren der Akustik hinzu; mit Hilfe solcher Kenntnisse hat der Linguist die Natur der Sprachlaute der betrachteten Einzelsprachen zu erklären und ebenso die Veränderungen, die der Lautbestand einer bestimmten Sprache im Laufe ihrer Existenz durchgemacht hat; unter Erweiterung des Kreises betrachteter Sprachen auch die allgemeinen Bedingungen, welche die Veränderungen des Lautkörpers der Sprache überhaupt bestimmen, und hier wird Zuhilfenahme der Psychologie unumgänglich, denn der psychische Faktor spielt da eine sehr wesentliche Rolle.

Indes die Sprache ist ja auch der Gegenstand der Philologie. Welches sind denn nun die Grenzen zwischen Sprachwissenschaft und Philologie? Um diese Frage zu beantworten, müssen wir zunächst definieren, was eigentlich Philologie ist. Die bedeutendsten Vertreter der Philologie in allen ihren Zweigen verstehen sie übereinstimmend als wissenschaftliches Studium der Kulturgeschichte eines bestimmten Volkes oder mehrerer kulturell einander nahestehender Völker in all ihren Erscheinungen. So erforscht die klassische Philologie (oft auch einfach Philologie, ohne jede weitere Bezeichnung, genannt, als die älteste von mehreren verwandten Disziplinen) die antike griechisch-römische Kultur, die slavische Philologie beschäftigt sich mit der Kulturgeschichte der Slaven, die germanische Philologie stellt sich dieselbe Aufgabe hinsichtlich der germanischen Völker usw. Für den Philologen hat die Beschäftigung mit der Sprache einmal das rein praktische Interesse, sich durch sie in den Besitz eines unentbehrlichen Hilfsmittels für weitere Arbeit zu setzen, sozusagen des Schlüssels zu einem Gebäude, das ihm sonst verschlossen bliebe; und andererseits muß er unbedingt die Sprache auch in den Bereich wissenschaftlicher Untersuchungen ziehen, als eine der Schöpfungen des betreffenden Volkes auf dem Gebiet der geistigen Kultur. In demselben Maße, in dem ein Philologe die Sprache wissenschaftlich betrachtet, muß er auch Linguist sein, ebenso wie er z. B. auf dem Gebiet der Sozialgeschichte Soziolog sein muß usw. Selbstverständlich liegt der Unterschied zwischen dem Philologen und den Vertretern der Spezialwissenschaften nicht in den Grundmethoden und im Arbeitssystem: sonst käme ja der Philologie nicht die Bedeutung einer Wissenschaft zu; der Unterschied liegt in der verschiedenen Betrachtungsweise des untersuchten Objektes. Für den Spezialisten auf dem Gebiete der Sprachwissenschaft, der Weltgeschichte, der allgemeinen Literaturgeschichte ist das betreffende Gebiet menschlicher Tätigkeit in ihren individuellen Erscheinungsweisen lediglich die Form, in welche allgemein-menschliche Bestrebungen gegossen sind, und welche ihre Existenz den jeweiligen Verhältnissen verdankt. Sein Endziel ist die Auffindung und Formulierung allgemeiner Gesetze eines Zweiges der menschlichen Kulturentwicklung im ganzen Umfange der durch Ort und Zeit bedingten Verschiedenheiten in den einzelnen Fällen. Dagegen sind für den Philologen Sprache, Literatur, staatliches und soziales Leben die Bestandteile der Kultur eines Volkes; indem er sie als solche studiert, beleuchtet er vor allem alles Individuelle, alles Besondere, das seine Erklärung findet in der dem Ort und der Zeit eigentüm-

lichen Gruppierung der Elemente. Die Notwendigkeit einer
Arbeitsteilung bringt es mit sich, daß man unter Philologen,
die ein und dasselbe Ziel innerhalb eines bestimmten Kultur-
gebietes verfolgen, gewisse Schattierungen bemerken kann, in
dem Sinne, daß einer sein Interesse hauptsächlich der Sprache
und Literatur zuwendet, dieser der Geschichte, jener dem Staats-
recht usw. Ganz ebenso beschränken sich auch die Vertreter
der speziellen Wissenschaften (Sprachforscher, Historiker, Staats-
rechtler usw.) der Notwendigkeit folgend in ihren Arbeiten auf
einen bestimmten Kreis von Fragen.[1])

Aus der oben gegebenen Definition der Sprachwissenschaft,
als Geschichte der menschlichen Sprache, ergibt sich auch ihr
Verhältnis zur Erforschung von der menschlichen Sprache ana-
logen Erscheinungen des tierischen Seelenlebens, also der sog.
Tiersprache. Ohne die uns für die Erforschung der Äußerungen
der Tierseele zu Gebote stehenden Hilfsmittel zu überschätzen,
können wir doch zugeben, daß für die Lösung einiger Fragen zum
Ursprung der menschlichen Sprache das Studium der Tiersprache wichtiges Material liefern muß.

Obwohl also, wie wir sahen, die Sprachwissenschaft im engeren Sinne es mit der Wortsprache zu tun hat, darf sie doch nicht
ganz die Untersuchung der anderen Mittel beiseite lassen, die
zum Ausdruck unserer Gedanken und Gefühle dienen. Im einzelnen ist besonders wichtig die Gebärden- und Mienensprache,
deren Erforschung auch manches Streiflicht auf die Frage nach
dem Ursprung der Sprache wirft.

Wir wissen bereits, daß die Sprachwissenschaft die Tatsachen

---

1) Natürlich muß der Sprachforscher da, wo er es mit noch ganz
unbearbeitetem Material zu tun hat (z. B. wenn er sein Material direkt
aus Handschriften zusammenträgt), zunächst die wissenschaftlichen
Methoden und vorbereitenden Arbeitsweisen anwenden, die sich
namentlich bei der Bearbeitung der antiken Sprachen bewährt haben.
Auch noch aus einem anderen Grunde muß er mit der „philologi-
schen" Methode gründlich vertraut sein: er muß genügend in die
„Philologie" eingearbeitet sein, um sich ihren Resultaten nicht nur
passiv, sondern auch aktiv kritisch gegenüber verhalten zu können.

einer jeden Sprachperiode in ihrem historischen Zusammenhange mit den Erscheinungen der vorangehenden und, wenn solche vorhanden, der folgenden Epochen untersucht. Die Grundmethode unserer Wissenschaft ist also die vergleichende. Durch vergleichende Betrachtung der verschiedenen Perioden einer Sprache, durch vergleichende Betrachtung ihrer Dialekte und ferner durch vergleichendes Studium einer ganzen Gruppe von Sprachen, die als Abkömmlinge einer gemeinsamen Ursprache miteinander verwandt sind, erschließen wir die Vergangenheit der untersuchten Sprache. Die richtige Anwendung der vergleichenden Methode liefert sehr genaue Resultate, und vor uns rollt sich ein breites Bild der ganzen Reihe einander ablösender Stadien auf, welche die betreffende Sprache in ihrer Entwicklung durchlaufen hat. Man darf nicht etwa denken, daß zuverlässig nur die Resultate sind, die sich bei vergleichend-historischer Betrachtung verschiedener Perioden einer Sprache ergeben, die in schriftlichen Denkmälern vorliegt, und daß, wenn wir durch Vergleichung der verschiedenen Dialekte der Sprache die Epoche ihres gemeinsamen Lebens, als diese noch ein Ganzes bildeten, rekonstruieren, wir uns in das Gebiet der Hypothese verlieren, namentlich wenn wir bis in eine entlegene Vorzeit eindringen, als die Sprache noch ein Ganzes bildete mit anderen Sprachen desselben gemeinsamen Ursprungs. Das wäre ein grobes Mißverständnis: wenn die vergleichende Methode verläßliche Resultate für die im engsten Sinne historischen Perioden des Lebens einer Sprache gibt, so haben die bei richtiger Anwendung der vergleichenden Methode für die vorhistorischen Perioden gewonnenen Daten denselben Wert. Die beste Widerlegung aller Zweifel ist ein ganz konkreter Fall, ein Resultat, das da gewonnen wurde, wo wir unsere Konstruktionen objektiv nachprüfen können. Ich denke hier an die vergleichende Betrachtung der romanischen Sprachen, der Nachkommen des Lateinischen, die im allgemeinen dasselbe Bild ergibt, das uns aus den Denkmälern des letzteren wohlbekannt ist, mit sehr wichtigen Ergänzungen zu den Tatsachen der lateinischen lebendigen Volkssprache, die in der Literatursprache keinen Ausdruck gefunden haben. Von einigen besonderen Schwierigkeiten und Problemen bei der Rekonstruktion einer Ursprache, der gemeinsamen Vorfahrin einer Anzahl gegebener Sprachen, soll späterhin noch die Rede sein: vorläufig ist es uns nur wichtig, die prinzipielle Seite der Sache zu betonen.

Also aus dem Wesen der Sprachwissenschaft selbst ergibt sich zu allererst die Notwendigkeit vergleichend-historischer Betrachtung verwandter Sprachen, denn ohne diese würden wir das Forschungsgebiet willkürlich beschränken und dadurch entstellen, wie das auch tatsächlich geschah, als man noch keine richtigen Vorstellungen von den Beziehungen der Sprachen untereinander hatte, die, wie wir jetzt wissen, durch gemeinsame Abstammung genetisch verwandt sind.

Doch fordert die Sprachwissenschaft außer dem Studium genetisch verwandter Sprachen auch vergleichende Betrachtung nicht verwandter Sprachen. Denn alle Sprachen, die jemals existiert haben und jetzt existieren, haben gewisse gemeinsame Züge, die ihre Erklärung finden in der Ähnlichkeit der Bedingungen der Sprachentstehung und des Sprachlebens überhaupt. Bezüglich solcher Ähnlichkeitsbeziehungen müssen auch einander nicht verwandte Sprachen in den Kreis der Betrachtung einbezogen werden, ebenso wie auf dem Wege vergleichender Betrachtung auch ihre Verschiedenheiten zu bestimmen sind, die sich ihrerseits wieder erklären aus den Verschiedenheiten der allgemeinen Bedingungen, denen die betreffenden Sprachen unterworfen sind.

Diese weitgehende Anwendung der vergleichenden Methode rechtfertigt die Bezeichnung „vergleichende Sprachwissenschaft“, die aufkam in einer Zeit, als es sich darum handelte, den grundlegenden Unterschied zwischen der wissenschaftlichen Sprachbetrachtung und der bisherigen unwissenschaftlichen Behandlung der hierher gehörigen Fragen deutlich hervorzuheben. Allerdings kann eine falsche Auffassung dieser Bezeichnung zu einem groben Irrtum führen; man darf nämlich nicht etwa denken, es gäbe noch eine andere, eine nicht vergleichende Sprachwissenschaft. Tatsächlich gibt es aber nur eine Wissenschaft von der Sprache, wie man sie auch nennen will; die unwissenschaftliche Sprachbetrachtung aber, die sich als ein Überbleibsel früherer Zeiten in der Schule erhalten hat, hat kein Anrecht auf den Namen einer Wissenschaft.

II. Hauptmomente der Geschichte der Sprachwissenschaft.

Die Sprachwissenschaft als die Wissenschaft der Geschichte der menschlichen Sprache existiert seit dem ersten Viertel des 19. Jahrhunderts. Bis dahin interessierten sich während all der langen Jahrhunderte die Kulturvölker unter anderem auch mehr oder weniger für Fragen aus dem Gebiet der Sprachwissenschaft; aber keine Versuche zu ihrer Lösung konnten die gewünschten Ergebnisse haben, weil sie alle, wie wir das jetzt wissen, entweder von falschen Voraussetzungen ausgingen oder nicht in der allein zum Ziel führenden Richtung angestellt wurden. Doch müssen wir uns wenigstens kurz mit den Hauptmomenten dieser vorwissenschaftlichen Periode bekannt machen, einmal um die Bedingungen in ihrer Gesamtheit klarzulegen, die eine wissenschaftliche Sprachbetrachtung gezeitigt haben, zum anderen weil es außerordentlich belehrend ist, sich eine Vorstellung zu machen, was in der Linguistik bis zum Anfang des 19. Jahrhunderts geleistet worden ist. Denn das Erbe der verflossenen Periode lebt ja bis heute in der Schule, die Rubriken und Schemata der Schulgrammatik haben immer noch Geltung, wenngleich sie, wie wir sehen werden, bis auf die Lehren der alexandrinischen Grammatiker zurückgehen. Und trotz der notwendigen, den vorwissenschaftlichen Konstruktionen und Folgerungen gegenüber zu übenden Kritik müssen wir doch die bedeutenden Verdienste anerkennen, die sich ihre Urheber erworben haben durch die sammelnde und

sichtende Arbeit, welche doch die spätere Durcharbeitung des
Materials nach neuen Prinzipien wesentlich erleichtert hat.

Ziemlich früh haben sich die Menschen sowohl mit der ganz
allgemeinen Frage nach dem Ursprung der Sprache beschäftigt,
wie auch mit spezielleren sprachlichen Problemen. Legenden
und Sagen über die Entstehung der Verschiedenheit der
Sprachen, in Verbindung damit auch häufig über den Ursprung
der Sprache überhaupt, finden wir bei Völkern, die auf dem
sogenannten Urzustand kultureller Entwicklung stehen, andrerseits enthält solche Erzählungen auch der Sagenbestand alter
Kulturvölker. Von diesen letzteren Überlieferungen hat für uns
den größten Wert die biblische Erzählung von der Verwirrung
der Sprachen beim Turmbau zu Babel, und aus dem Schöpfungs-
bericht Einzelheiten, aus denen der göttliche Ursprung der
Sprache gefolgert wurde, obwohl das zweite Kapitel der Genesis
ausdrücklich berichtet, daß alle Tiere dem Menschen vorgeführt
und von ihm benannt wurden. Wie wir sehen werden, beriefen
sich hierauf im Laufe mehrerer Jahrhunderte die jüdischen und
europäischen Gelehrten. Der Historiker der Sprachwissenschaft kann sich aber nicht auf eine ausführliche Untersuchung
und Kritik der Quellen derartiger naiver Vorstellungen von
der Sprache einlassen: das bleibt Sache des folkloristischen
Spezialforschers. Nur ist uns wichtig zu sehen, daß die Menschheit solche Fragen schon auf einer frühen Entwicklungsstufe
aufgeworfen hat. Weiter ist auch zu beachten, daß die Veranlassung für das Entstehen von die Verschiedenheit der Sprachen
erklärenden Legenden einfach die Beobachtung der tatsächlichen Wirklichkeit war, während die Frage nach der Entstehung
der Sprache durchaus nicht immer ihren Ursprung darin hatte,
daß der naive Glauben häufig diese Frage nicht von dem allgemeinen Problem der Herkunft alles Seienden trennte (und
auch heute noch nicht trennt).

Die allmähliche Entwicklung der Schrift, die verschiedene
Stufen durchgemacht hat, von der ideographischen Bilderschrift
bis zu der uns geläufigen Buchstabenschrift, hatte begreiflicher-

weise auch gewisse Fortschritte in den rein äußerlichen Anschauungen von der Sprache im Gefolge. In der Tat bedurfte es komplizierter und zeitlich langwieriger Gedankenarbeit, um einen ein Ganzes bildenden Lautkomplex, der sich der unmittelbaren Wahrnehmung darbietet, in einzelne Teile (Wörter) zu zerlegen, und weiterhin um zu finden, daß in den einzelnen Wörtern bestimmte Elemente sich wiederholen (wie etwa der Komplex *be* in *beten, Gabe, heben* usw.). Auf einer weiteren Entwicklungsstufe, beim Übergang von der Silbenschrift (die mit einem Zeichen eine ganze Silbe ausdrückt) zur Lautschrift, wurden in analoger Weise die Lautkomplexe, welche Silben ausmachen, in ihre Bestandteile zerlegt. Diese Arbeit, die nicht von allen Völkern selbständig geleistet wurde, — denn die Errungenschaften materieller und geistiger Kultur gehen gewöhnlich von einem Zentrum zum andern über — wurde immer mehr erweitert, kam aber nur einem Teil der sprachlichen Tatsachen zugute, indem sie den Grund legte zur Bestimmung der Bestandteile der Rede, als eines Lautkomplexes.

Mit den sprachlichen Tatsachen selbst begann das menschliche Denken sich erst etwas später zu beschäftigen. Den forschenden Verstand konnte darauf einmal der Umstand lenken, daß infolge allmählicher Veränderung der Sprache das literarische Erbe früherer Epochen, das die Nachkommen aus religiösen oder kulturellen Gründen wert hielten, dem unmittelbaren Verständnis schwer zugänglich wurde, — und dann mochte hierbei das Suchen nach einer Antwort auf die ganz allgemeinen Fragen nach dem Ursprung der Sprache eine Rolle spielen. Dieses Suchen steht im Zusammenhang mit dem allgemeinen Bestreben des erwachenden menschlichen Geistes, der den Schlüssel sucht zur Lösung der Welträtsel, die ihm die Natur auf Schritt und Tritt gestellt hat.

Unter den Kulturvölkern des Mittelmeergebietes nehmen ja eine hervorragende Stelle die alten Griechen ein, die Begründer unserer Zivilisation. Dieses reich begabte Volk, das die vom Orient übernommenen Bildungselemente verarbeitet hat, brachte eine außerordentlich hohe Kultur hervor. Das früh erwachende philosophische Denken der Griechen lenkte ihre Aufmerksamkeit auch auf die allgemeineren Fragen des Sprachlebens und der Sprachentwicklung. Sie waren bereits den ersten griechischen Philosophen nicht fremd; auf Grund der erhaltenen Fragmente ihrer Schriften und des Zeugnisses späterer Schriftsteller können wir uns eine allgemeine Vorstellung bilden, mit welchen Fragen aus dem uns hier interessierenden Gebiete sich einige der ältesten Vertreter des philosophischen Denkens im alten Griechenland beschäftigt haben. Die Haupt- und Grundfrage war für sie, ob ein notwendiger, natürlicher Zusammenhang zwischen der lautlichen Seite eines Wortes und seiner Bedeutung existiert, oder ob es keinen solchen Zusammenhang gibt, und das Wort seine Bedeutung nicht erhält infolge einer geheimnisvollen Beziehung zwischen den Lauten, aus denen es besteht, und dem Vorstellungsinhalt, dessen sprachliches Ausdruckszeichen es ist, sondern vielmehr nur durch Tradition, Abmachung, Übereinkommen. Diese Alternative gab das Thema für lebhafte Kontroversen auch noch in späterer Zeit, nämlich als die Sophisten die Besprechung philosophischer Themata auf Straßen und Märkte verlegten. Den Sophisten mußten infolge ihrer speziellen Studien auch noch andere Seiten des Sprachlebens beachtenswert erscheinen: gerade für sie hatten manche Fragen der Wortbedeutung ein besonderes Interesse, und wir wissen, daß der Sophist Prodikos sich mit den Synonymen beschäftigte; da er auf dem Standpunkt stand, daß zwischen den Wörtern und den durch sie ausgedrückten Vorstellungsinhalten ein notwendiger, natürlicher Zusammenhang besteht, mußte er natürlich leugnen, daß es in der Sprache verschiedene Wörter von gleicher Bedeutung gäbe.

Aristoteles, der Begründer der Lehre von den Redeteilen, erklärte, es gäbe in der Sprache keinen notwendigen, in der Natur der Dinge begründeten Zusammenhang zwischen dem Lautkörper des Wortes und seiner Bedeutung. Doch unterschied er nicht scharf genug die logischen Kategorien und ihren sprachlichen Ausdruck. Die Stoiker, die die Untersuchungen zur Bestimmung der wichtigsten grammatischen Kategorien weiter führten, sprachen sich wieder gegen diese Beantwortung der Frage aus und behaupteten, es existiere dieser notwendige Zusammenhang zwischen Bedeutung und Lautkörper des Wortes, wenn sie auch zugeben mußten, daß die Wörter nicht immer eine genaue Wiedergabe der Vorstellungen darstellen. Überhaupt sahen die Stoiker theoretisch in den Kategorien, in welche sie die Wörter und Wortformen zerfallen ließen, eine genaue Wiedergabe und Entsprechung der allgemeinen von der Logik aufgestellten Kategorien, aber in der Praxis mußten sie doch in dieser Hinsicht, wie auch bezüglich der oben erwähnten Frage zugeben, daß eine so genaue Entsprechung zwischen logischen und grammatischen Kategorien nicht existiert. Vor allem mußten sie einräumen, daß die Wörter häufig verschiedene Bedeutungen haben, im Gegensatz zu dem Postulat ihrer Theorie, nach der doch jedem Begriff ein besonderes Wort entsprechen müßte. Weiter hätte doch nach der Theorie in der Sprache z. B. strenge Entsprechung zwischen natürlichem und grammatischem Geschlecht bestehen müssen, was aber in der Tat nicht der Fall ist (auch im Deutschen gibt es derartige Fälle, vgl. einerseits *Hund – Hündin, Löwe – Löwin*, aber *der Sperling, der Zeisig, die Hyäne, das Pferd*). Wie nahe aber auch die Alten durch die Macht der Tatsachen dem Zugeständnisse gebracht wurden, daß die sprachlichen Kategorien von den allgemeinen logischen völlig unabhängig sind, sie konnten doch den entscheidenden Schritt nicht tun, weil sie eben die Sprache nur zu oberflächlich kannten.

Aus demselben Grunde schwankte das griechische Denken beständig, wie wir sahen, zwischen den beiden Antworten auf die Frage, ob ein natürlicher Zusammenhang bestehe zwischen den Vorstellungsinhalten und den Wörtern, welche sie bezeichnen. Auf Grund allgemeiner, abstrakter Erwägungen kann man allerdings diese Frage nicht beantworten. Wenn wir mit den

Alten sagen, daß im Falle der Existenz dieses Zusammenhanges es keine Unterschiede von Dialekten oder gesonderten Sprachen geben könne, kann man entgegnen: wohl, es gibt keinen solchen Zusammenhang, die Wörter haben ihre bestimmten Bedeutungen kraft der Tradition, des Übereinkommens: aber der erste Erfinder dieser Wörter mußte sich doch von irgend etwas leiten lassen, als er die einzelnen Gegenstände so oder so benannte! Hier versagte eben das antike Denken; man sah, daß in der Sprache bestimmte Zusammenhänge existieren, desgleichen zwischen den Wörtern, als Ausdruckszeichen der Vorstellungsinhalte, und diesen Vorstellungsinhalten selbst; aber solange die diese Fragen untersuchenden Gelehrten sich auf ihre eigene Sprache, und zwar in dem einen, gerade gegebenen Zustande beschränkten, bevor sie die Möglichkeit bekamen, tiefer in deren Geschicke einzudringen, sich von der Gesetzmäßigkeit der im Laufe der Zeit eintretenden Veränderungen zu überzeugen, bevor man dazu überging, die Ähnlichkeiten und Verschiedenheiten mehrerer Sprachen zu vergleichen, bevor die wissenschaftliche Psychologie aufkam, welche die in nächster Beziehung zur Sprache stehenden und sie teilweise bedingenden psychischen Vorgänge erklärt, — solange konnte natürlich keine Rede sein von irgendwie wissenschaftlicher Lösung dieser Frage.

Die alten Griechen haben sich also, wie wir sahen, schon frühzeitig mit Fragen des Sprachlebens beschäftigt, aus Beweggründen allgemein philosophischer Natur, strebend nach dem Verständnis von Wesen und Ursprung der Sprache, deren Bedeutung für das geistige Leben des Menschen sie auf ihre Weise sehr wohl einsahen; aber es kam schließlich in Griechenland eine Zeit, als noch etwas anderes Veranlassung zur Beschäftigung mit der Sprache ward. Im 3. Jahrhundert v. Chr. begann nämlich die Epoche, in der die homerischen Gedichte, der Nationalschatz der Griechen, ihr Hand- und Lehrbuch, aufhörten, dem unmittelbaren Verständnis ohne weiteres zugänglich zu sein, weil die Sprache der Gebildeten jener

Zeit recht merklich von der Sprache Homers abwich. Die Grundlage der damaligen gemeingriechischen Literatursprache war der Dialekt der attischen Prosa, mit Beimischung verschiedener anderer Elemente, während die Gedichte Homers im allgemeinen ihre traditionelle altjonische, durch einige Aeolismen gefärbte Form bewahrten. In Alexandrien, das ja eine so wichtige Rolle in der Geschichte der griechischen Kultur spielte, daß eine ganze Epoche ihrer Entwicklung die alexandrinische genannt wird, ward der Grund gelegt für eine systematische Bearbeitung der griechischen Grammatik. Dazu veranlaßte die Gelehrten das Bestreben, den Text des homerischen Epos sich selbst und anderen verständlich zu machen. Bei der Bearbeitung grammatischer, namentlich syntaktischer Fragen gingen die alexandrinischen Gelehrten teils von den sprachlichen Tatsachen selbst aus, teils ließen sie ihre Arbeit auch durch die allgemein logischen Definitionen und Kategorien bestimmen. Sie benutzten hierbei die Resultate der voraufgegangenen Denkarbeit der Philosophen, die, wie wir sahen, den Grund für die Feststellung der sprachlichen Kategorien gelegt hatten. Die Römer machten sich die Ergebnisse dieser Arbeiten zu eigen, wandten sie auf ihre eigene Sprache an und hinterließen sie mit allem andern, was den Fall des weströmischen Reiches überdauerte, dem modernen Europa als Erbe. Daher gehen die grammatischen Definitionen der modernen europäischen Sprachen im letzten Grunde auf die Griechen zurück; die Südslaven, die in engen Beziehungen zu Byzanz standen, und ferner die Ostslaven, die ihr Schrifttum von ihren Stammgenossen am Balkan erhalten hatten, übernahmen manches unmittelbar von den Griechen und erhielten später, als sie in engere Beziehungen mit dem Westen traten, diese Erbschaft aus dritter Hand.

Nehmen wir z. B. die Definition der Redeteile, wie sie in der Schulgrammatik vorgetragen wird, so finden wir da ein Gemisch von grammatischen und nichtgrammatischen Kategorien, das auf die Alexandriner zurückgeht. Tatsächlich kann die

Unterscheidung der Redeteile, als grammatischer Wortklassen, nur auf Verschiedenheit in der Formbildung begründet werden; aber in unserer Grammatik werden die veränderlichen Redeteile nach ihrer Bedeutung bestimmt (Substantiva — Benennungen von Gegenständen, Adjektiva von Eigenschaften usw.); unveränderliche Redeteile, die also weder Deklination noch Konjugation haben, werden ganz genau so behandelt und nach der Bedeutung, teils nach dem Gebrauch bestimmt; am schlimmsten ist, daß Interjektionen, die ihrer eigentlichen Bedeutung nach keine Wörter, d. h. Sprachzeichen für Vorstellungsinhalte sind, sondern lediglich Ausdrücke unserer Gefühle, auch zu den Redeteilen gerechnet werden, im Anschluß an die Römer, die hier die griechische Tradition ausgebaut haben. Wir kommen auf diese Fragen später noch zurück; einstweilen mag dies Beispiel genügen, um die in unseren grammatischen Lehrbüchern herrschende Verwirrung zu zeigen.

Ich will mich hier nicht auf Einzelheiten des Wirkens der Alexandriner einlassen, muß aber doch ein paar Worte sagen über zwei einander entgegengesetzte Grundtendenzen innerhalb desselben. Die sogenannten Analogisten, zu denen z. B. der berühmte Aristarch gehörte, wollten in der Sprache die Analogie aufzeigen, die ihr Ebenmaß und Vollendung verleiht, wobei unter „Analogie" vollständige Übereinstimmung zwischen den Sprach- und den Begriffskategorien verstanden wurde, so daß gleiche begriffliche Kategorien gleichartigen sprachlichen Ausdruck finden. Die Anomalisten, mit dem Stoiker Krates von Mallos an der Spitze, wiesen auf das Fehlen dieser Übereinstimmung in einer ganzen Reihe von Fällen hin und fochten aus diesem Grunde die Versuche ihrer Gegner, ein harmonisches System der Sprachformen zu konstruieren, an. Ich kam oben schon in anderem Zusammenhange auf die Frage zu sprechen; um das Wesen der Sache zu erklären, mag noch an einem konkreten Beispiel gezeigt werden, um was es sich bei dem Streit eigentlich handelte. Unter den maskulinen Substantiven auf -ας im Griechischen folgen einige der dritten

Deklination, andere der ersten (vgl. Βίας, Βίαντος neben Λυσίας, Λυσίου). Die Anomalisten wiesen nun die Analogisten auf derartige Fälle und fragten, wo denn hier die „Analogie" bliebe. Letztere suchten ihren Standpunkt zu retten durch den Hinweis darauf, daß z. B. Βίας zweisilbig, Λυσίας aber dreisilbig ist, und folglich Λυσίας mit Βίας nicht gleichartig sei. Solche Erwägungen erklären natürlich gar nichts; man kann solche Spracherscheinungen auch nicht erklären, ohne ihre Geschichte zu untersuchen. Hier tritt denn der Grundfehler des damaligen Systems klar hervor, das nur von einer bestimmten Epoche im Sprachleben ausging und sich gar nicht darum kümmerte, ob die Sprachtatsachen, die man im Auge hatte, immer das Aussehen besessen hatten, in dem sie gerade gegeben waren. Jetzt wissen wir, daß Wörter wie Βίας und Λυσίας in den Nominativendungen erst infolge bestimmter Lautvorgänge zusammenfielen, ihrer Herkunft nach aber ganz verschiedene Stämme darstellen. Doch war der Streit der Analogisten und Anomalisten durchaus nicht etwa fruchtlos; er zeitigte das erste grammatische System in unserem Kulturgebiet, das für ganz Europa vorbildlich blieb, den ersten Versuch, den ganzen Formenreichtum einer Sprache in Klassen und Rubriken zu ordnen, und wenn auch dieser Versuch weit hinter modernen wissenschaftlichen Anforderungen zurückbleibt, so stellt er doch einen wichtigen Schritt in der Entwicklung der linguistischen Kenntnisse dar, der die späteren Erfolge der Wissenschaft vorbereitet hat.

Unabhängig von den Griechen erwuchs im fernen Indien ein nicht weniger lebhaftes Interesse an sprachlichen Forschungen. Als man dort im Laufe der Zeit anfangen mußte, besondere Sorgfalt auf die Reinhaltung der Tradition der ältesten heiligen Texte zu verwenden, weil diese nicht mehr unmittelbar verständlich waren, machte sich ein starkes Bedürfnis geltend nach Hilfsmitteln, welche die unveränderte Erhaltung der Textgestalt, das Studium und die Auslegung der heiligen Bücher erleichtern konnten. So entstanden allmählich eine ganze

Reihe entsprechender Arbeiten, die teilweise auch auf uns
gekommen sind. Hierher gehört zunächst die Übertragung
der vier umfangreichen Sammlungen der vedischen Hymnen
aus der traditionellen zusammengezogenen Textgestalt in die
Form, die der Text gezeigt hätte, wenn die einzelnen Wörter
und Kompositionsglieder nicht im Satzzusammenhange lautlichen
Umgestaltungen unterworfen gewesen wären. Dann sind zu
erwähnen die Kommentare, die eine sehr genaue Analyse der
Ausspracheregeln bieten, welche von großem Verständnis und
feiner Beobachtungsgabe auf dem Gebiet der Physiologie der
menschlichen Sprachlaute zeugt, — ferner die Verzeichnisse der
schwer zu verstehenden Wörter und Ausdrücke, die ihrerseits
bald wieder Kommentare nötig machten. Auf uns ist eine
Sammlung von fünf Büchern eines solchen erklärenden Glossars
gekommen, mit dem Kommentar von Yāska, der sicher vor dem
berühmten Grammatiker Pāṇini gelebt hat, dessen Tätigkeit
man jetzt ins 4. Jahrh. v. Chr. verlegt. Schon Yāskas Arbeit
zeugt von einer bedeutenden Höhe der grammatischen Sprach-
analyse: so ist ihm schon die formelle Gestaltung der Wörter
klar, er operiert bereits mit der Lehre von der Herkunft
der Nominalstämme aus verbalen Wurzeln und bedient sich
im allgemeinen derselben Terminologie wie Pāṇini. Des letzteren Werk bedeutet die Vollendung der früheren Arbeiten
und gibt eine äußerst gedrängte Formulierung der phonetischen
und grammatischen Gesetze der Literatursprache des alten
Indien (des Sanskrit). Von der erstaunlichen Kürze des Ausdrucks, zu der es Pāṇini gebracht hat, mag folgendes Beispiel eine Vorstellung geben: die Regel, daß ein Suffix nicht
den Ton trägt, wird ausgedrückt durch Anfügung von *p* an
das betreffende Bildungselement; so bedeutet die Verbindung
mip, daß das Personalsuffix *mi* der 1. Person der Verba tonlos ist. Am schwächsten ist bei Pāṇini die Syntax bearbeitet,
und hierin liegt der wesentlichste Unterschied der indischen
von der griechischen Grammatik. Für die Analyse der for-
mellen Gestaltung der Worte, in der die altindische Grammatik

es zu einem hohen Grad von Virtuosität gebracht hat, ist gerade das Sanskrit ein besonders günstiges und dankbares Feld wegen der großen Durchsichtigkeit seiner etymologischen Zusammensetzung; in der Syntax überwiegen aber einmal Nebenordnung und die einfachsten Typen der Unterordnung von Sätzen, und dann vertritt der Reichtum an Komposita die syntaktischen Verbindungen anderer Sprachen. Man muß aber sagen, daß im alten Indien auf den erwähnten beiden Gebieten alles getan worden ist, was bei den damaligen wissenschaftlichen Verhältnissen, als der Begriff der Sprachgeschichte noch nicht existierte, möglich war. Das Bekanntwerden der Arbeiten der indischen Grammatiker spielte, wie wir noch sehen werden, im modernen Europa eine sehr wichtige Rolle für die Anfangsstadien der Sprachwissenschaft.

Pāṇinis Werk rief, wie zu erwarten, schnell eine Anzahl von Kommentaren hervor, und schließlich, im 13. Jahrh. n. Chr., gab der gelehrte Vopadeva seine Sanskritgrammatik heraus in einer für die Neuzeit leichteren und bequemeren Form. Ich will hier nicht auf weitere grammatische Arbeiten der Inder eingehen: es mag der Hinweis genügen, daß die Gelehrten die Arbeiten ihrer Vorgänger fortführten und sie auf immer neue Materien ausdehnten; der Erwähnung wert sind die Prākritgrammatiken (über das Prākrit vgl. Kap. III im Abschnitt über das Altindische) von Vararuci, aus dem 6. Jahrh. n. Chr. (?), und von Hemacandra, aus dem 12. Jahrh. n. Chr.

Wir müssen jetzt zu der uns nächstliegenden Aufgabe zurückkehren und untersuchen, wie sich im modernen Europa allmählich das Interesse am Sprachstudium entwickelte. Zunächst haben wir uns aber bei folgender Frage aufzuhalten. Als die alexandrinische Epoche der Entwicklung der griechischen Wissenschaft und Literatur anhob, waren die Griechen mit einer ganzen Reihe von asiatischen Völkerschaften ziemlich nahe bekannt geworden. Die Feldzüge Alexanders des Großen hatten sie gar bis nach Indien geführt. Weshalb haben nun die Griechen den Sprachen dieser Völker keine Beachtung geschenkt, namentlich aber der Sprache des alten Indien, die in den Werken einer ganzen Reihe von Gelehrten eine wohl abgerundete und vollendete grammatische Bearbeitung gefunden hatte, und die außerdem, wie wir wissen, mit der griechischen Sprache genetisch verwandt war? Eine solche Bekanntschaft hätte die Griechen in ihren Untersuchungen über allgemeine und grammatische Fragen auf einen breiteren Pfad führen können und hätte sie denselben Aufgaben gegenüber gestellt, die mehr wie zwanzig Jahrhunderte später sich aufdrängten, und zwar zum Teil eben unter dem unmittelbaren Einfluß der Bekanntschaft mit der altindischen Sprache. Der Grund, weshalb die Griechen aus all dem keinen Nutzen zogen, muß außer in den allgemeinen wissenschaftlichen Zeitverhältnissen auch darin gesucht werden, daß die Hellenen mit tiefster Verachtung auf die „Barbaren" herabsahen und für sie lediglich rein praktische Interessen übrig hatten. Einzig den Römern gegenüber, den besonderen historischen Verhältnissen zufolge, handelten sie anders. Die griechischen Gelehrten fanden es möglich, sich für die lateinische Sprache nicht lediglich aus praktischen Gesichtspunkten zu interessieren: sie beschäftigten sich z. B. mit der Frage der lateinischen Entlehnungen aus dem Griechischen, und diese Untersuchungen erweckten bei der schon rein äußerlich großen Ähnlichkeit der beiden Sprachen in Priscian die Vorstellung, die lateinische Sprache sei lediglich eine Umgestaltung der griechischen, und zwar des äolischen Dialektes.

Im Mittelalter kam die Sprachwissenschaft nur verhältnismäßig wenig vorwärts. Allerdings bedeutet die Ausbreitung des Christentums und die durch sie bedingte Notwendigkeit, zwecks erfolgreicherer Propaganda sich mit den einheimischen Sprachen zu beschäftigen, für eine Reihe von Völkerschaften den Beginn ihres Schrifttums (gotische Bibelübersetzung im 4. Jahrhundert, armenische im 5. Jahrhundert, usw.), aber wir kennen fast keine Spuren von grammatischen Bearbeitungen der verschiedenen Volkssprachen (Benfey führt in seiner ʿGeschichte der Sprachwissenschaft' nur eine Grammatik der kymrischen Sprache aus dem 13. Jahrhundert an, die aber auf einer älteren Arbeit, wohl aus dem 10. Jahrhundert beruht). Das erklärt sich wohl dadurch, daß die einheimischen Sprachen nicht Selbstzweck waren, sondern nur Mittel und Werkzeug zu elementarer Belehrung im Christentum; denn in allen gebildeten Kreisen Westeuropas beherrschte man ja zu jener Zeit das Lateinische.

Die grammatische Tradition übernahm Westeuropa von den Römern, die sie ihrerseits, wie wir sahen, von den Griechen überkommen hatten: die erste umfangreiche Arbeit in lateinischer Sprache, die recht unvollständig auf uns gekommen ist, ist Varros 'De lingua latina' (1. Jahrh. v. Chr.); aus dem 4. Jahrh. n. Chr. stammt Donats Grammatik, die in einer gekürzten Bearbeitung lange als Lehrbuch diente; ins 6. Jahrhundert gehören die achtzehn Bücher von Priscians 'Institutiones grammaticae', zu Justinians Zeit verfaßt, die ein Quellenwerk für die ganze Folgezeit wurden. Auf diesem Gebiet wurde im Mittelalter im allgemeinen wenig geleistet, und dies wenige fast ausschließlich in der Syntax, — einige Schemata wurden im Vergleich mit früher genauer festgelegt: so wurde der Unterschied zwischen Rektion und Kongruenz durchgeführt, anfangs in weiterem Sinne, dann aber im ganzen in derselben Form, in der ihn die Schulgrammatik seit dem 16. Jahrhundert angenommen hat; am wichtigsten war schließlich der Umstand, daß spekulative Erwägungen in die Sprachwissenschaft hineingetragen wurden, die die Spracherscheinungen vom Gesichtspunkt der allgemeinen Prinzipien erläuterten, die ihnen nach der Meinung der damaligen Gelehrten zugrunde lagen. Daraus wird auch das ausschließliche Interesse für die Syntax verständlich, d. h. für die Lehre vom Satz und seinen Teilen usw. Damals wirkte nicht einmal der Umstand ernüchternd, daß die Spracherscheinungen sich beständig den theoretischen Schemen nicht fügten; so verlangte die Theorie die Wortfolge: Subjekt Prädikat, Objekt, im Satz als die einzig normale; obwohl doch

im Lateinischen, das das hauptsächlichste Untersuchungsobjekt
darstellte, das Verbum am häufigsten die letzte Stelle im Satz
einnimmt.

Um mit dem Mittelalter abzuschließen, wäre zu erwähnen,
daß die Unentbehrlichkeit des Hebräischen für die Theologen
das kulturelle Europa mit einer Sprache bekannt machte, die
sich in ihrem Bau von Grund aus von den anderen europäischen
Sprachen unterschied; in der zweiten Hälfte des Mittelalters begann sich jedoch diese Kenntnis allmählich zu verringern und
versiegte fast ganz. Zur Zeit der Renaissance blühte sie mit
neuer Kraft wieder auf und spielte eine gewisse Rolle in der
Geschichte unserer Wissenschaft. Die Bekanntschaft mit einer
ganzen Reihe moderner Sprachen, — das Resultat der Epoche
der großen Entdeckungen, — und das während der Renaissance
überhaupt gesteigerte Interesse für Sprachstudien hatte bald
wichtige Folgen. Die Ähnlichkeit gewisser Sprachen konnte
nicht lange unbemerkt bleiben, und außerdem sprach ja die
biblische Überlieferung es geradezu aus, daß es eine Zeit gegeben habe, als alle Menschen eine Sprache redeten, die sich
erst nach dem Turmbau von Babel gespalten habe. Eben dieser
Umstand veranlaßte die Gelehrten der Renaissance in den offen-
baren Ähnlichkeiten einzelner Sprachen Spuren dieser fernen
Vergangenheit, als es auf der Erde nur eine Sprache gab, zu
sehen. Diese erste, der ganzen Menschheit gemeinsame Ursprache hatte sich nach der Meinung der erwähnten Gelehrten
im Hebräischen erhalten. Aber wie anspruchlos auch ihre linguistischen Operationen waren, lange konnten schließlich auch
sie nicht an diesem Gesichtspunkt festhalten. In der Tat lehrte
ja schon die unmittelbare Erfahrung, daß es unter den damals
bekannten Sprachen solche gab, die keine Spur der behaupteten Verwandtschaft mit dem Hebräischen zeigten. Namentlich
die Sprachen der Eingeborenen von Amerika bereiteten viel
Schwierigkeiten, weil sie sich absolut nicht in die genealogische
Klassifikation fügten, und ein Gelehrter, der in der 2. Hälfte
des 17. und zu Anfang des 18. Jahrhunderts lebte (Hadrian

Relandus), scheute sich nicht zu behaupten, die Amerikaner hätten ihre Sprachen absichtlich bis zur Unkenntlichkeit verändert, um ihren Feinden die Möglichkeit zu nehmen, ihre kriegerischen Signale und Befehle zu verstehen.

Aber bald gaben die Gelehrten die Versuche auf, alle Sprachen auf eine gemeinsame Ursprache zurückzuführen, weil die Unmöglichkeit, eine derartige Behauptung zu beweisen, zu augenscheinlich ward. So sprach sogar der Jesuit Lorenzo Hervas in seinem zu Anfang des 19. Jahrhunderts erschienenen Werke den Gedanken aus, die Sprachen hätten verschiedenen Ursprung und gingen nicht auf eine gemeinsame Quelle zurück. Allmählich kam man auch so weit, sich beim Vergleichen von Sprachen nicht auf zufällige Übereinstimmungen einiger Wörter zu beschränken, sondern tiefer in den Bau der verglichenen Sprachen einzudringen, weil Ähnlichkeiten einzelner Wörter sehr oft in Entlehnungen aus einer Sprache in die andere ihren Grund haben können, vgl. z. B. Wörter wie *Altar*, althochdeutsch *altāri*, *alteri* aus lateinischem *altare*; *Öl*, althochdeutsch *olei*, *oli* aus lateinischem *oleum*; *Despot* ist neuhochdeutsche Entlehnung aus griechischem δεσπότης usw. Es kam auch die von Leibniz sehr klar formulierte Forderung auf, die ältesten durch schriftliche Denkmäler bezeugten Epochen im Leben der betreffenden Sprache nicht unberücksichtigt zu lassen, sondern sie zur Vergleichung mit dem modernen Sprachzustand heranzuziehen.

Im 19. Jahrhundert wurde endlich die bisherige Art der Sprachbetrachtung unmöglich. Die wissenschaftliche Sprachforschung ist ein Ergebnis derselben Richtung im geistigen Leben Europas, welche die historische Schule Niebuhrs und Savignys hervorgebracht hat: ein Schüler des letzteren war u. a. Jakob Grimm. In dem speziellen Fall unserer Wissenschaft war die Entstehung des Begriffs „Sprachgeschichte" als des Begriffs von der Veränderung der sprachlichen Tatsachen im Laufe des Sprachlebens in genetischem Zusammenhang, wie wir sahen, von der vorhergehenden Epoche bereits vorbereitet, aber endgültig formte er sich doch erst unter dem Einfluß der Philosophie Schellings mit ihrer Theorie der organischen Entwicklung und der Philosophie Hegels mit ihrer Lehre vom dialektischen Prozeß und der objektiven Entwicklung der Idee. Der Begriff des Organismus ferner, die Vorstellung, daß Natur und Geist ohne äußere Einwirkung, infolge ihrer inneren Kräfte gesetzmäßig verschiedene Erscheinungsformen bilden, waren Schelling entlehnt, und nichts konnte besser die ganze Fruchtlosigkeit der Versuche des Rationalismus zeigen, auf Grund eines oberflächlichen Studiums einiger Sprachen und apriorischer Erwägungen ein allgemeines Schema zu finden, in das sich alle Erscheinungen und Besonderheiten der verschiedenartigen Sprachen gefügt hätten (die 'Grammaire générale et raisonnée', die aus dem Kloster Port Royal hervorgegangen ist, erschien zum erstenmal zu Anfang der letzten Hälfte des 17. Jahrhunderts). Andererseits bahnte Hegel mit seiner Lehre neuen Ansichten von Geschichte und geschichtlicher Entwicklung den Weg.

Bevor die Gelehrten nicht einsahen, daß man die Tatsachen des geistigen Lebens der Menschheit, sowie überhaupt die Naturerscheinungen, die im Laufe der Zeit Veränderungen unterworfen sind, in ihrem genetischen Zusammenhang, entwicklungsgeschichtlich betrachten muß, solange konnte auch keine Rede von wirklich wissenschaftlicher Behandlung derselben sein. Denn verstehen, was menschliche Gesellschaft, menschliche Sprache, Literatur heißt, die Gesetze ihres Seins und ihrer Entwicklung feststellen, kann man nur auf dem Wege historischer Betrachtung, durch Studium ihrer einzelnen Entwicklungsphasen. Wenn man früher in den Veränderungen, denen die Sprache im Laufe ihrer Existenz unterworfen ist, und in den Dialekten, in die sie zerfällt, bestenfalls eine nicht gesetzmäßige Erscheinung sah, die genauer Untersuchung nicht zugänglich ist, so wurde dieser Standpunkt schon im ersten Jahrzehnt des verflossenen Jahrhunderts unmöglich, wenn auch natürlich die Gesetze, denen das Sprachleben unterworfen ist, nur ganz allmählich entdeckt wurden, bzw. noch zu entdecken sind.

Wichtig, als die wissenschaftliche Richtung in der Sprachbetrachtung fördernd, war ferner der Umstand, daß im Anfang des 19. Jahrhunderts die europäischen Gelehrten sich gründlich mit dem Sanskrit bekannt machen konnten. Die ersten Nachrichten über diese Sprache waren im 16. Jahrhundert durch den Italiener Sassetti, der die große Ähnlichkeit dieser Sprache mit dem Italienischen an einer Reihe von Worten konstatiert hatte, nach Europa gekommen. Weiterhin bemühten sich die Missionare, näher mit dem Sanskrit bekannt zu werden; eine feste Grundlage für ein genaueres Studium der Sprache legten hochgebildete Vertreter der englischen Ostindischen Kompagnie, die einsahen, daß man ein Volk, das eine alte und originelle Kultur besitzt, nicht beherrschen kann, wenn man diese ignorieren will. Schon im Jahre 1786 sprach der englische Gelehrte Jones, ein Richter in Bengalen, die Behauptung aus, daß das Sanskrit in Verbalwurzeln und grammatischen Formen eine nahe Verwandtschaft mit dem Griechischen und Lateinischen zeige, und daß ferner diese Verwandtschaft so offenbar wäre, daß jeder Philologe bei einer Untersuchung der drei Sprachen zu der Ansicht kommen müsse, daß sie alle von einer einzigen Sprache abstammten, welche vielleicht nicht mehr existiere. Ein analoger, nur nicht ganz so überzeugender Grund besteht, fährt Jones fort, für die Ansicht, daß auch das Gotische und Keltische denselben Ursprung haben, wie das Sanskrit.

Zu Anfang des 19. Jahrhunderts erschien Friedrich von Schlegels Buch 'Über die Sprache und Weisheit der Indier' (1808), das sehr warm das Studium der Sprache und Literatur des alten Indien empfahl; für die Gelehrten wurde es absolut klar, daß das Altindische einigen anderen Sprachen (dem Griechischen, Lateinischen, Deutschen, Persischen) so sehr ähnlich ist, und zwar nicht nur in einzelnen Wörtern, sondern auch in der ganzen grammatischen Struktur, daß man dafür nur in einer gemeinsamen Abstammung aller dieser Sprachen die Erklärung finden konnte. Aber wenn auch diese Folgerung aus Schlegels talentvoller Darstellung auf der Hand lag, so war sie doch noch durch eine systematische, ins einzelne gehende Untersuchung nachzuweisen, und diese wurde bald von Franz Bopp geleistet. Schlegel selbst war der Ansicht, daß das Sanskrit die älteste der genannten Sprachen sei, und zwar so, daß die andern von ihm abstammten.

Man darf auch nicht übersehen, daß das Interesse für das alte Indien, seine Kultur und vor allem seine Literatursprache, das Sanskrit, dessen Kenntnis unentbehrlich war, wollte man in die Rätsel dieser geheimnisvoll lockenden Welt eindringen, in Deutschland außerordentlich durch die romantische Bewegung gefördert wurde und lange Zeit mit dem Streben ihrer Vertreter nach dem Wunderbaren und Phantastischen aufs engste zusammenhing. Schließlich übernahmen in der Erforschung der altindischen Sprache und Literatur zu Anfang des 19. Jahrhunderts die deutschen Gelehrten von den Engländern die Führung und haben sie bis heute inne.

Der erste Gelehrte, der die Verwandtschaft, das heißt die Abstammung von einem gemeinsamen Vorfahren zunächst des Altindischen, Griechischen, Lateinischen, Deutschen und Persischen, später auch der anderen indogermanischen Sprachen wirklich nachwies, war Franz Bopp. Sein nächster Vorgänger, Friedrich von Schlegel, hatte noch keinen umfassenden induktiven Beweis der von ihm aufgestellten These von der Verwandtschaft dieser fünf Sprachen gegeben; er hatte sich auf die Anführung einer Reihe von Beispielen beschränkt, ohne detaillierte Untersuchungen, sei es auch nur für eine bestimmte grammatische Kategorie zu liefern; doch hatte er schon als methodologische Forderung auf die Notwendigkeit der Untersuchung nicht nur der Ähnlichkeit einzelner Wörter der verschiedenen Sprachen — denn diese kann zufälligen Ursprungs sein —, sondern der ganzen inneren Struktur und Grammatik der verglichenen Sprachen hingewiesen, weil nur eine Übereinstimmung in dieser Hinsicht als Beweis für die Tatsache gemeinschaftlicher Abstammung gelten kann.

Franz Bopps erstes sprachwissenschaftliches Werk, das das Konjugationssystem im Sanskrit, Griechischen, Lateinischen,

Persischen und Deutschen behandelt, erschien im Jahre 1816[1]),
und mit ihm nimmt die Sprachwissenschaft ihren Anfang, wie
wir sehen also, auf dem Boden des Studiums von Sprachen,
die der großen indogermanischen Sprachfamilie angehören.
Mit dem Erscheinen des Boppschen Buches war es eine klare,
unbestreitbare Tatsache, daß die im Titel genannten Sprachen
gemeinsamen Ursprungs sind, von einer gemeinsamen Ursprache
abstammen, und bewiesen war das durch vergleichende Analyse der Konjugationsformen. Später veröffentlichte Bopp seine
'Vergleichende Grammatik der indogermanischen Sprachen'[2]),
in der er, soweit ihm das möglich war, sowohl die Geschichte
der Laute wie die Geschichte der Formen in den ältesten uns
bekannten Vertretern jedes einzelnen Zweiges unserer Sprachfamilie betrachtete.

Als Begründer der Sprachwissenschaft müssen wir neben
Bopp zwei seiner Zeitgenossen stellen: Jakob Grimm und Wilhelm von Humboldt. Jakob Grimm, der 1819 den ersten Band
seiner 'Deutschen Grammatik' herausgab, widmete sich dem

---

1) Franz Bopp wurde 1791 geboren. Zur Beschäftigung mit der
Sprache brachte ihn sein Streben, in die „Geheimnisse des menschlichen Geistes" einzudringen, wie sein Lehrer und Freund Windisch-
mann in der Vorrede zu Bopps erster sprachwissenschaftlicher Arbeit
bezeugt. Auf diesen Mystiker und Philosophen hatte Schlegels Buch
einen besonders starken Eindruck gemacht, und er wies seinen
jungen Freund auf das Studium des Sanskrit hin. Die Frucht dieser
Beschäftigungen war das Buch 'Über das Konjugationssystem der
Sanskritsprache in Vergleichung mit jenem der griechischen, lateinischen, persischen und germanischen Sprache'.

2) Die erste Auflage erschien heftweise seit 1833 unter dem Titel:
'Vergleichende Grammatik des Sanskrit, Zend, Griechischen, Lateinischen, Litauischen, Gotischen und Deutschen'. Das Altslavische
war mit behandelt vom 2. Heft an (1835). 1839 erschien eine besondere Untersuchung, die den keltischen Sprachen gewidmet war,
und in der zweiten Auflage der vergleichenden Grammatik (1856—
1861) wird dann auch das Armenische konsequent mit herangezogen.
Die letzte, dritte, posthume Auflage erschien 1868—1871. — Bopp
starb 1867 als Professor an der Universität Berlin.

Studium der Geschichte der germanischen Sprachen, deren verschiedene Entwicklungsstufen in schriftlichen Denkmälern und Inschriften seit dem 3.–4. Jahrh. n. Chr. überliefert sind. In der zweiten Auflage des ersten Bandes, die 1822 erschien, findet sich eine ausführliche Untersuchung der germanischen Lautgeschichte. Als Resultat ergab sich, daß die Laute der germanischen Sprachen sich im Laufe der Zeit mit einer gewissen Regelmäßigkeit verändert haben, und dieser Umstand hatte eine wichtige prinzipielle Bedeutung, da dadurch mit Sicherheit festgestellt war, daß in der Sprachgeschichte eine ganz bestimmte Gesetzmäßigkeit herrscht.

Wilhelm von Humboldt, dessen Hauptwerk, die 'Einleitung in die Kawisprache' mit der Abhandlung 'Über die Verschiedenheit des menschlichen Sprachbaues und ihren Einfluß auf die geistige Entwicklung des Menschengeschlechtes' im Jahre 1836 nach dem Tode des Verfassers von seinem Bruder herausgegeben wurde, trug dazu bei, daß alle Untersuchungen über die allgemeinen Bedingungen des Sprachlebens und über den Ursprung der Sprache auf den Boden der Psychologie gestellt wurden. Allerdings hatte Humboldt selbst sich noch nicht ganz von den Mängeln der früheren Methode freigemacht, doch waren sogar Humboldts Irrtümer für die weitere Entwicklung der Sprachwissenschaft von Nutzen: seine nächsten Nachfolger Steinthal und Lazarus hatten nun einen besser vorbereiteten Boden für ihre Untersuchungen vor sich, auf dem sich die Mängel der Methode und Anschauungen ihres großen Vorgängers scharf abhoben. Humboldts Verdienst besteht darin, daß er den früheren Versuchen, in die Geheimnisse der Sprache von falschen Ausgangspunkten aus einzudringen, ein Ende gemacht und die Lösung aller hier sich aufwerfenden Fragen auf den richtigen Boden gestellt hat, indem er zeigte, daß die Sprache, die Gabe des Wortes, nicht etwas Fremdes, Nebensächliches ist, das dem Menschen von außen zugekommen ist, sondern ein Resultat seiner Seelentätigkeit,[1] einer ihrer wichtigsten Akte,

---

1) Im Gegensatz zu früheren Forschern vertrat Humboldt mit be-

daß die geistige Entwicklung des Menschen und die Entwicklung der Sprache in engstem Zusammenhang stehen; und daraus ergab sich ohne weiteres ganz klar, daß die Antwort auf die Frage, wie die menschliche Sprache entstanden ist, die Wissenschaft geben muß, welche die psychischen Vorgänge und ihre Gesetze erforscht. Die Erfolge der Experimentalpsychologie, die im Laufe des 19. Jahrhunderts aufkam und die bisherige metaphysische Richtung ablöste, deren Problem weniger die realen Formen der Seelentätigkeit als die Seelensubstanz gewesen war, erlauben uns, in einem gewissen Grade die erwähnte Frage in bestimmter, streng wissenschaftlicher Weise zu beantworten, und geben uns gleichzeitig die Möglichkeit, Licht auf die psychischen Prozesse zu werfen, welche in nächster Beziehung zum Sprachleben stehen. Humboldt selbst nahm allerdings an, entsprechend seiner allgemeinen Weltanschauung, daß es keine endgültige Antwort auf die Frage nach dem Ursprung der Sprache gäbe, weil die Vereinigung des Denkens mit der Tätigkeit der Sprachorgane in der innersten Natur des Menschen wurzele.

So wurde also im ersten Viertel des vorigen Jahrhunderts die Sprachwissenschaft begründet, und infolge besonderer Umstände wurde die vergleichend-historische Methode zunächst auf die indogermanische Sprachfamilie angewendet. Und bis heute bewegt sich die wissenschaftliche Sprachbetrachtung fast ausschließlich auf diesem Boden: andere Sprachgruppen, mit Ausnahme der semitischen und finnischen, sind bisher noch gar nicht oder nur sehr wenig wissenschaftlich bearbeitet worden. Doch ist das nur eine zeitweilige Erscheinung, die ihre Erklärung in dem Umfang und der Schwierigkeit der Aufgaben findet: mit der Zeit wird die Sprachwissenschaft alle ihr zugänglichen Sprachen umfassen und ihre Geschichte in möglichster Vollständigkeit erforschen.

---

sonderer Entschiedenheit den Standpunkt, daß die Sprache nicht einfach ein einmal zugerichtetes Werkzeug sei (ἔργον), sondern eine sich beständig erneuernde Tätigkeit des menschlichen Geistes (ἐνέργεια).

Die Gründe, die das Entstehen der Sprachwissenschaft auf dem Felde gerade der indogermanischen Sprachen bedingten, sind teilweise schon durch die bisherige Darlegung erklärt: wir sahen, wie der ganze Gang ihrer Entwicklung und ihres Fortschrittes eng verbunden war mit der allgemeinen kulturellen Entwicklung des modernen Europa, deren Träger eben Völker sind, die indogermanische Sprachen reden. Doch darf man daneben auch nicht übersehen, daß gerade diese Sprachen eine besonders günstige Vereinigung von Bedingungen bieten, die in hohem Maße den Umschwung in den Anschauungen von der Sprache und den Sprachvorgängen begünstigten. Vor allem war ein außerordentlich wichtiger Punkt die ununterbrochene schriftliche Tradition vieler Repräsentanten unseres Sprachzweiges im Laufe eines sehr langen Zeitraumes, welche den Zustand der verschiedenen Epochen widerspiegelt. Zweitens waren zu Anfang des 19. Jahrhunderts die wichtigsten indogermanischen Sprachen genügend philologisch durchgearbeitet. Sodann hatten in dieser Zeit die europäischen Gelehrten sich schon genügend die Resultate der einheimischen Bearbeitungen des Sanskrit zu eigen gemacht, das an Altertümlichkeit seines Baues vielfach seine Schwestersprachen übertrifft. Endlich stehen die einzelnen indogermanischen Sprachen, namentlich in ihren ältesten uns bezeugten Perioden einander recht nahe, sogar schon rein äußerlich in lautlicher Hinsicht.

Die Mehrzahl der hier angeführten Umstände lag nicht vor für das Gebiet der semitischen Sprachen, von denen das Arabische und Hebräische der Gegenstand bedeutsamer und fruchtbarer wissenschaftlicher Forschung gewesen ist. Der Anfang war auch hier die Notwendigkeit, die traditionelle Gestalt der heiligen Texte (Koran und Bibel) rein zu erhalten, und die Notwendigkeit, die Sprache dieser Texte sorgfältigst zu studieren und zu kommentieren. Die schnell aufblühende, aber ebenso schnell auch wieder verfallende arabische Wissenschaft, die Erbin des hellenisierten Orients, hatte unter andern Errungenschaften auch allerhand auf dem Gebiet grammatischer Bearbeitung der Sprache getan, wenn auch vielleicht nicht genügend systematisch. Die Juden mußten sich mit dem Studium der Sprache ihrer heiligen Bücher ziemlich früh befassen (Übersetzung der Bibel ins Syro-Chaldäische, das lange vor unserer Ära die Umgangssprache Palästinas war); besonders intensiv und fruchtbringend wurden aber diese Arbeiten, seit sie die Forschungsergebnisse der Araber angenommen hatten. Die Verwandtschaft des Hebräischen und des Arabischen konnte ihnen nicht entgehen, doch hatten sie noch nicht das richtige Verständnis dafür (das Arabische galt als ein Abkömmling des Hebräischen), und sie konnten dazu auch noch nicht kommen, weil einige in wissenschaftlicher Hinsicht sehr wichtige Repräsentanten der semitischen Sprachfamilie ihnen noch nicht bekannt waren (das Altassyrische z. B. wird erst vor unseren Augen der Wissenschaft zugänglich), und weil für eine richtige Wertung der bemerkten Ähnlichkeit ein erleichternder Umstand, der für das Indogermanische in Betracht kam, fortfiel: es gab nämlich keine ununterbrochene schriftliche Tradition, die eine Reihe voneinander ablösenden Epochen der Sprachgeschichte für eine längere Zeitperiode festgelegt hätte.

Es ist also begreiflich, daß die Geschichte der Sprachwissenschaft als einer wissenschaftlichen Disziplin fast mit der Geschichte der vergleichend-historischen Erforschung der indogermanischen Sprachen zusammenfällt. Auf die verschiedenen Details dieser letzteren kann ich mich hier natürlich nicht einlassen: ich will mich nur bemühen, die wichtigsten Richtungen, die einander abgelöst haben, kurz skizzierend zu charakterisieren und auf die Resultate hinzuweisen, sowohl bezüglich der speziellen Probleme, wie auch der mehr allgemeinen Fragen des Sprachlebens. Natürlich werden wir später bei der Übersicht der Einzelheiten des letzteren auf manche Momente des Fortschreitens unserer Wissenschaft genauer einzugehen haben, die wir jetzt nur in allgemeinen Zügen andeuten wollen.

In der Vorrede zur ersten Auflage von Bopps 'Vergleichender Grammatik' finden wir die folgende Definition der Aufgaben,

die sich der Begründer der Sprachwissenschaft in seinem
großen Werk gestellt hat: „Ich beabsichtige in diesem Buche
eine vergleichende, alles Verwandte zusammenfassende Be-
schreibung des Organismus der auf dem Titel genannten Sprachen, eine Erforschung ihrer physischen und mechanischen
Gesetze und des Ursprungs der die grammatischen Verhältnisse bezeichnenden Formen. Nur das Geheimnis der Wurzeln
oder des Benennungsgrundes der Urbegriffe lassen wir unan-
getastet." Das Endziel ist also die Erkenntnis des Ursprungs
der grammatischen Formen in den indogermanischen Sprachen;
das Mittel zur Lösung dieser Aufgabe ist die Vergleichung der
verwandten Elemente genannter Sprachen, die nicht möglich
ist ohne Festlegung der Gesetze, welche die Lautveränderungen,
denen sie unterworfen sind, bedingen: nämlich unter physischen
und mechanischen Gesetzen verstand Bopp das, was wir jetzt
Lautgesetze nennen.

Bei näherem Eingehen auf den Inhalt der 'Vergleichenden
Grammatik' zeigt sich, daß tatsächlich ihr höchstes und Endziel die Beantwortung der Frage nach dem Ursprung der grammatischen Formen in unserer Sprachfamilie ist; die Grundlagen des im allgemeinen harmonischen Systems hatte Bopp
großenteils schon früher in einer Reihe vorbereitender Arbeiten gegeben. Bei so weiter Problemstellung zeigte sich
des Verfassers zweifellose Genialität und die hervorragende
Besonnenheit seines Denkens. Ihm war es klar, daß man
mit den Mitteln, über welche die damalige Wissenschaft ver-
fügte, in das „Geheimnis der Wurzeln" nicht eindringen
konnte, ohne jeden festen Boden unter den Füßen zu verlieren; andrerseits erfaßte er die ganze Weite des Horizontes,
die seinem weitschauenden Blicke zugänglich war. Die weitere
Entwicklung der Wissenschaft hat gezeigt, daß den Schwer-
punkt der Forschung die Aufhellung der Geschichte der indogermanischen Sprachen bilden muß vom Augenblicke der Spaltung der indogermanischen Ursprache bis zu ihren letzten,
wissenschaftlicher Untersuchung zugänglichen Perioden, daß

für die Feststellung des Ursprungs ursprachlicher Tatsachen einstweilen die Mittel nicht ausreichen; aber in der Epoche der Begründung unserer Wissenschaft schien es wohl möglich, das von Bopp aufgebaute System zu konstruieren, unter Benutzung der Ideen, welche die bisherige Entwicklung der Linguistik gezeitigt hatte. Jedenfalls, wenn man auch zugeben muß, daß Bopps System als Ganzes außerhalb der Grenzen der modernen realen wissenschaftlichen Weltanschauung liegt, darf man doch nicht übersehen, daß sein Grundgedanke und sogar viele Einzelheiten wertvolle Hypothesen sind, die vieles für sich haben, aber einstweilen keine objektive Nachprüfung zulassen, weil wir uns gegenwärtig zu der Fragestellung etwas anders verhalten. Ausführlicher gehe ich auf Bopps Hypothesen weiter unten ein (Kapitel IX).

In Übereinstimmung mit seiner Grundaufgabe beschränkte sich der Begründer der vergleichenden Sprachwissenschaft darauf, in den von ihm betrachteten Sprachen die verwandten Elemente aufzuzeigen und auf ihren genetischen Zusammenhang hinzuweisen, ohne genauer auf die ursprachlichen Tatsachen selbst oder die Einzelheiten ihrer äußeren Geschichte in den Einzelsprachen einzugehen.

Dieses Verhältnis zur Lautgeschichte der Wörter stimmte auch ganz zu der theoretischen Auffassung von der letzteren. Wie Bopp, so dachten auch viele seiner Nachfolger, daß die Sprache in dieser Hinsicht nicht mehr Beständigkeit und Konsequenz darstelle, als ein Fluß- oder Meeresufer, das von der Brandung abgewaschen wird. Wenn nun aber auch für seinen genialen Blick nicht immer strenge Direktiven nötig waren, weil er vieles erriet, wo für minder begabte Naturen subtile Kleinarbeit nötig gewesen wäre, so standen doch seine Nachfolger bald der unbedingten Notwendigkeit gegenüber, eine detaillierte Darstellung des gegenseitigen Verhältnisses der Laute genetisch verwandter Sprachen zu liefern. Einen soliden Grund für diese Arbeit hatte schon Grimm gelegt. Durch Gegenüberstellung der germanischen Sprachen mit dem Grie-

chischen und Lateinischen hatte er das Gesetz der sog. Lautverschiebung entdeckt: dies formulierte die Veränderungen,
die hier eingetreten waren, gegenüber einer älteren Periode,
für welche Grimm aufschließende Hinweise in den klassischen
Sprachen fand. Wenn auch die Haupttatsachen der sog. ersten
Lautverschiebung schon vor Grimm von dem dänischen
Gelehrten Rask entdeckt worden waren, so wußte doch
Grimm davon nicht. Weiter verdient die Tätigkeit von August
Friedrich Pott (1802—1887) erwähnt zu werden, der die
vergleichende Lautlehre bedeutend förderte durch seine
'Etymologischen Forschungen', die seit 1833 erschienen.
Von ihm rührt eine Reihe richtiger Etymologien her sowie
die ersten Lautvergleichungstabellen für unsere Sprachfamilie.

Die weiteren Fortschritte auf dem Gebiete der Etymologie
und Lautlehre[1]) stehen in engem Zusammenhang mit den Arbeiten einer ganzen Generation von Forschern, die sich dem
Studium der Einzelsprachen und Sprachgruppen widmeten, an
welche frühere Generationen noch weniger die Hand gelegt
hatten, aber auch dem weiteren Ausbau der Kenntnisse auf Gebieten, die schon mehr oder weniger genügend beachtet worden waren. Ich nenne hier die Arbeiten von Miklosich über
die slavischen Sprachen, Zeuß über die keltischen und
Schleicher über das Litauische; aus der zweiten Kategorie
Benfeys Arbeiten auf griechischem und altindischem Gebiete,
und ferner Böhtlingk und Roths großartiges altindisches
Wörterbuch, dessen Vollendung schon der folgenden Periode
in der Geschichte der Sprachwissenschaft angehört. Dieses
letztere Werk war deswegen von so außerordentlicher Bedeutung, weil bis zu seinem Erscheinen die europäischen Gelehrten
zu sehr von den einheimischen indischen Hilfsmitteln und Tra-

---

1) Etymologie heißt der Teil der Sprachwissenschaft, der die
Wörter nach ihrer Herkunft untersucht. Der Gegenstand der Lautlehre ist die Geschichte des Lautsystems einer Sprache.

ditionen abhingen, die durchaus nicht immer gleich zuverlässig waren.[1])

Den Abschluß dieser zweiten Periode bildet August Schleichers (1821—1868) 'Compendium der vergleichenden Grammatik der indogermanischen Sprachen', dessen erste Auflage 1861 erschien. Der große Vorzug dieses „kurzen Abrisses" der vergleichenden Grammatik der indogermanischen Sprachen vor Bopps 'Vergleichender Grammatik' liegt vor allem darin, daß Bopp noch die Verwandtschaft der indogermanischen Sprachen, die Gemeinsamkeit ihres Ursprungs beweisen mußte, während Schleicher schon in kurzem Abriß die Resultate der Forschungen einer ganzen Generation geben konnte, unter denen seine eigenen Arbeiten einen ehrenvollen Platz einnehmen. Dementsprechend ist es Schleichers Hauptaufgabe, eine gedrängte Darstellung der Geschichte der einzelnen indogermanischen Sprachen auf dem gemeinsamen Hintergrunde der Ursprache zu geben, deren Tatsachen mit gehöriger Sorgfalt innerhalb der Grenzen der damaligen wissenschaftlichen Anschauung bestimmt werden. Wenn Schleicher in seinen theoretischen Anschauungen im allgemeinen denselben Standpunkt einnahm wie Bopp, indem er unter Hegels Einfluß bis zu den äußersten Konsequenzen die Theorie von den zwei Perioden im Sprachleben entwickelte — der vorhistorischen der Ausbildung und der historischen des Verfalls und der Zersetzung des harmonischen, vollendeten und durchsichtigen Formensystems, so war doch in praxi seine Stellung zum wichtigsten Punkte, zur Frage der Gesetzmäßigkeit der lautlichen Erscheinungen eine ganz andere. Das Kompendium enthält eine ganze Reihe streng durchdachter und formulierter Lautgesetze der Einzelsprachen und vermeidet hierbei nach Möglichkeit alle willkürlichen Aufstellungen. Allerdings haben gerade einige Abschnitte

---

1) Max Müllers vielgelesene 'Lectures on the science of language' (auch in deutscher wie russischer Übersetzung) haben wegen ihrer Oberflächlichkeit keinen irgendwie bemerkenswerten Einfluß gehabt. Die erste englische Auflage erschien 1861.

der vergleichenden Lautlehre in Schleichers Darstellung der jüngeren Generation Anlaß zur Kritik gegeben (und diese wurde für die neue Richtung eine Art Reinigungsfeuer), aber man kann hier Schleicher keinerlei Vorwurf machen, denn er hatte einmal die seiner Zeit eigene Überzeugung, daß das Sanskrit in jeder Beziehung älter sei, als seine Schwestersprachen, und andererseits hatte auf seinen vornehmlich systematisierenden Geist stark die traditionelle Lehre der alten indischen Grammatiker vom Zusammenhang der verschiedenen Lautgestalten der Wurzeln gewirkt, der man Scharfsinn jedenfalls nicht absprechen kann.

Die neue Richtung, die allmählich aufkam und sich in voller Entwicklung seit der zweiten Hälfte der siebziger Jahre zeigte, erwuchs auf dem Boden der Kritik des abgeschlossenen und harmonischen Systems des Vokalismus der indogermanischen Ursprache, dessen Schöpfer Schleicher war, unter dem Einfluß des Fortschritts in den allgemeinen theoretischen Ansichten vom Sprachleben, der seinerseits wieder das meiste der fortschreitenden Erforschung der indogermanischen Sprachen verdankte. Eine wichtige Rolle spielte unter anderem die Forderung, sich nicht nur auf die toten Sprachen zu beschränken, sondern sorgsam die in den modernen lebenden Dialekten vorgehenden Prozesse zu beobachten. Denn gerade hier treten solche Seiten deutlicher hervor, die unter dem Mantel der schriftlichen Tradition, die ganz und gar unvollkommen ist, im Schatten bleiben oder sich überhaupt verbergen. Dies Streben ging von den Kreisen der Germanisten, Romanisten und Slavisten aus, die viel mehr mit lebendigem Material zu tun hatten als andere Philologen und Sprachforscher.

Die theoretische Grundlegung der Hauptprobleme des Sprachlebens in der Auffassung, die für die Richtung, welche man die junggrammatische genannt hat, charakteristisch ist, hat Paul gegeben in dem bekannten Buche 'Prinzipien der Sprachgeschichte' (erste Auflage 1880, vierte Auflage 1909). Pauls Vorgänger war Steinthal, den ich bereits erwähnte, als ich von Wilhelm

von Humboldt sprach. Steinthal und Paul haben im allgemeinen dieselbe Auffassung von den Erscheinungen unseres
psychischen Lebens; sie sind beide Anhänger Herbarts. Steinthals zahlreiche Arbeiten sind wegen der Schwerfälligkeit der
Darstellung und ihrer schwierigen Terminologie keine leichte
Lektüre, und sie sind daher nicht so bekannt und übten keinen
derartigen Einfluß aus wie Pauls Buch. Dessen 'Prinzipien'
sind in lebendiger, anziehender Sprache geschrieben, zeichnen
sich aus durch eine glänzende Form der Darstellung, die stets
das Wesentliche und Wichtigste hervorhebt und alle Thesen
durch Beispiele aus den bekannteren Sprachen, in erster Linie
natürlich aus dem Deutschen, illustriert. Neben Paul wäre auch
der amerikanische Sanskritist und Linguist Whitney hervorzuheben, dessen populäres Werk 'Life and growth of language'
im Jahre 1875 erschien und ins Französische und Deutsche
übersetzt worden ist. Whitney zeichnet sich aus durch be-
merkenswerte Besonnenheit des Denkens und entschiedene
Absage an alle Metaphysik.

Zu den Linguisten, durch deren Arbeiten ein Umschwung in
der vergleichend-historischen Erforschung der indogermanischen
Sprachen zustande kam, gehören vor allem Leskien, Brugmann,
Osthoff und Paul. Die letzten drei gelten als Begründer der
junggrammatischen Schule im engeren Sinne des Wortes. In
ihren ersten Jahren wird diese charakterisiert durch weit-
gehendste Anwendung des Prinzips der Analogie. Ohne mich
hier weiter auf Einzelheiten einzulassen, für die ich auf das
Kapitel von den Lautveränderungen verweise, will ich hier nur
bemerken, daß wir scheiden müssen zwischen Lautveränderungen, welche durch die Veränderung der Bedingungen der
Lautbildung verursacht werden, und Lautveränderungen, die bestehen im Vertauschen eines Lautes oder einer Lautgruppe mit
einem anderen Laut, bzw. einer anderen Lautgruppe unter dem
Einfluß anderer Bildungen, die mit der gegebenen Bildung durch
Assoziation verbunden sind. Allmählich schwand aber das Ver-
trauen in eine zu weitgehende und unbegrenzte Anwendung

des Prinzips der Analogie auf Erscheinungen, die sich anders befriedigender erklären lassen, und schließlich wurde die neue Richtung, die die These von der Ausnahmslosigkeit der Lautgesetze in den Vordergrund gerückt hatte, in der Wissenschaft die führende. Einige Linguisten, die anfangs scharf den Neuerern opponierten, obwohl sie selbst ihnen teilweise den Weg gebahnt hatten (indem sie sich an der Kritik von Schleichers Theorie beteiligten und dadurch so manche unmotivierten „Schwächungen" und „Veränderungen" von Lauten aus der Wissenschaft entfernten), schlossen sich schließlich in ihren eigenen Arbeiten im großen und ganzen ihren Gegnern an (ich denke hier namentlich an Johannes Schmidt).

Im Laufe dieser dritten, gegenwärtigen Periode der Geschichte unserer Wissenschaft wurden auch viele Probleme der sog. indogermanischen Altertumskunde wissenschaftlich bearbeitet, d. h. der Wissenschaft von der realen Seite des Lebens der Indogermanen, für die die Sprachwissenschaft ein wichtiges Hilfsmittel ist. Darüber wird weiter unten ausführlicher gehandelt werden (vgl. Kap. XI).

Aus der bisherigen Darstellung ist ersichtlich, daß die Sprachwissenschaft, die durch die gemeinsame Arbeit dreier hervorragender deutscher Gelehrter begründet wurde, sich hauptsächlich in Deutschland weiter entwickelt und fortschreitet. Tatsächlich stehen die Fortschritte der Sprachwissenschaft in den übrigen Kulturländern in engstem Zusammenhang mit ihrem Fortschritt in Deutschland, und äußerlich läßt das der überwiegende Gebrauch der deutschen Sprache in der linguistischen Literatur erkennen.

Eine Reihe hervorragender Namen weist auch die sprachwissenschaftliche Literatur in französischer Sprache auf. Von besonderer Bedeutung für die Wissenschaft war das Wirken von Ferdinand de Saussure. Seine Monographie ʻMémoire sur le système primitif de voyelles dans les langues indoeuropéennes' (Leipsick 1879) hat das gegenseitige Verhältnis der Vokale der Ursprache neu beleuchtet und den Anstoß zu neuer Bearbeitung vieler Probleme gegeben. Das Buch ist glänzend geschrieben und gehört mit zum Talentvollsten der linguistischen Literatur aller Zeiten. Saussures zahlreiche Arbeiten über das Litauische in den wissenschaftlichen Zeitschriften mögen hier nur erwähnt sein. Ich führe noch A. Meillet an, der hauptsächlich mit Arbeiten über das Altslavische hervorgetreten ist. — Für Italien ist Ascoli zu nennen, dessen Verdienst die Aufklärung der Geschichte der *k*- und *g*-Laute im Indogermanischen ist. — In Rußland wurden die wissenschaftlichen Methoden der Sprachwissenschaft konsequenter auf die russische Sprache erst seit Buslájev, Sreznévskij und Potébńa angewandt. Universitätsvorlesungen über vergleichende Sprachwissenschaft beginnen als vereinzelte Versuche seit den sechziger Jahren; eine solidere Basis wurde gelegt seit der Mitte der siebziger Jahre, als in Moskau Ph. F. Fortunatov zu wirken begann und in Kazáń J. Baudouin de Courtenay (jetzt Professor an der Universität St. Petersburg). Von besonderer Bedeutung wurde die Moskauer Schule Fortunatovs, deren Einfluß nicht auf Rußland beschränkt ist, sondern sich weiter erstreckt: einmal habe ich dabei seine wissenschaftlichen Arbeiten im Auge, die ihm einen eigenen, ehrenvollen Platz unter den europäischen Gelehrten verschafft haben, sodann denke ich daran, daß seine Vorlesungen und seine bedeutende Persönlichkeit viele Slaven und Nichtslaven aus Westeuropa anzogen, die zum Teil auch geradezu seine Schüler wurden. Fortunatov hat jetzt sein Katheder aufgegeben und lebt als Akademiker in St. Petersburg, zurzeit mit der Herausgabe seiner Vorlesungen beschäftigt.

Die allgemeine Geschichte der Sprachwissenschaft seit den ältesten Zeiten bis auf das Jahr 1867 wurde dargestellt von Benfey (Geschichte der Sprachwissenschaft und orientalischen Philologie in Deutschland, München 1869). Spezieller gehalten ist Delbrücks Buch (Einleitung in das Sprachstudium, 5. Auflage, Leipzig 1908), das eine kurze Übersicht über die ältere Periode der Sprachwissenschaft und über die Geschichte der Entwicklung der vergleichenden Grammatik der indogermanischen Sprachen seit Bopp enthält. Eine kurze

Skizze der Geschichte der Sprachwissenschaft bietet Meillet in seiner 'Introduction à l'étude comparative des langues indoeuropéennes', Paris 1903, 2. Auflage 1908 (deutsche Ausgabe Leipzig 1909), einen gedrängten Überblick gibt auch des Verf.'s Aufsatz: Die Hauptmomente in der Geschichte der Sprachwissenschaft (Russkij Filologičeskij Věstnik, 1893, 3 und 4, russisch). Eine 'Geschichte der Sprachwissenschaft bei den Griechen und Römern' hat Steinthal geschrieben (2. Auflage 1890—1891).

III. Genealogische Klassifikation der Sprachen.

1. Der indogermanische Sprachzweig.

Aus dem oben Gesagten ergab sich als Aufgabe der Sprachwissenschaft die Erforschung der Geschichte der menschlichen Sprache in ihrem ganzen Umfange, und es muß sich da zunächst handeln um die Bestimmung der verwandtschaftlichen Beziehungen der Sprachen, die einmal existiert haben, und die jetzt existieren — soweit sie der Untersuchung zugänglich sind — und um Vergleichung der Sprachen, die durch Abstammung von einer gemeinsamen Ursprache verwandt sind. Es ist da zu bemerken, daß die Bestimmung der verwandtschaftlichen Beziehungen zwischen den Sprachen, die einmal in der Welt gesprochen worden sind bezw. gesprochen werden, nicht ganz restlos gelungen ist. Nicht alle Sprachen sind der Wissenschaft so weit bekannt, daß man von ihren Verwandtschaftsbeziehungen sprechen könnte, und andererseits sind viele Sprachen untergegangen unter Hinterlassung von nur sehr spärlichen Denkmälern und andere gar ganz spurlos. Bei dem Versuch, die Sprachen genealogisch zu klassifizieren, treten uns daher sofort Schwierigkeiten in den Weg, die verursacht werden durch die Unvollständigkeit des verfügbaren Materials. Die genealogische Klassifikation der Sprachen weist also zurzeit noch Lücken auf und wird sie auch in Zukunft aufweisen.

Am besten bearbeitet ist die genealogische Klassifikation der Sprachgruppe, die von den Slaven und Romanen als „indoeuropäische" Sprachfamilie bezeichnet wird. Die deutschen Gelehrten nennen sie jetzt die „indogermanische" Sprachfamilie.

Obwohl es keine stichhaltigen Gründe gegen die Bezeichnung „indoeuropäische“ Sprachen gibt, deren sich sogar der Begründer unserer Wissenschaft, Franz Bopp, bediente, so wollen wir trotzdem in der weiteren Darstellung, mit Rücksicht auf die in der deutschen Wissenschaft eingebürgerte Gewohnheit die Bezeichnung „indogermanische Sprachen, indogermanische Sprachfamilie“ benutzen.

Die Sprachen der indogermanischen Sprachfamilie sind aus einer gemeinsamen Ursprache entstanden, welche die Sprachwissenschaft durch vergleichend - historische Bearbeitung der Einzelsprachen rekonstruiert. Die indogermanische Sprachfamilie zerfällt in einzelne Zweige, die ihrerseits in Gruppen, Einzelsprachen, Dialekte und Mundarten zerfallen, wobei alle Einzelsprachen jedes Zweiges wieder aus einer gemeinsamen Ursprache entstanden sind, die sich in der einen oder anderen Weise von der gemeinsamen indogermanischen Ursprache abgezweigt hat. Diese Zweige sind die folgenden:

1. **Der indische Zweig,** dessen ältester Repräsentant das Altindische ist in seinen Dialekten: Vedisch und Sanskrit. Das Altindische ist die älteste von den auf uns gekommenen indogermanischen Sprachen, doch darf man natürlich nicht etwa denken, daß alle Tatsachen des Altindischen ausnahmslos eine ältere Stufe darstellen im Vergleich mit entsprechenden Erscheinungen der anderen verwandten Sprachen.

Vedisch[1]) nennen wir die Sprache der vier Sammlungen der Veden und der ältesten prosaischen theologischen Literatur, die sich an sie anschließt. „Veda“ (Nom. Sg. *vedas*, Stamm *veda-*) bedeutet eigentlich „Kenntnis“, „Wissen“. Wir besitzen vier Sammlungen der Vedas: der Entstehung nach die älteste ist der Ṛgveda (*ṛc-*; der Veda der Hymnen); er enthält 1028 Hymnen, die in 10 Bücher eingeteilt sind. Doch gehören nicht alle Hymnen dieser Sammlung ein und derselben Zeit an: nach Ansicht einiger europäischer Gelehrter sind die ältesten etwa

---

1) In diesem altindischen Worte steckt dieselbe Wurzel wie im deutschen *wissen,* russischen *vědat'* (wissen), *vědĕnije* (Wissen).

um 1500 v. Chr. verfaßt, während Jacobi sie in die Epoche von 4500—2500 verlegt. Die zweite Sammlung, der Sāmaveda (*sāman-*; der Veda der Lieder), ist bedeutend weniger umfangreich: er stellt etwa ein Sechstel des Ṛgveda dar und enthält die beim Somaopfer[1]) gesungenen Verse. Fast alle Verse des Sāmaveda finden sich auch im Ṛgveda, nur in der andern Anordnung, welche ihre liturgische Verwendung erforderte, häufig ohne jeden inneren Zusammenhang. Der dritte, der Yajurveda (*yajus-*, Opferspruch), ist eine Sammlung von Opferformeln in Prosa und in Versen. Schließlich der vierte Veda, der jüngste und auch weniger hoch geachtet wie die übrigen, ist der Atharvaveda, eine Sammlung von Zauberformeln und Beschwörungen (*Atharvan-*, Nom. Sg. *Atharvā* ist der Name einer mythischen Persönlichkeit, ähnlich dem griechischen Prometheus, und der Name eines mythischen Priestergeschlechts; die Sammlung selbst hat keine nähere Beziehung zum Feuerkultus).

Diese vier Sammlungen sind nicht in ihrer ursprünglichen Gestalt auf uns gekommen: der Text hat vor der endgültigen Festlegung eine Reihe von Änderungen zu überstehen gehabt. Die Sprache selbst stellt im allgemeinen ein einheitliches Ganzes dar, wenn auch einige zeitliche und dialektische Verschiedenheiten sich bemerklich machen. Das ist verständlich, weil es sich um eine traditionelle Sprache handelt, die sich in den Priesterkreisen erhielt, welche die Träger der religiösen und liturgischen Traditionen waren: daher konnte sie im ganzen ihre ursprüngliche Reinheit bewahren. Zugrunde liegt ihr ein Lokaldialekt, verschieden von demjenigen, auf welchem die spätere Literatursprache, das Sanskrit, beruht. Die genauere

---

1) **Soma** ist ein aus dem Safte eines gewissen Gewächses hergestelltes Getränk, das im Kultus eine große Rolle spielt, weil es nach altindischem Glauben den Göttern Stärke und Macht verlieh; man stimmt sie gnädig, wenn man ihnen Soma als Opfer spendet. Später erscheint der Soma personifiziert als Gottheit, und das 9. Buch des Ṛgveda enthält ausschließlich Hymnen an ihn.

topographische Bestimmung seiner Herkunft ist aber bisher noch nicht möglich gewesen.

Die vedischen Sammlungen sind in zwei Textgestalten auf uns gekommen: die eine, die jüngere, verdankt ihre Existenz einer ziemlich komplizierten Arbeit: alle Wörter des verbundenen Textes sind in der Gestalt wieder hergestellt, die sie außerhalb der zusammenhängenden Rede haben würden, in der sie mannigfaltigen lautlichen Umgestaltungen unterworfen waren, — aber auch die erste, ältere Textgestalt zeigt deutliche Spuren der redigierenden Tätigkeit gelehrter Diaskeuasten.

Wenn wir schon in der ältesten Sammlung, dem Ṛgveda, Spuren des Einflusses späterer Perioden der Sprachentwicklung finden, so sind natürlich solche Fälle, die hauptsächlich im Verlust von ungebräuchlich gewordenen Bildungen bestehen, noch bedeutend zahlreicher in der umfangreichen prosaischen Literatur, die sich an die Veden anschließt, und welche wieder eine Reihe sich zeitlich folgender Stufen darstellt. Im Gegensatz zu den kanonischen Büchern der Veden (die *śruti-,* d. h. „Hören“, heißen) heißt diese letztere „Überlieferung“ (*smṛti-,* d. h. Erinnerung). Ihre ältesten Teile, die Brāhmaṇās (*brāhmaṇa-*), enthalten erklärende Prosatexte zu den vier Veden (die Regeln des Rituals, dogmatische Kommentare, Mythen usw.). An sie schließen sich die Āraṇyaka's (Waldbücher), Upaniṣad's (Geheimlehren) und Sūtra's (Regeln) an. Die ersten, die für Einsiedler bestimmt sind, enthalten Meditationen über das Opferritual, welche diesen die unmittelbare Teilnahme an den heiligen Handlungen ersetzen sollen; die zweiten haben philosophisch-spekulativen Charakter; die zuletzt genannten endlich sind Sammlungen von Regeln über verschiedene Seiten des religiösen, sozialen und häuslichen Lebens. In diesen letzten Werken ist die vedische Sprache schon merklich in ihrem Formenbestande vereinfacht und hat in dieser Hinsicht fast den Standpunkt des Sanskrit erreicht.

Der zweite Dialekt des Altindischen ist das **Sanskrit,** die Sprache der umfangreichen Literatur des alten Indien. Schon

der Name dieser Sprache (*saṁskṛta-* heißt „künstlich, ausge-
arbeitet") zeigt, daß es sich um einen literarischen Dialekt handelt, der auf einer gewissen Entwicklungsstufe von den Grammatikern kanonisiert worden war. Unter diesen nahm eine
hervorragende Stelle Pāṇini ein, der durch sein Werk eine
Reihe vor ihm geleisteter Arbeiten zum Abschluß brachte (vgl.
Kap. II). Allerdings beeinflußten die lebendigen Volksmundarten
die traditionelle Schriftsprache und Sprache der oberen sozialen
Kreise, und dieser Einfluß, der namentlich den Wortschatz durch
das Eindringen frischen Materials aus den lebenden Sprachen
bereicherte, schuf sogar einige, im allgemeinen unwesentliche
Verschiedenheiten im Sanskrit selbst. Wie uns die Inschriften
zeigen (die ältesten des Königs Aśoka aus dem 3. Jahrh. v. Chr.),
war das Sanskrit schon lange vor Christi Geburt nicht die offi-
zielle Sprache der Urkunden; ebenso ignoriert auch die älteste
buddhistische Tradition völlig die Sprache der oberen Kasten.
Allmählich fand es aber Eingang auch in die Inschriften, zunächst in Gestalt einzelner Wörter und Ausdrücke (vom 1. Jahrh.
n. Chr.) und in die Literatur der Buddhisten, die es zuerst auch
in einzelnen Wörtern und grammatischen Endungen anwandten;
das typischste Beispiel solcher künstlicher Mischsprache sind die
Gāthās, die poetischen Teile der kanonischen Bücher der nördlichen
Buddhisten. Eine besondere Blütezeit der Sanskritliteratur fällt
in die Epoche der brahmanischen Reaktion, die den Buddhis-
mus wieder aus Indien vertrieb; der berühmte Dichter Kālidāsa
(Epiker, Lyriker und Dramatiker) lebte nach der bisherigen
Meinung im 6. Jahrh. n. Chr.; man setzt ihn jetzt in den Anfang
des 5. Jahrh. n. Chr. Seine Bedeutung als Literatursprache
hat das Sanskrit zum Teil auch heute noch erhalten, obwohl
seit dem 10. Jahrh. die selbständige schriftliche Überlieferung
der neuindischen Sprachen anfängt.

Vom Altindischen mit seinen zwei auf uns gekommenen Dialekten müssen wir die mittelindischen Dialekte unterscheiden,
die so genannt werden, weil wir in ihnen eine spätere Entwicklungsstufe der lebenden Sprache haben, die wir auf älterer

Stufe nur in der Gestalt der beiden traditionellen Dialekte kennen, denen, wie wir sahen, bestimmte Lokaldialekte zugrunde lagen. Die mittelindischen Dialekte haben auch wieder Bedeutung als Literatursprachen erlangt. Hierher gehört: das Pāli (*pāli* heißt „Reihe“, „Kanon“), die Sprache der Schriften der südlichen Buddhisten, und die Prākritdialekte (*prākṛtam,* „natürliche, einfache Sprache“), von denen wegen seiner reichen Literatur namentlich das Māhārāṣṭri (die Sprache des Mahrattenlandes) wichtig ist. Im indischen Drama sprechen Personen niederer Kaste und Frauen Prākrit, wobei eine ganz bestimmte, feste Entsprechung zwischen dem Range des Helden und seiner Sprache beobachtet wird.

Die neuindischen Sprachen sind Nachkommen der mittelindischen Volksdialekte, die von den Grammatikern zum Unterschied von den Literatursprachen als *apabhraṁśa* (Herabfall, Sturz) bezeichnet werden; damit wurde ihr Abweichen von der traditionellen Literatursprache charakterisiert. Hierher gehören: das Pandschabi, Hindi (oder Hindostani), Bengali, Sindhi und einige andere Sprachen. Auch das Zigeunerische gehört zu den neuindischen Sprachen; allerdings hat es während der langen Wanderungen der Zigeuner viele Entlehnungen aus den Sprachen der verschiedenen Völker aufgenommen, unter denen diese aus der Heimat ausgestoßenen Söhne Indiens gelebt haben.

2. **Der iranische Zweig.** Die ältesten Repräsentanten dieses Zweiges sind die beiden altiranischen Sprachen: die Sprache der Keilinschriften des Königs Darius Hystaspes und seiner Nachfolger (Altpersisch), und die Sprache des Avesta, der Sammlung heiliger Texte der Anhänger der Religion des Zoroaster; auch Altbaktrisch genannt, in der Annahme, daß ihre Heimat das alte Baktrien war; die Bezeichnung Zend, Zendsprache, die einige Zeit sehr gebräuchlich war, beruht auf einem Mißverständnis: „Zend“ heißt die Pehleviübersetzung und Kommentar zum Avesta, der Ausdruck „Zend-Avesta“ bedeutet also „Zend“ und „Avesta“.

Die altpersischen Keilinschriften, die uns auf Felsen und auf Steinen in den Ruinen alter Bauten erhalten sind, wurden erst im 19. Jahrhundert entziffert; dem Umfange nach die bedeutendste ist die sog. Inschrift von Bagistana (Bisutûn), die in den Felsen gehauen ist und von den Taten des Königs Darius berichtet.

Der Avesta ist in der Gestalt, in der er auf uns gekommen ist, eine ziemlich spät angelegte Sammlung, eine Arbeit der Gelehrten der Sassanidenepoche, die alle Reste und Bruchstücke der alten Überlieferung gesammelt haben. Nicht alle Teile des Avesta sind gleich altertümlich; von besonderer Bedeutung sind Lieder, die sich von den übrigen Teilen durch ihre besonders alte Sprachform auszeichnen (die sog. Gāϑās). Die Entstehungszeit der ältesten Bestandteile des Avesta ist unbekannt. Die Anhänger der Religion des Zoroaster (Zarathustra), auf den dieselben zurückgehen, verließen ihre Heimat, um den Verfolgungen zu entgehen, denen sie ausgesetzt waren, und zogen zum Teil nach Indien (dort heißen sie Parsen), zum Teil nach dem Kaukasus (wo sie unter dem Namen Feueranbeter bekannt sind).

Als die Texte des Avesta dem unmittelbaren Verständnis der Uneingeweihten unzugänglich wurden, entstand das Bedürfnis nach Kommentaren und einer Übersetzung in modernere Sprachen. Diese Arbeit wurde geleistet in der Epoche der Dynastie der Sassaniden, die den früheren Ruhm und die frühere Macht Persiens wieder herzustellen strebten. Die Sprache dieser Übersetzung heißt Pehlevi oder nach der Zeit, da sie im Gebrauch war, Mitteliranisch; in ein wenig anderer Form ist uns das Pehlevi auch noch aus anderen Quellen bekannt.

Zu den jetzt lebenden neuiranischen Sprachen gehört das Neupersische, Kurdische, Ossetische, die Pamirdialekte, das Balūči und das Afghanische, das von den indischen Sprachen beeinflußt worden ist.

3. **Der armenische Zweig.** Die älteste Sprache dieses Zweiges ist das Altarmenische, das als Literatursprache seit

dem 5. Jahrh. n. Chr. bekannt ist. Das jetzt gesprochene Neu-
armenische zerfällt in eine Reihe von Dialekten, mit zwei Haupt-
gruppen, einer westlichen und einer östlichen. Das Armenische
hat viel aus anderen Sprachen entlehnt, besonders aus dem
Persischen, und deshalb herrschte lange Zeit die Meinung, es sei
ein iranischer Dialekt. Erst die Arbeiten Hübschmanns, der
sorgfältig alle persischen Elemente im Armenischen untersuchte,
erbrachten den Beweis, daß es sich hier um eine selbständige
indogermanische Sprache handelt.

4. **Der albanesische Zweig** wird durch die albanesische
Sprache vertreten, die auf der Balkanhalbinsel gesprochen
wird, und ferner in den albanesischen Kolonien in Italien;
schriftliche Denkmäler gibt es erst seit dem 17. Jahrh. n. Chr.
Die Sprache zerfällt in zwei Hauptdialekte (Toskisch im Süden
und Gegisch im Norden) und hat eine Unmasse von Entlehnungen aus verwandten und nicht verwandten Sprachen aufgenommen (namentlich aus dem Griechischen und den slavischen Sprachen; auch aus dem Türkischen).

5. **Der griechische Zweig** wird repräsentiert durch das Alt-
griechische mit seinen verschiedenen Dialekten. Das älteste
Denkmal der griechischen Sprache sind die sog. homerischen
Gedichte (Ilias und Odyssee), die dem Alter nach die zweite
Stelle unter den Denkmälern der indogermanischen Sprachen
einnehmen (die erste Stelle gehört dem Rgveda). In der Gestalt, in der sie auf uns gekommen ist, zeigt die Sprache des
homerischen Epos deutliche Spuren künstlicher Entstehung.
Die Vermischung zweier Hauptdialekte, des äolischen und alt-
ionischen, hatte ihren tatsächlichen Grund in der Übertragung
der epischen Erzählungen aus äolischem Milieu in ionisches;
später wurde der so entstandene Mischdialekt aber zur traditionellen Sprache des Epos unter Vorherrschen des ionischen
Elementes, wobei auch noch jüngere dialektische Elemente
eindrangen.

Die altgriechischen Dialekte sind: 1. das Ionisch-Attische mit
den zwei Zweigen, dem Ionischen (Homer, altionischer Dialekt;

Herodot, neuionischer Dialekt) und Attischen (umfangreiche Literatur und Inschriften); 2. dorische Dialekte (ältestes umfangreiches Denkmal die Inschrift von Gortyn auf Kreta aus dem 5. Jahrh. v. Chr.); 3. nordwestgriechische Dialekte (in Epirus, Ätolien, Lokris usw.), dazu auch der elische Dialekt; 4. der arkadisch-kyprische Dialekt; 5. die äolischen Dialekte (kleinasiatisch-äolische Mundart der Insel Lesbos, die Mundarten des nördlichen Thessalien und Böotien); 6. der pamphylische Dialekt.

Die Entstehungsgeschichte der altgriechischen Dialekte ist im einzelnen noch vielfach dunkel, ebenso wie die Geschichte der Besiedlung Griechenlands durch die einzelnen griechischen Stämme. Indes ist so viel durch die Forschungen der letzten Zeit sichergestellt: das entscheidende Ereignis für die Ausbildung der griechischen Mundarten, wie sie in geschichtlicher Zeit entgegentreten, war die sogen. dorische Wanderung, d. h. der Einbruch von unkultivierten „westgriechischen“ Stämmen aus den Gebirgen von Epirus und Nachbarlandschaften in die Gebiete, die schon im 2. Jahrtausend v. Chr. die Schauplätze der Kultur der „Achäer“ waren. Dadurch wurde in fast allen diesen Gebieten, außer etwa Attika und Arkadien, eine Mischung „achäischer“ und „westgriechischer“ Bevölkerung herbeigeführt, und deren Ergebnis war für die Sprache eine Mischung „achäischer“ und „westgriechischer“ Redeweise. Auch auf einem Teile der Inseln des Ägäischen Meeres hat eine entsprechende Mischung stattgefunden. In anderen Teilen des kleinasiatischen Koloniallandes dagegen haben wir von westgriechischen Beimischungen freie Mundarten, in der kleinasiatischen Āolis und auf Kypros. Ein besonderes Problem bildet die Herkunft des ionischen Dialekts und sein Verhältnis zum attischen. Kretschmer hat kürzlich (‘Zur Geschichte der griechischen Dialekte’, Glotta I) die Hypothese aufgestellt, daß das Ionisch-Attische die Sprache einer noch älteren Bevölkerungsschicht fortsetze, als es die Achäer waren; doch kann diese Annahme, so geistreich sie begründet ist, noch nicht als erwiesen gelten.

Besondere Bedeutung hat im alten Griechenland der attische

Dialekt gewonnen; als Dialekt der Prosaliteratur verdrängte er in diesem Gebrauch allmählich die Lokaldialekte und wurde im Laufe der letzten Jahrhunderte v. Chr. (vom 3. an) zur Sprache des ganzen gebildeten Griechenland. Indem er Bestandteile einiger Lokaldialekte absorbierte, wurde er schließlich zur allgemeingriechischen Sprache (κοινή); schließlich verschwanden alle übrigen Dialekte etwa um die Mitte des ersten Jahrtausends n. Chr. Bis heute erhalten haben sich nur gewisse Besonderheiten des altlakonischen Dialekts (der dorischen Gruppe) in der Sprache der sog. Zakonen.

In ihrer weiteren Entwicklung wird die gemeingriechische Sprache Mittelgriechisch oder Byzantinisch genannt, und mit dem 16. Jahrhundert beginnt die Epoche der neugriechischen Sprache, die in eine Reihe von Dialekten zerfällt, welche jedoch, mit der einen oben genannten Ausnahme, nicht die Lokaldialekte des alten Hellas fortsetzen.

6. **Der italische Zweig.** Unter den Sprachen des alten Italien, soweit sie indogermanisch sind (es wurden hier in historischer Zeit auch andere indogermanische Sprachen gesprochen wie Griechisch, ferner Etruskisch, das nicht zu unserer Sprachfamilie zu rechnen ist), nimmt eine besonders wichtige Stelle das Lateinische ein, das uns aus Inschriften vom 3. Jahrh. v. Chr. an und dann aus seiner umfangreichen Literatur genau bekannt ist (einige wenige epigraphische Überreste gehen auf noch frühere Zeiten zurück). Dem Lateinischen (der Sprache der Stadt Rom und ihrer näheren Umgebung) stehen nahe die Dialekte von Falerii, Präneste, Lanuvium, von denen wir nur recht wenig wissen. Die lateinische Literatursprache, die ja schließlich eine Weltbedeutung erlangt hat, war die Schriftsprache und allgemein die Sprache der gebildeten Klassen. Die lateinische Volkssprache, die uns verhältnismäßig wenig bekannt ist, unterschied sich von der Literatursprache in deren klassischer Periode sehr wesentlich, weil ihre Weiterentwicklung von keiner traditionellen Form gehemmt wurde, wie das bei dieser der Fall war.

Schritthaltend mit der römischen Kolonisation verbreitete sich die lateinische Verkehrssprache und verdrängte allmählich die anderen Sprachen Italiens, wobei sich gewisse lokale dialektische Verschiedenheiten entwickelten, entsprechend dem verschiedenen Milieu, in das sie die kolonisatorische Tätigkeit der Römer verpflanzte. Mit der Erweiterung der römischen Herrschaft über die Grenzen der Apenninenhalbinsel hinaus wiederholte sich dasselbe dann in vergrößertem Maßstabe, entstanden auch hier wieder Lokaldialekte, aus denen sich im Lauf der Zeit die romanischen Sprachen entwickelten. Hierher gehören folgende lebende Sprachen: das Italienische, Französische, Provençalische (das jetzt wieder die Geltung einer Literatursprache zu erlangen strebt, die ihm das Französische seit der Eroberung der Provence genommen hatte), das Spanische, Portugiesische, Rumänische und Rhätoromanische (oder einfach Romanische, in Friaul, der südöstlichen Schweiz und angrenzenden Teilen von Tirol). Doch hat sich das Lateinische nicht überall gehalten, und nicht alle romanischen Sprachen sind bis heute im lebendigen Gebrauch geblieben: so wurde die Sprache, die in Nordafrika in der Bildung begriffen war, durch das Arabische verdrängt. Selbstverständlich fand außer der lebenden Volkssprache auch die lateinische Literatursprache den Weg in die römischen Provinzen, und mit ihr hatten in der Folge die lebenden romanischen Sprachen zu kämpfen. Daraus erklärt sich auch das späte Auftreten von schriftlichen Denkmälern der letzteren (das älteste Denkmal ist ein französisches, einer der Eide von Straßburg von 842), obwohl sich vereinzelte „romanische" Elemente in den lateinischen Denkmälern der entsprechenden Provinzen schon früher finden (seit dem 6. Jahrh. n. Chr. für das Französische und Italienische). Die vergleichend-historische Erforschung der romanischen Sprachen erschließt uns ihre gemeinsame Ursprache, das Vulgärlatein, das uns aus unmittelbarer Überlieferung nur mangelhaft bekannt ist.

Außer dem Latein gehören zum italischen Zweige noch zwei Sprachen des alten Italien: das Umbrische und das

Oskische, die uns aus Inschriften und aus Erwähnungen in der römischen Literatur bekannt sind. Der ersteren stand die Sprache der Volsker nahe, die uns in einer Inschrift überliefert ist; zum Oskischen muß man die zahlreichen, sog. sabellischen Dialekte stellen, soweit man nach den spärlichen Bruchstücken urteilen kann, die uns vorliegen (es sind das die Dialekte der Päligner, Marser, Sabiner und einiger anderer Völkerschaften).

Über das Geschick dieser Sprachen habe ich bereits oben gesprochen. Ich füge noch hinzu, daß die Sprache der Osker weniger rasch als die anderen Dialekte dem Lateinischen gewichen ist: in den Gebirgsgegenden hielt sie sich noch zur Zeit der ersten Kaiser.

7. **Der keltische Zweig** zerfällt in drei Gruppen. Die erste umfaßte die Dialekte der keltischen Stämme auf dem weiten Raum Westeuropas von Gallien bis zum Mittellauf der Donau im Osten, begrenzt durch die Pyrenäenhalbinsel und Norditalien im Süden. Weil diese Dialekte früh von anderen Sprachen verdrängt wurden, haben wir nur recht spärliche Kenntnis von ihnen aus Eigennamen, zufälligen Erwähnungen bei den klassischen Autoren und Spuren von Inschriften. Am besten ist noch die gallische Dialektgruppe bekannt.

Die zweite, britannische Gruppe zerfällt in das Kymrische (in Wales), das im 18. Jahrhundert ausgestorbene Kornische, das in Cornwall lebendig war, und das Aremorische oder Bretonische in der Bretagne, das durch Auswanderer aus Britannien um das Ende des 4. Jahrh. n. Chr. hierher gebracht wurde. Die ältesten Denkmäler (Glossen) des Kymrischen und Bretonischen gehören dem 8.—9. Jahrh. n. Chr. an.

Die dritte Gruppe, das Gälische umfaßt das Irische, das Schottische oder Gälische im engeren Sinne, und das Manx, die Sprache der Insel Man. Die ältesten Denkmäler des Gälischen gehören der Mitte des 1. Jahrtausends unserer Zeitrechnung an (Inschriften). Schriftliche Denkmäler des Irischen sind bekannt seit dem 8. Jahrhundert (Glossen und auch andere Quellen).

8. Der germanische Zweig zerfällt in drei Gruppen: die gotische, nordische und westgermanische.

a) Die gotische Gruppe ist uns bekannt hauptsächlich aus der Bibelübersetzung des westgotischen Bischofs Wulfila (4. Jahrh. n. Chr.). Außer Bruchstücken des Alten Testaments und Teilen des Neuen Testaments, die in dieser Übersetzung auf uns gekommen sind, haben wir noch Bruchstücke einer Erklärung des Ev. Johannis und ein Bruchstück eines Kalenders. (Alle diese Denkmäler haben sich in Handschriften erhalten, die in Italien von ostgotischen Schreibern geschrieben sind.) Ferner haben wir eine Reihe von Eigennamen und vereinzelte Wörter in griechischen und lateinischen Quellen. Die Sprache der in der Krim lebenden Ostgoten erhielt sich in Resten bis auf die Neuzeit; doch ist auf uns nur ein Verzeichnis von etwa 60 Wörtern gekommen, das im 16. Jahrhundert von dem Holländer Busbecq angelegt worden ist. Die übrigen Repräsentanten des gotischen Sprachzweiges (die Sprachen der Vandalen, Burgunder u. a.) sind uns nur ungenügend bekannt, hauptsächlich aus Eigennamen. Das Gotische ist unter den Sprachen des germanischen Zweiges besonders wichtig, weil es den ältesten Typus einer germanischen Sprache repräsentiert, der uns in mehr oder weniger vollständiger Form überliefert ist (nur die Runeninschriften zeigen noch ältere Züge, vgl. unten).

b) Die nordische Gruppe. Bis zur Wikingerepoche (die ungefähr von 700 bis 1050 reicht) existierte im ganzen germanischen Norden eigentlich nur eine einheitliche Sprache, deren Denkmäler die verschiedenen Runeninschriften sind (die ältesten Runeninschriften sind zwei kurze gotische aus dem 4. Jahrh., die skandinavischen gehen nach Wimmer bis auf das 5. Jahrh. zurück, nach anderen Gelehrten auf die Zeit um 300). Diese skandinavische Sprache nennt man Urnordisch oder Altnordisch. In der Wikingerzeit hatte sie sich schon differenziert, und im 11. Jahrhundert spaltete sie sich endgültig in eine westliche und eine östliche Gruppe: das Westnordische wird gebildet von dem Isländischen und Norwegischen, das Ostnordische von dem Schwedischen und Dänischen; vom 11. Jahrhundert bis zur Reformation nennt man die Sprachen Altisländisch, Altnorwegisch, Altschwedisch und Altdänisch. Das Altisländische, das durch Auswanderer aus Westskandinavien nach Island gebracht wurde, ist aus vielen Denkmälern bekannt, unter denen eine hervorragende Stelle die Sagensammlungen der Edda einnehmen.

c) Die westgermanische Gruppe. Die Repräsentanten dieser Gruppe sind folgende alte Sprachen: die angelsächsische, friesische, altniederländische, altsächsische und althochdeutsche. Das Angelsächsische (Altenglische) ist aus Denkmälern seit dem 8. Jahrhundert bekannt. Aus ihm hat sich (seit etwa 1100) das (Mittel- und Neu-)Englische entwickelt, das nach der Eroberung Englands durch die Normannen viel französische Elemente aufnahm. Das Friesische, seit dem 14. Jahrhundert bekannt, lebt noch als Volkssprache; in letzter Zeit sind von neuem Versuche literarischer Verwendung gemacht worden. Vom Altniederländischen (oder Niederfränkischen[1])) stammt das heutige Holländische. Die niederdeutschen Dialekte — das sog. Plattdeutsch — sind Nachkommen des Altsächsischen, das aus Denkmälern seit dem 9. Jahrh. n. Chr. bekannt ist (etwa bis zum 13. Jahrh.). Vom Anfang des 13. Jahrhunderts bis zum Reformationszeitalter rechnen wir das Mittelniederdeutsche, und etwa seit der Reformation das Neuniederdeutsche mit seinen verschiedenen Dialekten. Für das Hochdeutsche unterscheidet man gleichfalls drei Perioden: die althochdeutsche vom 8. bis zum 12. Jahrhundert, die mittelhochdeutsche vom 12. Jahrhundert bis zur Reformation und die neuhochdeutsche von der Reformation bis zur Neuzeit.

---

1) Der Stamm der Franken, der in eine Anzahl von Gruppen zerfiel, trat in nähere Beziehungen zu verschiedenen anderen Stämmen. Der nördliche (niederfränkische) Zweig trat den benachbarten Friesen und Sachsen nahe. In Holland finden wir heute die Spuren dieses Prozesses in der verschiedenen Gruppierung von Elementen der genannten Dialekte in den modernen holländischen Mundarten.

Die literarische Form des Neuhochdeutschen ist jetzt die Literatursprache Deutschlands auch in den Gebieten, wo Niederdeutsch die Volkssprache ist, und überhaupt die Literatursprache aller Deutschen, wo immer sie leben. Die hochdeutsche Sprache zerfiel schon in alter Zeit in zwei Dialektgruppen, die oberdeutsche (alemannische und bayrische Dialekte) und mitteldeutsche (ost-, rhein- und mittelfränkische Dialekte).

Vielfach wird auch die gotische und nordische Gruppe als ostgermanische zusammengefaßt und der westgermanischen gegenübergestellt, doch ist diese Annahme, die sich auf gewisse Übereinstimmungen des Gotischen und Altnordischen gründet, keinesfalls eine bewiesene Tatsache, und es gibt keine zwingenden Gründe für eine solche Gruppierung.

9. **Der baltische** oder **litauische Zweig.** Zum baltischen Sprachzweig gehört das Litauische und das Lettische, beides noch lebende Sprachen, und das im 17. Jahrhundert ausgestorbene Preußische. Vom Preußischen besitzen wir nur sehr wenige schriftliche Denkmäler. Wir haben zwei Übersetzungen des Kleinen lutherischen Katechismus aus dem Deutschen und eine des Großen (entstanden im 16. Jahrh.). Die Übersetzung ist voll von Fehlern und Ungenauigkeiten. Ferner ist ein kleines deutsch-preußisches Vokabular auf uns gekommen; es ist älter als die Katechismen und wahrscheinlich im 15. Jahrhundert zusammengestellt.

Die ältesten Denkmäler des Litauischen und Lettischen sind Texte religiösen Inhaltes, herausgegeben im 16. Jahrhundert. Das Litauische mit seinen Dialekten wird gegenwärtig gesprochen im russischen Gouvernement Kowno, im größeren Teil des Gouvernements Suwalki, in einem kleinen Teil des Gouvernements Wilna und in der anstoßenden Ecke des Gouvernements Grodno, um das durch seine Heilquellen bekannte Örtchen Druskieniki herum, und im nördlichen Teile des Kreises Slonim, in und um Polangen in Kurland. In Ostpreußen ist die litauische Sprache noch lebendig in dem an die russische Grenze anstoßenden nordöstlichen Winkel.

Das Lettische wird jetzt in verschiedenen Dialekten gesprochen in Kurland, im südlichen Livland und in einem Teil des Gouvernements Witebsk. Außerdem gibt es in Preußen einige lettische Siedelungen (um Memel und auf der kurischen Nehrung), durch litauische Dialekte von der kompakten Masse der Letten getrennt.

Das Litauische und Lettische steht einander näher als jedes von ihnen dem Preußischen.

10. **Der slavische Zweig** zerfällt in drei Gruppen: die südliche, die östliche oder russische, und die westliche.

a) Zur s ü d l i c h e n Gruppe gehört die alte slavische Sprache, in welche im 9. Jahrhundert die Heilige Schrift durch Kyrill und Method übersetzt wurde. Diese slavische Sprache ist Altslavisch zu nennen, und nicht Kirchenslavisch, wie das häufig geschieht. Man muß unterscheiden zwischen der altslavischen Sprache, in der uns die ältesten Texte überkommen sind, und der späteren Kirchensprache, die eine Modifizierung der alten Sprache unter dem Einfluß der verschiedenen lebenden Sprachen darstellt. Wir werden durchweg diese spätere Sprache als Kirchenslavisch bezeichnen, die Sprache der Slavenapostel aber Altslavisch nennen; die von verschiedenen Gelehrten vorgeschlagenen Bezeichnungen altkirchenslavische oder altkirchliche Sprache sind unpraktisch, weil sie zu leicht mit der Bezeichnung „Kirchenslavisch" verwechselt werden können; zur südlichen Gruppe gehören ferner das Bulgarische, Serbokroatische und Slovenische, die alle noch gesprochen werden. Bezüglich des Bulgarischen ist eine Bemerkung zu machen: nach langem Schwanken kam die Wissenschaft zu dem Resultat, daß das Altslavische zur bulgarischen Dialektgruppe gehört, also ein altbulgarischer Dialekt ist. Daher wird diese Sprache gelegentlich auch altbulgarisch genannt, doch ist das nicht ganz richtig, denn die zahlreichen neubulgarischen Dialekte sind die Nachkommen anderer altbulgarischer Dialekte, nicht desjenigen, den das Altslavische darstellt. Man hat auch bis heute in der bulgarischen Gruppe noch keinen direkten Abkömmling dieser

Sprache gefunden, und es kann sehr wohl sein, daß die Dialekte, die ihm zugrunde liegen, besondere Geschicke hatten und auf irgendeine Weise untergegangen sind.[1]) Die Denkmäler des Altslavischen sind in glagolitischen und kyrillischen Handschriften auf uns gekommen. Der älteste datierte kyrillische Text ist das Ostromirevangelium (1056—1057), das einen altslavischen Text in einer Handschrift russischer Redaktion gibt. Kürzlich entdeckt wurde die Inschrift des Zaren Samuel vom Jahre 993. Die ältesten Denkmäler der bulgarischen und serbischen Sprache gehen ins 12. Jahrhundert zurück; das älteste Zeugnis der slovenischen Sprache sind die Freisinger Fragmente aus dem 10.—11. Jahrhundert.

b) Die östliche oder russische Gruppe wird gebildet vom Großrussischen mit seinen zwei Dialekten, einem nördlichen (o-Dialekt) und einem südlichen (a-Dialekt), dem Weißrussischen und Kleinrussischen. Die östliche Gruppe zerfiel einst in drei Teile: einen nördlichen (Dialekte der Nowgoroder und anderer Kriwitschen), einen mittleren (Dialekte der Dregowitschen, Radimitschen, Wjatitschen und Sewerjanen) und einen südlichen (südrussische Dialekte). Die erste Dialektgruppe ergab das Nordgroßrussische, der westliche Teil der zweiten (Dialekte der Dragowitschen, Radimitschen und eines Teils der Wjatitschen) das Weißrussische, der östliche Teil das Südgroßrussische; die dritte Gruppe liegt dem modernen Kleinrussischen zugrunde (hauptsächlichste Dialekte: nordkleinrussisch, ukrainisch und galizisch). Die beste kurze Skizze der Geschichte der ostslavischen Dialekte hat A. A. Šáchmator geliefert, vgl. Brockhaus-Efron, 'Enciklopedičeskij Slovar' (Artikel 'Russkij jazyk' in dem Abschnitt 'Rossija'). Die ältesten Denkmäler der russischen Sprache sind die slavischen Texte russischer Redaktion

---

1) Eine ausführliche Darstellung der Geschichte dieser Frage hat Jagić gegeben in seiner Untersuchung 'Zur Entstehungsgeschichte der altkirchenslavischen Sprache' (Denkschriften der Kaiserl Akademie der Wissenschaften in Wien, phil.-hist. Klasse, Bd. 47), Wien 1900.

vom 11. Jahrhundert an und kurze Aufschriften auf Münzen sowie die kurze Inschrift auf dem Stein von Tmutorokan.

c) Die westliche Gruppe besteht aus dem Čechischen und dem ihm nahe stehenden Slovakischen, dem Polnischen und dem diesem nahen Kašubischen, dem Ober- und Niederlausitzischen (Wendischen), ferner dem Polabischen, der Sprache der Elbslaven. Das Polabische scheint endgültig im 18. Jahrhundert ausgestorben zu sein, obwohl vielleicht noch zu Anfang des 19. Jahrhunderts einzelne Personen manche Erinnerungen an die Sprache der Vorfahren hatten. Zeugnisse des Polabischen sind Vokabularien und einzelne Aufzeichnungen aus dem 17. und 18. Jahrhundert.

Das älteste Denkmal des Čechischen stammt aus dem 13., des Polnischen aus dem 14. Jahrhundert; auf noch frühere Zeit gehen sowohl für das Čechische wie für das Polnische Glossen, einzelne Wörter und Eigennamen zurück.

Das älteste niederlausitzische Denkmal ist die Übersetzung des Neuen Testamentes des Jakubica, das noch nicht ganz herausgegeben ist; sie befindet sich in der Königlichen Bibliothek in Berlin, in einer Handschrift des 16. Jahrhunderts; auf das Ende des 16. Jahrhunderts geht das älteste oberlausitzische Sprachdenkmal zurück, der Katechismus des Worjecha.

Indogermanische Sprachen, von denen nur spärliche Reste erhalten sind.

Im vorausgegangenen wurden die einzelnen indogermanischen Sprachzweige und die sie bildenden Einzelsprachen angeführt, soweit die Wissenschaft imstande ist, ihre Zugehörigkeit zu einer bestimmten Gruppe nicht lediglich hypothetisch, sondern als fest bewiesene Tatsache zu bestimmen. Es hat aber noch einige indogermanische Sprachen gegeben, von denen sich nur spärliche Reste erhalten haben (größtenteils Eigennamen, Glossen und einzelne Wörter), die uns nicht gestatten, mehr als Vermutungen über ihre Stelle im Kreise der Schwestersprachen aufzustellen, obschon die Tatsachen ausreichen, um ihre Zu-

gehörigkeit zur indogermanischen Sprachfamilie sicher festzustellen. So hat es in Südrußland unter den Skythen sicher-
lich iranische Elemente gegeben, die Wsewolod Miller sprachlich zu den Osseten stellt. Ferner redeten die phrygisch-thra-
kischen Völkerschaften nach einer sehr wahrscheinlichen Annahme Dialekte, die mit dem Armenischen verwandt waren.
Die Sprache der zweifellos indogermanischen Illyrer war mit
dem Albanesischen verwandt. Zu den Illyrern gehören sprachlich wohl auch die auf der Apenninenhalbinsel wohnenden
Messapier und Japyger. Die Frage nach der Stellung der
Veneter muß offen bleiben. Kretschmer in seiner 'Einleitung in
die Geschichte der griechischen Sprache' (1896) sieht in der
Sprache der Veneter, die am nördlichen Gestade der Adria
wohnten, einen nordillyrischen Dialekt, der sich in wesentlichen
Zügen von der südillyrischen Dialektgruppe unterschied. Die
Makedonier waren anscheinend sprachlich die nächsten Ver-
wandten der Griechen, obwohl man ihre Sprache nicht direkt
dem griechischen Zweig einordnen kann.   .
Über den Iranismus der Skythen schrieb in russischer und
deutscher Sprache Wsewolod Miller (Ossetinskije et'udy
III, 1887; Epigrafičeskije slědy iranstva na jugě Rossii,
Žurnal Min. Nar. Prosv., Č. 247; auch im 'Abriß der Ge-
schichte der ossetischen Sprache', im 'Grundriß der iranischen
Philologie', herausg. von Geiger und Kuhn). Über die anderen
erwähnten Sprachen vergleiche man das erwähnte Buch von
Kretschmer.[1])
Nähere Verwandtschaft zwischen einzelnen indogermanischen
Sprachzweigen ist in zwei Fällen als absolut erwiesen anzusehen: einmal zwischen dem indischen und iranischen, und
dann zwischen dem baltischen und slavischen Sprachzweig.
Das heißt also, es gab einmal eine Zeit, als es nach Trennung
von den anderen stammverwandten Sprachen, ganz gleich, wie
diese auch zustande kam, eine indoiranische und eine balto-
slavische Ursprache gab, die sich späterhin in indische und

---

1) Über die in Turkestan neuentdeckten Sprachen vgl. die Nachträge.

iranische, baltische und slavische Ursprachen spalteten. Die
indoiranischen Sprachen nennt man gelegentlich arische Sprachen, weil die Vorfahren der Inder und Iranier sich selbst anscheinend Arier nannten, doch ist die Bezeichnung unpraktisch,
weil durch Verwechslung mit der Bezeichnung „arische“ Sprachen
als Synonym für „indogermanische“ Sprachen leicht Verwirrung
entstehen kann. Der letztere Gebrauch des Ausdrucks „arische
Sprachen“ gründet sich auf die unbewiesene Annahme, daß
sich die Indogermanen selbst Arier genannt haben.

Die früher herrschende Ansicht von einer näheren Verwandtschaft des italischen und griechischen Sprachzweiges, und
ebenso des germanischen und baltisch-slavischen ist unbewiesen geblieben und nicht aufrecht zu erhalten. Sie gründet
sich auf einige voreilige Schlüsse aus Tatsachen, die bei näherer
Prüfung keine Unterlage für eine solche Auffassung liefern
können.

Die Probleme der Spaltung der indogermanischen Ursprache,
ihrer Urheimat und des Kulturzustandes der Indogermanen
werden wir später betrachten, nachdem wir uns mit den Grund-
erscheinungen des Sprachlebens überhaupt werden bekannt
gemacht haben.

Es mögen an dieser Stelle die wichtigsten Hilfsmittel zur vergleichenden Grammatik der indogermanischen Sprachen und zur
historischen Grammatik der wichtigeren Einzelsprachen angeführt sein.

Die beste dem heutigen Stande der Wissenschaft entsprechende
Darstellung der vergleichenden Grammatik der indogermanischen
Sprachen ist Brugmann und Delbrücks 'Grundriß der vergleichenden Grammatik der indogermanischen Sprachen'. Der erste Band
(1. Auflage, Straßburg 1886, 2. umgearbeitete Auflage 1897) enthält
die Lautlehre, der zweite (1. Auflage 1888—1892, 2. Auflage, im
Erscheinen, 1. Teil 1906, 2. Teil, 1. Liefg. 1909) die Stammbildungs-
und Formenlehre von Brugmann; Band 3, 4, 5 (1893, 1897, 1900) die
vergleichende Syntax von Delbrück.

Auf Grund des großen Werkes bearbeitete Brugmann eine kür-
zere Darstellung für Anfänger: 'Kurze vergleichende Grammatik der
indogermanischen Sprachen', Straßburg 1902—1904, enthaltend Lautlehre, Formenlehre und Syntax.

Zur allgemeinen Informierung über Aufgaben, Methoden und wichtigste Resultate der vergleichenden Sprachwissenschaft dient: A. Meillet, Introduction à l'étude comparative des langues indo-européennes, Paris 1903; 2. Auflage 1908, deutsche Ausgabe, 1909. In diesem Buche sind namentlich gut die Skizze der Geschichte der vergleichenden Sprachwissenschaft und das Kapitel über lexikalische Fragen. Im allgemeinen muß der Anfänger das genannte Buch von Brugmann und das große Brugmann-Delbrücksche Werk für Ergänzungen und Erläuterungen mit zu Rate ziehen, denn Meillets Buch ist gerade hinsichtlich der wichtigen prinzipiellen Frage nach der Ursprache sehr kurz gefaßt und recht subjektiv.

Ein recht übersichtlicher, wenn auch nicht durchweg gelungener Abriß der allgemeinen Tatsachen des Sprachlebens und der wichtigsten Resultate der vergleichenden Sprachwissenschaft ist Meringers Büchlein: 'Indogermanische Sprachwissenschaft' (Sammlung Göschen).

Des beste vergleichende (etymologische) Wörterbuch der indogermanischen Sprachen ist: Fick, Vergleichendes Wörterbuch der indogermanischen Sprachen. Die 3. Auflage ist veraltet, die 4. Auflage liegt aber noch nicht vollständig vor (1. Teil 1891, 2. Teil 1894, 3. Teil 1909).

Werke über die einzelnen Sprachen. Altindisch. Ein Lehrbuch des Sanskrit, mit sprachgeschichtlichen Erklärungen ist: Thumb, Handbuch des Sanskrit, I, II, Heidelberg 1905. Eine historische Grammatik: Th. Wackernagel, Altindische Grammatik. I. Lautlehre, 1896; II. Nominalkomposition, 1905. Ein kurzes etymologisches Wörterbuch: Uhlenbeck, Kurzgefaßtes etymologisches Wörterbuch der altindischen Sprache, Amsterdam 1898—1899. Die beste deskriptive Grammatik ist: Whitney, A Sanscrit Grammar (auch deutsch, 1879), mit zwei Ergänzungen: Holzmann, Grammatisches aus dem Mahābhārata, 1884, und Whitney, Die Wurzeln, Verbalformen und primären Stämme der Sanskritsprache, 1885. Das vollständigste Wörterbuch: Böthlingk und Roth, Sanskritwörterbuch, 7 Bände, St. Petersburg 1852—1875; ein Auszug daraus mit wertvollen Ergänzungen: Böhtlingk, Sanskritwörterbuch in kürzerer Fassung, 1879—1889. Für den Anfänger ist recht bequem: Capeller, Sanskritwörterbuch, 1887. — Ein wichtiges Hilfsmittel für die indische Philologie ist der im Erscheinen begriffene Grundriß der indischen Philologie (ursprünglich unter der Redaktion von Bühler).

Griechisch. Die besten historischen Grammatiken: G. Meyer, Griechische Grammatik, 3. Auflage, Leipzig 1896, und K. Brugmann, Griechische Grammatik, 3. Auflage, München 1900 (als 1. Teil des

2. Bandes des Handbuchs der klassischen Altertumswissenschaft, herausgegeben von Dr. Iwan von Müller). — Über die κοινή handelt: A. Thumb, Die griechische Sprache im Zeitalter des Hellenismus, Straßburg 1901. Ein gutes etymologisches Wörterbuch gibt es bisher nicht, das von Prellwitz (Etymologisches Wörterbuch der griechischen Sprache, 2. Auflage 1905) ist nur mit größter Vorsicht zu benutzen.

Lateinisch. Beste historische Grammatiken: F. Sommer, Handbuch der lateinischen Laut- und Formenlehre, Heidelberg 1902; Fr. Stolz und Schmalz, Lateinische Grammatik, 3. Auflage, München 1900 (als 2. Teil des 2. Bandes von I. v. Müllers Handbuch); Lindsay, Die lateinische Sprache, Leipzig 1897; Historische Grammatik der lateinischen Sprache, I. Lautlehre und Stammbildungslehre von Stolz, 1894—1895; III. Syntax, 1. Hälfte 1903. — Walde, Etymologisches Wörterbuch der lateinischen Sprache, Heidelberg 1906.

Germanisch. Streitberg, Urgermanische Grammatik, Heidelberg 1903. — Wissenschaftliche Grammatiken der einzelnen germanischen Sprachen erscheinen in zwei Sammlungen, von denen die eine Streitberg, die andere Braune redigiert; ferner enthält Skizzen des Urgermanischen und der Einzelsprachen der erste Band des Grundrisses der germanischen Philologie, herausgegeben von A. Paul, 2. Auflage. — Bestes etymologisches Wörterbuch der deutschen Sprache: F. Kluge, Etymologisches Wörterbuch der deutschen Sprache, 6. Auflage, Straßburg 1899, 7. Auflage im Erscheinen. — Für Anfänger sehr empfehlenswert: Wilmanns, Deutsche Grammatik, 2. Auflage, Straßburg 1897 ff. (stellt die Geschichte des Gotischen und Hochdeutschen dar).

Baltisch. Die historische Grammatik des Litauischen von Wiedemann (Handbuch der litauischen Sprache, Straßburg 1897) ist mit Vorsicht zu benutzen. Hilfsmittel zur Erlernung des Litauischen: Schleicher, Handbuch der litauischen Sprache, 1856—1857 (1. Teil, Grammatik, 2. Teil, Lesebuch mit Glossar); Kurschat, Grammatik der litauischen Sprache, 1876 (unentbehrlich für Akzentfragen; die historischen Exkurse haben keinen Wert mehr). — Wörterbuch: Kurschat, Litauisch-deutsches Wörterbuch, 1883). Für das Lettische: Bielenstein, Die lettische Sprache (2 Teile, 1863), und von demselben kürzer: Lettische Grammatik, 1863. Ein nicht vollständiges Wörterbuch: Ulmann, Lettisch-deutsches Wörterbuch, 1872. Für das Preußische: Berneker, Die preußische Sprache. Texte, Grammatik, etymologisches Wörterbuch, 1896; Trautmann, Die altpreußischen Sprachdenkmäler, I. Teil 1909 (Texte).

Altslavisch: Das beste Hilfsmittel: Leskien, Handbuch der altbulgarischen Sprache, 4. Auflage 1905; für Anfänger: Leskien,

Grammatik der altbulgarischen (altkirchenslawischen) Sprache, 1909. Wörterbuch: Miklosich, Lexicon palaeoslovenico-graeco-latinum, 1862 –1865. Das Werk ist nicht vollständig (es fehlt der Wortschatz der wichtigen, nach seinem Erscheinen entdeckten Denkmäler), und es muß von jemand, der mit den slavischen Sprachen nicht vertraut ist, mit größter Vorsicht benutzt werden: die altslavischen Wörter sind von der Masse der kirchenslavischen sorgsam zu scheiden. Die Vergleichende Grammatik der slavischen Sprachen von Miklosich (4 Bände, Wien 1874–1879) gibt reiches Material, ist aber sehr veraltet, jedoch bisher noch nicht durch ein auf der Höhe der Anforderungen stehendes Werk ersetzt. Über Vondráks 'Vergleichende slavische Grammatik', I. II., Göttingen 1906–1908, vgl. meine Rezension im 'Archiv für slavische Philologie', Band 29. – Im Erscheinen: Berneker, Slavisches etymologisches Wörterbuch (bisher 5 Lieferungen).

Romanische Sprachen. Einen kurzen Überblick gibt das kleine Buch von Zauner, Romanische Sprachwissenschaft, Leipzig (Sammlung Göschen). Eine große vergleichende Grammatik: Meyer-Lübke, Grammatik der romanischen Sprachen, 3 Bände, 1890–1900. Ein etymologisches Wörterbuch wird einigermaßen ersetzt durch Körting, Lateinisch-romanisches Wörterbuch, 3. Auflage. Ein allgemeines Hilfsmittel ist der Grundriß der romanischen Philologie, herausgegeben von Gröber, 2. Auflage im Erscheinen. Zu empfehlen ist die Sammlung romanischer Elementar- und Handbücher, herausg. von Meyer-Lübke.

IV. Genealogische Klassifikation der Sprachen (Schluß).

2. Die nichtindogermanischen Sprachen. Allgemeine Bemerkungen. Verhältnis der genealogischen Klassifizierung der Sprachen zur Klassifizierung der menschlichen Rassen nach anatomischen Merkmalen.

Große Gebiete im östlichen Europa und in Asien nehmen folgende fünf Sprachfamilien ein: 1. das Finnische (oder Finnisch-Ugrische); 2. das Samojedische; 3. das Türkisch-Tatarische; 4. das Mongolische und 5. das Mandschurische oder Tungusische.

Die finnischen Sprachen sind: 1. das eigentliche Finnische (Suomi) in Finnland; 2. das Esthnische; 3. das Livische; 4. das

Karelische; 5. das Lappische; 6. das Magyarische; 7. das Ostjakische; 8. das Wogulische; 9. das Wotjakische; 10. das Syr-
janische; 11. das Tscheremissiische; 12. die beiden mordwini-
schen Dialekte (Ersa und Mokscha) und noch einige jetzt ausgestorbene Sprachen.

Mit Ausnahme des Ostjakischen und eines Teils des Wogu-
lischen (die beide in Sibirien heimisch sind), werden die hier
genannten finnischen Sprachen in Europa gesprochen. Man
darf nicht das zum finnischen Sprachstamm gehörige Ostjakische
mit einer anderen sibirischen Sprache, die ebenso heißt, aber
nicht hierher gehört, verwechseln.

Die ältesten Quellen des Magyarischen stammen aus dem
12. Jahrhundert, diejenigen des Finnischen aus dem 16. Jahrhundert.

Den samojedischen Sprachzweig bilden die Sprachen der
samojedischen Stämme, die am europäischen Gestade des Nördlichen Eismeeres, sowie an seinem asiatischen Ufer über den
Jenissei hinaus bis zur Chatangabucht, zum Teil auch stromauf-
wärts am Jenissei leben.

Die türkisch-tatarische Sprachfamilie umfaßt zahlreiche Sprachen: 1. das Jakutische; 2. die altaischen Sprachen; 3. das
Teleutische; 4. die Sprachen der turkotatarischen Stämme am
Oberlauf des Ob (der Kumandinzer usw.); 5. die Sprache der
Urjanchajzer (in der westlichen Mongolei); 6. der Barabinzen;
7. der Kirgisen; 8. der Nogaier; 9. der Kumüken; 10. der Kara-
tschajewer (am Kuban); 11. der Baschkiren; 12. der Sarten;
13. der Usbeken; 14. der Turkmenen; 15. der Türken (Osmanen);
16. der krimischen; 17. aserbeidschanischen; 18. kasanischen
Tataren u. a.

Die genaueren verwandtschaftlichen Beziehungen zwischen
den einzelnen Sprachen und Dialekten der genannten turkotatarischen Sprachen sind noch nicht ganz aufgeklärt. Ich be-
schränke mich deshalb auch auf die einfache Aufzählung der
einzelnen Sprachen, ohne mich weiter auf Einzelheiten einzulassen. Hierher gehört auch die Sprache der Uiguren, eines

türkischtatarischen Stammes, der früh seine selbständige Existenz verlor und schriftliche Denkmäler aus dem 8.—10. Jahrhundert hinterlassen hat. Ebenfalls hierher gehört die Sprache der vor verhältnismäßig kurzer Zeit erst entdeckten und noch nicht genügend erforschten runenähnlichen Orchonischen Inschriften (7.—8. Jahrhundert) aus der Nähe des Orchon, eines Nebenflusses des Selenga.

Das Mongolische zerfällt in das Ost- und Westmongolische; zum ersten gehört das Burjatische, zum zweiten das Kalmückische.

Der tungusische oder mandschurische Sprachzweig wird repräsentiert durch das Tungusische, das Mandschurische und andere noch wenig erforschte Sprachen.

Von den aufgezählten fünf Sprachfamilien ist von den Forschern verschiedentlich behauptet worden, sie bildeten zusammen eine große Familie, die einen gemeinsamen Ursprung habe. Den Gedanken äußerte zum erstenmal, schon 1730[1]), der schwedische Offizier von Strahlenberg, der in der Schlacht bei Poltawa mitgekämpft und viele Jahre in russischer Gefangenschaft gelebt hat und so Gelegenheit hatte, sich unmittelbar mit den Völkerschaften, die man unter dem Namen tatarische zusammenfaßt, in Rußland und auch in Sibirien bekannt zu machen. In der Folgezeit gewann diese Hypothese weitere Verbreitung und wurde noch auf andere Sprachen ausgedehnt (so zog man u. a. das Japanische, auch das Sumerische oder Akkadische hierher), auch neue Bezeichungen kamen auf wie skythische, awranische, schließlich uralaltaische[2]) Sprachfamilie. Augenblicklich scheint die Tatsache einer näheren Verwandtschaft zwischen der finnischen und samojedischen Familie erwiesen zu sein; aber das Verhältnis dieser „finno-samojedischen"

---

1) 'Der nord- und östliche Teil von Europa und Asia', Stockholm 1730.

2) Der bekannte Popularisator der Sprachwissenschaft Max Müller rechnete zur „turanischen" Sprachfamilie auch die dravidischen Sprachen (über diese s. u.).

Gruppe zu den übrigen und deren gegenseitiges Verhältnis bleibt einstweilen unaufgeklärt. In die Geschichte dieser Frage führt ein Donners Aufsatz 'Die uralaltäischen Sprachen' (Finnisch-Ugrische Forschungen, Bd. I).

Auch die Frage, ob eine nähere Verwandtschaft zwischen den finnischen und indogermanischen Sprachen besteht, ist bisher noch nicht genügend aufgeklärt. (Letzter Überblick über die Frage: Wiklund, Finnisch-Ugrisch und Indogermanisch, Le Monde Oriental I.) Jedenfalls genügen die von den Forschern bisher beigebrachten Übereinstimmungen zwischen diesen Sprachen nicht für eine bejahende Beantwortung der Frage, um so weniger als ja, wie wir sahen, das Verhältnis des Finnischen zu seinen östlichen und südöstlichen Nachbarn noch nicht klar ist. Denn, wenn die Zusammenstellungen der finnischen Sprachen mit den indogermanischen wissenschaftlichen Wert haben sollen, so muß eine gemeinfinnische Ursprache erschlossen, muß das Verhältnis dieser letzteren zum Urtürkischtatarischen, Urmongolischen und Urmandschurischen aufgehellt werden. — Diese letzteren Sprachfamilien sind aber noch weit weniger erforscht wie das Finnische; und dessen wissenschaftliche Bearbeitung hat auch noch nicht annähernd das Niveau der indogermanischen Sprachwissenschaft erreicht.

Außer den hier besprochenen indogermanischen und nicht-indogermanischen Sprachen, von denen nur die mandschurische Sprachfamilie in Europa unvertreten ist, werden in Europa noch zwei Sprachen gesprochen, die keiner der bisher angeführten Gruppen zuzuzählen sind. Es sind das das Etruskische, das einst in Italien[1]) gesprochen wurde, und das Baskische, das noch jetzt auf den Abhängen der Pyrenäen in Frankreich

---

1) Von der Sprache der alten Bewohner der ligurischen Küste des Mittelmeeres kennen wir fast nichts als Eigennamen, und man kann sich daher von ihren Besonderheiten keine Vorstellungen machen, die zur Aufstellung irgendwelcher Hypothesen berechtigten. Jedenfalls war das aber keine indogermanische Sprache, ebenso wie auch die Sprache der alten Einwohner von Sizilien, von der wir epigraphische Spuren haben.

und in Spanien im lebendigen Gebrauch ist. Der größere Teil
der Basken sitzt in Spanien.

Das Etruskische ist häufig zum Indogermanischen gestellt
worden: so behauptete 1874 Corssen entschieden, daß es zusammen mit dem Lateinischen, Oskischen und Umbrischen zur
indogermanischen Familie gehöre. Kürzlich versuchte wieder
der norwegische Gelehrte Sophus Bugge die Zugehörigkeit
des Etruskischen zu unserem Sprachstamme durch Übereinstimmungen mit dem Armenischen zu beweisen ('Etruskisch
und Armenisch', 1890). Doch sind alle derartigen Versuche,
wie auch Taylors 1874 aufgestellte Hypothese von der turanischen Abstammung der Etrusker bisher ergebnislos geblieben: soweit das Etruskische überhaupt der Wissenschaft
bekannt ist, kann jetzt kein Zweifel mehr bestehen, daß diese
rätselhafte Sprache keine verwandtschaftlichen Beziehungen
da hat, wo man sie bisher suchte. Mehr Hoffnung auf eine
positive Lösung der Frage erweckt der Pfad, den der ver-
diente dänische Linguist V. Thomsen eingeschlagen hat. Er
richtete seine Aufmerksamkeit auf die kaukasischen Sprachen
(s. unten), auf die vor ihm schon Pauli hingewiesen hatte, der
sich sein ganzes Leben mit dem Studium und der Herausgabe
der etruskischen Inschriften beschäftigt hatte. Thomsen machte
1899 im 'Bulletin de l'Académie royale des sciences et des
lettres de Danemark' Mitteilung über die Ergebnisse seiner
Forschungen. Er hat gefunden, daß das Etruskische mit einer
nordkaukasischen Sprache, nämlich dem Lesghischen (Pauli
dachte an eine südkaukasische Sprache, das Grusinische) Ähnlichkeit zeigt, nicht nur in einzelnen Wörtern, sondern auch in
grammatischen Formen, und gewisse Berührungspunkte auch
mit südkaukasischen Sprachen hat. Die weitere Forschung muß
nun zeigen, wieweit die von Thomsen aufgezeigten Parallelen
verwandtschaftliche Beziehungen zwischen den genannten
Sprachen beweisen können. Thomsen sieht seine Hypothese
als eine Bestätigung der bekannten Nachricht Herodots an,
nach der die Etrusker aus Lydien gekommen seien. Von der

Sprache der Lydier wissen wir zwar so gut wie nichts, doch gibt es eine in Ägypten gefundene Inschrift kleinasiatischer Herkunft, die als lydisch gilt: ein Wort aus dieser wird von Thomsen mit einem Wort einer südkaukasischen Sprache zusammengestellt.

Die Verwandtschaftsverhältnisse der Sprache der Basken sind noch unaufgeklärt. Die Annahme liegt nahe, daß diese Sprache ein Rest der Sprache der alten Einwohner des südwestlichen Europa war, die durch den westlichen (keltischen) Zweig des Indogermanischen verdrängt wurde. Wenigstens stehen die Eigennamen iberischer Herkunft der baskischen Sprache nahe.

Die kaukasische Landenge zwischen Europa und Asien ist von Stämmen verschiedener Zunge besiedelt; hier wird eine Gruppe von Sprachen gesprochen, die weder zum Indogermanischen noch zum Semitischen noch zum Türkisch-Tatarischen gehören. Diese sog. kaukasischen Sprachen zeichnen sich durch große Mannigfaltigkeit aus, und ihre Erforschung ist noch nicht so weit fortgeschritten, daß man über ihre Verwandtschaftsverhältnisse entscheidend urteilen könnte. Wahrscheinlich ist nur, daß die südkaukasischen Sprachen (das Grusinische, Mingrelische und Swanetische) eine Familie bilden. Die nordkaukasischen Sprachen (das Tscherkessische, Tschetschenzische und Lesghische mit einer ganzen Reihe von Verzweigungen) sind, soweit man nach dem bisherigen Stande der Forschung sagen kann, untereinander und auch mit den südkaukasischen Sprachen, obwohl sie einige Züge mit ihnen gemeinsam haben, nicht verwandt.

In Asien und Afrika finden wir die große Familie der semitischen Sprachen, von denen viele bereits ausgestorben sind, von denen aber eine, die arabische, sich weit über ihre ursprünglichen Grenzen hinaus bis über Afrika und das südwestliche Europa ausbreitete. Allerdings büßte sie später das in Europa eroberte Gebiet wieder ein. Nach sehr wahrscheinlicher Annahme kamen die semitischen Stämme aus Arabien; allerdings können wir nicht wissen, ob dies Land ihre älteste Heimat ist, oder ob sie von anderswoher dort einwanderten. Mit ziemlicher Sicherheit ist auch das allgemeine Bild der weiteren Wanderungen der einzelnen semitischen Stämme festgestellt. Gewissermaßen in aufeinanderfolgenden Wellen ergossen sie sich über alle alten Kulturländer Mesopotamiens und Vorderasiens.

Zum semitischen Stamm gehören folgende Sprachen: 1. das Altassyrische, 2. der kanaanäische Sprachzweig, 3. das den letzteren nahestehende Aramäische, 4. die Sprachen des arabischen Zweiges.

Die altassyrische Sprache hat man nach den ersten im nördlichen Mesopotamien (Assyrien) gemachten Inschriftenfunden so genannt. Richtiger würde man sie aber Altbabylonisch nennen, weil ihre Heimat Babylon ist, von wo sie sich allmählich nach Norden ausgebreitet hat. In Babylon trafen die Semiten das alte Kulturvolk der Sumerier oder Akkadier, von denen sie eine Bilderschrift übernahmen, die sie zu einer Silbenschrift, der Keilschrift, endgültig umbildeten. Dank den eifrig betriebenen Ausgrabungen besitzen wir eine große Zahl von Keilinschriften, und nach ihnen können wir uns eine ziemlich genaue Vorstellung von der allmählichen Entwicklung des Altassyrischen machen, vom Entstehen der Literatursprache und von einigen Besonderheiten der Umgangssprachen, die in Schriftstücken privaten Charakters, wie z. B. Briefen, unterlaufen. Die alte Bevölkerung unterwarf sich den Eroberern und nahm ihre Sprache an, nur im Norden hielt sich die ursprüngliche einheimische Sprache mit größerer Zähigkeit und bedeutend länger als in Babylon, wo sie der Sprache der Eroberer schon im 11. Jahrh. v. Chr. wich. Vom 8. Jahrh. v. Chr. an überschwemmten neue semitische Elemente Mesopotamien, die Aramäer, die zuerst die Dörfer, dann aber auch die Städte einnahmen. Das Ergebnis war die allmähliche Verdrängung des Altassyrischen, das zur Zeit Alexanders des Großen schon eine tote Sprache war. Nur in den Kreisen der Priester führte sie noch ein künstliches Leben.

Der zweite semitische Zweig ist der kanaanäische, dessen Vordringen nach Norden an die Ufer des Mittelländischen Meeres die zweite semitische Welle ist, die von der ursprünglichen Heimat ausging. Das älteste Zeugnis einer Sprache dieses Zweiges sind Glossen in altassyrisch geschriebenen Briefen palästinischer Fürsten an den ägyptischen Pharao aus dem 15. Jahrh. v. Chr., gefunden in Tell-el-Amarna in Ägypten. Die wichtigste Sprache dieser Gruppe ist das Hebräische, als dessen ältestes Denkmal das Lied der Deborah (Buch der Richter, 5) gilt, das man vor 1000 v. Chr. ansetzt. Offen bleibt die Frage, weshalb das Hebräische in allen wichtigen Zügen mit der Sprache der ältesten Einwohner von Palästina übereinstimmt, die uns aus inschriftlichen Spuren bekannt ist (die erwähnten Glossen und eine Inschrift etwa aus dem Anfang des 9. Jahrh. v. Chr.), obwohl doch die Juden bekanntlich als siegreiche Eroberer in das Land eindrangen. Vielleicht handelt es sich hier um zwei aufeinanderfolgende Bewegungen des kanaanäischen Zweiges. Unsere Nachrichten über die Dialekte des Hebräischen sind sehr spärlich und beschränken sich eigentlich auf die Erzählung im Buche der Richter (12, 6) über die Besonderheiten der Aussprache des Lautes „sch" im Worte „schibboleth" („Ähre") beim Stamm Ephraim und auf einige lexikalische Eigentümlichkeiten in den Büchern nördlichen Ursprungs. Zu Beginn der hellenistischen Periode war das Hebräische schon eine tote Sprache, weil die nach Ägypten und dem Westen ausgewanderten Juden die Sprache der dortigen Gebildeten, das Griechische, angenommen und die in der Heimat gebliebenen ihre Sprache mit einem Dialekt des Aramäischen vertauscht hatten, das damals die Verkehrssprache Vorderasiens war. Angefangen hatte die Aramäisierung Palästinas nach dem Fall des jüdischen Königtums (586). Die hebräische Sprache lebte aber als Literatursprache weiter, im Schul- und Kirchengebrauch; allerdings zeigen die literarischen Erzeugnisse der zwei letzten Jahrhunderte v. Chr. bedeutende Spuren des Einflusses der lebenden Umgangssprache, des Aramäischen.

Der zweite Repräsentant des kanaanäischen Zweiges ist
das Phönikische, das wir aus Inschriften (die ältesten aus
dem 10.—9. Jahrh. v. Chr.) und aus der Überlieferung von
Eigennamen und einzelnen Wörtern in griechischen Quellen
kennen. Diese letzteren sind besonders wertvoll, weil die phönikischen Inschriften nach altsemitischer Weise die Vokale
nicht bezeichnen. Das Phönikische verbreitete sich durch die
kolonisatorische Tätigkeit der Phöniker an den Gestaden des
Mittelmeeres aus, aber nur in Karthago faßte es festere Wurzeln.
Die erhaltenen altkarthagischen Inschriften sind dem Umfang nach
unbedeutend und recht unbefriedigend in orthographischer Hinsicht. Mehr Wert hätten für uns die paar Verse in „punischer"
Sprache, die sich in einer plautinischen Komödie finden, wenn
nicht die Abschreiber, die ihren Sinn nicht verstanden, die
Stelle verderbt hätten. Immerhin gibt es Spuren, die auf einige
dialektische Besonderheiten der Sprache Karthagos gegenüber
dem eigentlichen Phönikischen hinweisen. Dieses war gegen
das 1. Jahrh. v. Chr. schon eine tote Sprache, während sich
das „Punische" in Afrika auch noch n. Chr. gehalten hat.

Die dritte semitische Völkerwelle waren die Aramäer, deren
östlicher Zweig sich später, nach Bekehrung zum Christentum,
Syrier[1]) nannte, um sich von dem heidnischen Teil zu unterscheiden.

Vom 14. Jahrh. v. Chr. an erwähnen die Inschriften Babylons
und Assyriens die Aramäer, die an der Westgrenze von Mesopotamien nomadisierten und auch gelegentliche Einfälle voll-
führten. Später rückten sie nach Norwesten und nach Mesopotamien vor, die einheimischen Sprachen verdrängend, bis

---

1) Syrien, Syrier nannten die Griechen Assyrien und die Assyrier,
indem sie damit das ganze bunte Völkergemisch des assyrischen
Reiches bezeichneten. Später wandten Griechen und Römer diese
Benennung nur auf Syrien im engeren Sinne und die Aramäer an.
Statt „syrische" Sprache ist auch' der Ausdruck „syrochaldäische"
Sprache gebräuchlich gewesen; er ist aber ungeeignet, weil er nur
auf Babylon, als auf das Gebiet dieser Sprache weist.

schließlich, etwa 3 Jahrh. v. Chr. das Aramäische die Sprache des ganzen kultivierten Vorderasien wurde. Das Aramäische drang sogar als Literatursprache in arabisches Sprachgebiet ein, hielt sich aber als solche nicht. Die ältesten Denkmäler dieser Sprache (nach den Inschriften) sind einige Teile des Alten Testamentes (westaramäisch). Das Aramäische zerfiel in zwei Hauptdialektgruppen, eine westliche und eine östliche. Andere (Nöldeke u. a.) setzen drei Gruppen an: die westliche (palästinensische), mittlere (edessische) und östliche (babylonische). Die westlichen Dialekte wurden durch das Arabische verdrängt, und in der Gegenwart existiert nur noch einer von ihnen in drei Dörfern bei Damaskus. Im Osten breitete sich die aramäische Sprache von den armenischen Bergen bis zur Mündung des Tigris und Euphrat aus. Der wichtigste Punkt war hier die Stadt Edessa. Die christlichen Syrier, die ostsyrisch sprachen (Nestorianer), trennten sich infolge dogmatischer Uneinigkeiten von ihren westlichen Glaubensgenossen in Palästina, und infolgedessen gingen diese in ihren Büchern zum Gebrauch des lokalen westaramäischen Dialektes über. Die arabischen Eroberungen des 7. Jahrh. n. Chr. machten der Bedeutung und weiteren Verbreitung der westaramäischen Sprache ein Ende, als Kirchensprache hielt sie sich aber noch etwa sechs Jahrhunderte. Im Osten war die kulturelle Bedeutung des Aramäischen größer als im Westen; zur Zeit der Herrschaft der Sassaniden in Persien war sein Einfluß so groß, daß das Mittelpersische eine ganze Reihe von Entlehnungen aus ihm aufnahm. Ferner kamen die Nestorianer mit ihrer Predigt bis ins Gebiet von China und brachten den Mongolen ihr Alphabet. Bis heute haben sich Reste der ostaramäischen Sprache an einigen wenigen Punkten gehalten: in Mesopotamien, um Mosul, im kurdischen Gebirge und am westlichen Ufer des Urmia-Sees; vereinzelte Reste, die sog. Aissoren, gibt es auch in Rußland, in Transkaukasien. Im 17. Jahrh. versuchten nestorianische Prediger, die literarische Bedeutung des Dialektes von Mosul wiederherzustellen. Erfolgreicher waren im 19. Jahrh.

die Versuche amerikanischer Missionäre, und dann auch die
des römischen Kollegiums „de propaganda fide" mit dem Dialekt
von Urmia; sie gebrauchten ihn nicht nur zur Verkündigung
des Evangeliums, sondern auch zur Verbreitung elementarer
Bildung.

Die vierte und letzte große semitische Welle war das Auftreten der Araber, durch das eine Reihe verwandter und nicht
verwandter Sprachen verdrängt wurde. Der arabische Sprachzweig zerfällt in zwei große Gruppen: eine nördliche und eine
südliche, zu der auch die beiden abessinischen Sprachen gehören. Zum Nordarabischen gehört die Sprache des Korans
und die arabische Literatursprache: ihr liegt die vorislami-
tische Liedersprache zugrunde, die sich in gewissen Punkten
von dem Idiom der älteren Inschriften unterscheidet. Sie war
Literatursprache schon zu einer Zeit, da das hauptsächlichste
Mittel der Überlieferung poetischer Schöpfungen nicht die
Schrift, sondern die mündliche Tradition war. Der Sprache
des Korans liegt der Dialekt von Mekka zugrunde, beeinflußt
ebenfalls von dieser altarabischen Liedersprache. Die im
19. Jahrh. angestellten Untersuchungen der lebenden nordarabischen Dialekte (aus der älteren Zeit haben wir nur höchst
spärliche Reste) haben ergeben, daß man fünf Gruppen unterscheiden muß: die Dialekte Arabiens, Mesopotamiens, Syriens,
Ägyptens und Nordwestafrikas. Eine besondere Stelle nimmt
der Dialekt der Insel Malta ein, der von Christen gesprochen
wird und daher schon seit langem keine Beziehungen mehr
zu den anderen arabischen Dialekten hat, dagegen sehr stark
vom Italienischen beeinflußt ist. Interessant ist auch, daß dies
der einzige arabische Dialekt ist, der sich für den Buchdruck
der lateinischen Schrift bedient. Die südarabischen Dialekte
wurden von den arabischen Stämmen gesprochen, die früher
als ihre nördlichen Stammesgenossen (lange vor Chr. Geb.)
eine ziemlich hohe Kultur entwickelt hatten, dank den Vorteilen,
die ihnen eine reiche Natur und der Seeweg nach Indien ge-
währte. Wir kennen zwei Dialekte; vielleicht hat aber noch

ein dritter existiert. Ihre Denkmäler sind Inschriften in den traditionellen literarischen Formen. Die Ausbreitung des Islam machte der selbständigen Existenz der südarabischen Dialekte ein Ende: erhalten haben sich von ihnen nur wenige Reste an einigen Küstenpunkten und auf der Insel Sokotra. In ihnen haben wir die Nachkommen der lebendigen Volksdialekte, aber nicht der uns aus den Inschriften bekannten Literatursprachen.

Abessinien wurde von semitischen Elementen kolonisiert, die sprachlich mit den südarabischen Stämmen am nächsten verwandt waren. Wir haben hier zwei Sprachen: eine, das Ge'ez, aus Inschriften vom 4. Jahrh. n. Chr. an bekannt, existiert bereits nicht mehr, doch haben sich ihr nahe Dialekte in der italienischen Kolonie Eritrea und in Tigre erhalten; der letzte Dialekt (Tigrinja), ein Abkömmling der alten Sprache, ist aber stark von der anderen abessinischen Sprache beeinflußt worden, deren Heimat das südliche Abessinien ist. Diese Sprache, das Amharische, ist wieder stark von der hamitischen Sprache der durch die Semiten kolonisierten Urbevölkerung beeinflußt worden. Eine amharische Literatur beginnt im 17. Jahrhundert, während das Ge'ez[1]), das nach den Umwälzungen im 12. Jahrhundert durch das Amharische verdrängt wurde, im literarischen Gebrauch sich noch weiter erhielt.

Die Frage nach der Verwandtschaft der semitischen und indogermanischen Sprachen wurde zuerst 1828 von Klaproth aufgeworfen und ist seitdem der Gegenstand zahlreicher Untersuchungen gewesen. Einstweilen muß die Antwort aber negativ sein. Denn die bisherigen Versuche, die vermutete Verwandtschaft zu beweisen, sind nicht geglückt, sei es, weil sie unwissenschaftlich unternommen wurden, sei es, weil man zu willkürlich mit dem Ursemitischen umging, das doch erst jetzt, vor unseren Augen, von der Wissenschaft rekonstruiert wird.

____

1) Schon die Abessinier selbst nannten sie äthiopisch.

Natürlich können aber nur Gegenüberstellungen in Betracht kommen, die mit gleichwertigen Größen operieren: mit dem Ursemitischen und Urindogermanischen. Auch Möller, der zuletzt über den Gegenstand gearbeitet hat ('Semitisch und Indogermanisch', Kopenhagen 1907) ist es nicht gelungen, seine Annahme zu beweisen. Doch werden die Semitisten die großen Verdienste dieser Arbeit um die Rekonstruktion des Ursemitischen anerkennen.

Dagegen befestigt sich immer mehr der Glaube an eine Urverwandtschaft der semitischen Sprachen mit dem hamitischen Zweige. Unter dieser Bezeichnung faßt man in der Regel das uns aus zahlreichen Denkmälern bekannte Ägyptische und dessen Nachkommen, das Koptische, zusammen. Letzteres wurde im lebendigen Gebrauch vom Arabischen verdrängt und hat sich erhalten als Sprache der Denkmäler des christlichen Schrifttums aus den ersten Jahrhunderten unserer Zeitrechnung. Diese sind in einem aus dem Griechischen gebildeten Alphabet geschrieben. Ferner gehören hierher die Berbersprachen in Nordafrika und die Sprachen der sog. Kuschiten in Abessinien und den Nachbarländern (diese letzteren muß man also unterscheiden von den abessinischen Sprachen semitischer Herkunft). Jetzt liegt die Sache so, daß nach den Untersuchungen von Kurt Sethe (1899) und Adolf Erman (1900) an der Verwandtschaft des Ägyptischen mit den semitischen Sprachen kaum noch gezweifelt werden kann. Erman hat sogar die Vermutung ausgesprochen, daß das Ägyptische ein Zweig des Semitischen sei, der sich früh von den verwandten Sprachen getrennt und unter dem Einfluß der von ihm verdrängten einheimischen Sprache stark verändert habe. Jedenfalls bedarf die Frage noch weiterer Untersuchungen, die die wirkliche Natur der ägyptisch-semitischen Beziehungen klarlegen und auch noch das gegenseitige Verhältnis aller sog. hamitischen Sprachen aufhellen müssen.

Die beste Einführung in das Studium der semitischen Sprachen ist: Nöldeke, Die semitischen Sprachen (2. Aufl., 1899);

das Werk enthält eine Geschichte der allgemeinen Fragen mit einer Übersicht über die Geschichte der diese Sprachen sprechenden Völker. Auf Nöldekes Buch beruht auch der allgemeine Teil des Buches von Brockelmann, Semitische Sprachwissenschaft (Leipzig 1906, Sammlung Göschen), das eine den derzeitigen Anforderungen entsprechende Skizze der vergleichenden semitischen Grammatik enthält. Brockelmann veröffentlichte auch einen 'Grundriß der vergleichenden Grammatik der semitischen Sprachen' (Bd. I, Berlin 1907) und eine kurzgefaßte vergleichende Grammatik der semitischen Sprachen (Porta linguarum orientalium, 21, Berlin 1908).

Im südöstlichen Asien finden wir eine ganze Gruppe von Sprachen, die sich darin ähnlich sind, daß sie keine Formen von selbständigen Einzelwörtern besitzen, die sog. „Wurzelsprachen"; sie kennen weder Deklination noch Konjugation usw.; es gibt nur Formen von Wortgefügen. Trotz dieser Ähnlichkeiten in grammatischer Hinsicht scheinen diese Sprachen nicht verwandt zu sein, und die Wissenschaft steht vor der Frage, wie die erwähnten Ähnlichkeiten zu erklären sind. Einige Sprachforscher vermuten hier übrigens doch Urverwandtschaft und Verwandtschaft mit dem Tibetischen [1]).

Zu diesen Sprachen gehört: das Chinesische, von dem wir sehr alte Denkmäler haben, die weiter als bis 1500 v. Chr. heraufreichen; das Siamesische und das Birmanische und einige andere Sprachen.

Das Japanische ist mit dem Chinesischen nicht verwandt. Eine solche Verwandtschaft nahm man früher an, weil Japan lange Zeit unter einem starken kulturellen Einfluß Chinas gestanden hat, der auch auf die Sprache einwirkte. Später kam die Hypothese von der Zugehörigkeit des Japanischen zu den

---

1) Die Hypothese ist einstweilen nicht annehmbar, da sie auf oberflächlicher Vergleichung der genannten Sprachen beruht; das Chinesische z. B. hat aber zweifellos eine lange historische Entwicklung durchgemacht, welche die Wissenschaft bisher noch nicht aufhellen konnte.

sog. uralaltaischen Sprachen auf. Aber auch diese konnte nicht bewiesen werden, und das Japanische wie auch das Chinesische steht in der genealogischen Klassifikation der Sprachen einstweilen vereinzelt da. Ebenfalls vereinzelt stehen da die Himalayasprachen, von denen das Tibetische die bekannteste ist.

In Indien finden wir außer der indogermanischen Sprache der Hindu noch die Familie der drawidischen Sprachen (Tamil, Malabarisch u. a.), und die Mundasprachen. Die drawidischen und die Mundastämme sind offensichtlich ältere Bewohner Indiens als die Hindu: sie lebten in Hindostan früher als die Indier, von denen sie bis in den Süden der Halbinsel zurückgedrängt wurden.[1])

Es gibt noch eine Anzahl Sprachen in der nordöstlichen Ecke von Asien, deren Verwandtschaftsverhältnisse ganz dunkel sind: das sind die Sprachen der Jukagiren, Tschuktschen, Kamtschadalen und einige andere. Vereinzelt steht die Sprache der Jenissei-Ostjaken (nicht zu verwechseln mit der oben erwähnten finnischen Sprache desselben Namens).

---

1) Im Jahre 1853 behauptete Francis Mason die Verwandtschaft des „Mon", der Sprache des unteren Birma, mit der Mundasprache, und Wilhelm Schott behauptete 1856 die Verwandtschaft der Mundasprachen mit dem Anamitischen. 1899 erweiterte Ernst Kuhn die erstere Hypothese durch Heranziehen der Sprache von Kambodscha (Khmer), der Sprache des Khasi-Stammes in Assam und der Sprache der Eingeborenen der Nikobarischen Inseln und von Malakka. Zu Anfang dieses Jahrhunderts behauptete Schmidt einerseits die Verwandtschaft der Sprachen von Birma, Kambodscha und Assam, und andererseits deren Verwandtschaft mit den Sprachen der Nikobarischen Inseln und dem „Mund" und weiter die Verwandtschaft dieser beiden Gruppen mit den „austronesischen" (d. h. den malaiopolynesischen) Sprachen. Ob diese weitgehenden Kombinationen zutreffen, ist schwer zu sagen, um so mehr, als bisher die große malaiopolynesische Gruppe historisch noch nicht genügend durchforscht ist, und in der Bearbeitung der Sprachen des südöstlichen Asien noch viele Fragen von höchster Wichtigkeit ungelöst geblieben sind. Über Schmidts Arbeiten referierte Kuhn in der Beilage zur Münchener Allgemeinen Zeitung, 1907, Nr. 13.

Aus Inschriften bekannt ist uns in Asien noch die Sprache der alten Bewohner von Assyrien, die dort bis zum Eindringen der Semiten gelebt haben. Diese Sprache wird nach dem einen Dialekt sumerisch, nach dem andern akkadisch genannt. Zu welcher Sprachgruppe in verwandtschaftlicher Hinsicht diese Sprache zu stellen wäre, ist völlig unbekannt.

Angeführt sei ferner noch die Sprache der alten Bewohner des kleinasiatischen Reiches, das von den Babyloniern „Chatti" genannt wurde. Das sind die Hettiter, unter welchem Namen anscheinend Völkerschaften nicht einheitlicher Herkunft zusammengefaßt wurden, die eine Anzahl Inschriften hinterlassen haben, die aber in ihren wesentlichsten Teilen noch nicht entziffert sind, so daß die Sprache der Hettiter bisher genealogisch noch nicht klassifiziert werden konnte.[1]) Die Sprache der Mittani in Mesopotamien wird von einigen Forschern zum Hettitischen gestellt. Ebenso unaufgeklärt ist einstweilen die Frage betreffs der Sprache der Inschriften von Wan (am Wansee in Armenien), die von den Alaroden herrühren. Sie werden u. a. zum Georgischen gestellt.

Auch die Sprache der alten Bewohner von Elam, soweit sie uns bekannt ist, steht einstweilen vereinzelt.

Schließlich haben wir recht spärliche Nachrichten über eine Anzahl alter Sprachen, die einst in Kleinasien gesprochen wurden. Nur von der Sprache der Lykier und Karer haben sich epigraphische Spuren erhalten, die übrigen kennen wir aus Eigennamen und einzelnen Wörtern. Die weitgehenden Hypothesen von der Verwandtschaft dieser Sprachen mit dem Etruskischen und Baskischen müssen wir einstweilen beiseite lassen, sehr bestechend ist aber Kretschmers auf sehr genaues Studium des Materials sich gründender Gedanke ('Ein-

---

1) In seinem Buch 'Hittiter und Armenier' sucht Jensen die Verwandtschaft der Sprache der „Hettiter" mit dem Armenischen nachzuweisen, indem er dabei von einer eigenartigen Auslegung der Inschriften ausgeht. Der Versuch ist als verfehlt anzusehen, vgl. Indogermanische Forschungen 13, Anzeiger S. 33 f.

leitung in die Geschichte der griechischen Sprache'), daß die
westlichen Kleinasiaten (Karier, Lydier, Mysier) und ihre östlichen Nachbarn (Pisider, Lykaonier und Kilikier), zwischen denen
die Lykier eine vermittelnde Stellung einnahmen, sämtlich Sprachen geredet haben, die untereinander und mit der Sprache der
vorhellenischen Bevölkerung Griechenlands und der Inseln des
Ägäischen Meeres verwandt waren, — soweit man auf Grund
der wenigen epigraphischen Reste und der Ortsnamen, welche
die später eingewanderten Griechen übernommen haben, urteilen
kann. Über die Kappadokier spricht Kretschmer sich zweifelnd
aus, indem er sie vermutungsweise zu den östlichen Kleinasiaten stellt, entsprechend dem Stande der Frage im Jahre 1896.
Jedenfalls aber muß man den Gedanken, daß die alten Bewohner von Kleinasien teils Semiten, teils Indogermanen waren,
endgültig fallen lassen.

In Afrika, südlich vom arabischen Sprachgebiet, werden die
nubischen und die Negersprachen gesprochen, die zu wenig
erforscht sind, als daß wir ihr Verhältnis zu anderen Sprachen
bestimmen könnten.

Südafrika ist das Gebiet der Kaffernsprachen, der sog. Bantu-
sprachen. Sie bilden eine Sprachfamilie, d. h. sie sind miteinander genetisch verwandt. Außer den Kaffernsprachen
finden wir dort noch zwei, in genealogischer Hinsicht vereinzelt
dastehende Sprachen. Es sind das die Sprachen der Hotten-
totten und der Buschmänner, die miteinander nicht verwandt
sind; auch unterscheiden sich die sie sprechenden Stämme in
physischer Hinsicht.

In dem gewaltigen Gebiete des Großen Ozeans, von der
Osterinsel bis Madagaskar auf der einen Seite, und von For-
mosa bis Neuseeland auf der anderen, finden wir die malaiopolynesische Sprachfamilie. Man unterscheidet drei Zweige
dieser Gruppe: 1. das eigentliche Malaiische auf der Halbinsel
Malakka, auf den nächsten großen Inseln, den Philippinen und
Ladronen; 2. das Polynesische, die Sprache der Eingeborenen
von Polynesien, Neuseeland und Madagaskar; 3. das Melane-

sische, die Sprachen Melanesiens (Fidschi und andere Inseln im Nordosten von Australien). Diese Sprachzweige zerfallen in eine Anzahl von Dialekten, und die melanesische Dialekte sprechenden Volksstämme unterscheiden sich von den reinen Malaien. Vielleicht sind die Melanesier eine Vermischung aus der malaiischen Rasse mit dem Stamm der Papua. Die Papuasprachen werden auf gewissen australischen Inseln gesprochen, teilweise auf Borneo und den Philippinen, und sind noch wenig erforscht; diese Sprachen wurden von den Malaien zum Teil ausgerottet, zum Teil in entlegene Gegenden verdrängt und außer Zusammenhang miteinander gebracht.

Auf dem australischen Festland werden die Sprachen der australischen Rasse gesprochen. Am besten bekannt von ihnen sind die anscheinend untereinander verwandten Sprachen des Südens.

In Amerika finden wir außer den Sprachen, die sich nach der Entdeckung ausgebreitet haben, die Sprachen der Eingeborenen amerikanischer Rasse, und die Sprachen der Bewohner des polaren Amerika. Die amerikanischen Sprachen im engeren Sinne, d. h. der Eingeborenen amerikanischer Rasse, sind wenig erforscht und verwandtschaftliche Beziehungen zwischen ihnen bisher nicht festgestellt. Viele von ihnen zeigen in ihrem grammatischen Bau eine bestimmte Besonderheit, von der später noch die Rede sein soll. Die Sprachen der Bewohner des amerikanischen Polargebietes (z. B. der Eskimos und Aleuten) sind gleichfalls wenig erforscht, und einstweilen kann man ihnen keinen bestimmten Platz in der genealogischen Klassifikation der Sprachen zuweisen.

Allgemeine Bemerkungen. Im vorstehenden wurden die mehr oder weniger sicheren Tatsachen und die wahrscheinlichsten Hypothesen zur genealogischen Klassifikation der Sprachen kurz skizziert. Man darf annehmen, daß die Wissenschaft beständig Fortschritte machen wird in der Feststellung der Verwandtschaftsverhältnisse der einzelnen Sprachen, soweit diese überhaupt festzustellen sind. Eine große Anzahl von

Sprachen existiert aber nicht mehr und hat auch keinerlei Spuren hinterlassen. Der Klarlegung der Verwandtschaftsverhältnisse stellen sich daher von dieser Seite unüberwindliche Hindernisse entgegen. Die Beschaffenheit unseres Materials zieht also in dieser Hinsicht der Wissenschaft bestimmte Grenzen. Wir können deshalb auch in Zukunft keine Antwort auf die Frage erwarten, ob alle Sprachen von einer gemeinsamen Ursprache abstammen, oder ob es mehrere solcher Ursprachen gegeben hat. Eine andere, prinzipielle Schwierigkeit ist die folgende: wenn es uns auch gelingen wird, die Ursprachen der einzelnen Sprachzweige und Sprachfamilien auf einige noch ursprünglichere gemeinsame Ursprachen zurückzuführen, so werden wir, je ältere Ursprachen wir erschließen, um so weniger imstande sein, zu entscheiden, ob die Ähnlichkeit der wenigen, im allgemeinen nicht zahlreichen Wörter dieser alten Ursprachen[1]) ihren Grund darin hat, daß die Sprachen genetisch verwandt sind, oder sich aus allgemeinen Übereinstimmungen der psychischen und physischen Organisation des Menschen erklärt. Die Sache ist die, daß die menschliche Sprache in ihren ältesten Entwicklungsstadien sehr wenig kompliziert war und einen sehr beschränkten Wortschatz von sehr weiter Bedeutung besitzen mußte. So läßt uns also auch dies nicht zu einer Entscheidung der oben erwähnten Frage kommen. Sie gehört auch nicht ins Gebiet der Sprachwissenschaft: denn es handelt sich für die Sprachwissenschaft nicht um die Frage, ob alle Sprachen von einer gemeinsamen Ursprache abstammen, oder von mehreren, sondern darum, wie überhaupt auf der Erde die Wortsprache entstanden ist. Auf das jetzige Stadium dieser Frage werden wir noch eingehen.

---

1) Je weiter die rekonstruierende Forschung in die älteren Perioden zurückgeht, desto weniger Material hat sie natürlich zur Verfügung. Das hat seinen Grund in der Beschaffenheit der primitiveren Sprachen, zum Teil auch darin, daß das von einer Ursprache überkommene Sprachgut in den Tochtersprachen vielfach mehr oder weniger verloren geht, durch Entlehnungen oder Neubildungen verdrängt wird usw.

Verhältnis der genealogischen Sprachklassifikation zur Klassifikation der menschlichen Rassen nach anatomischen Gesichtspunkten. Die Sprache gehört, wie bekannt, nicht zu den festen Merkmalen der einzelnen Rassen. Sie steht also in keinerlei Zusammenhang mit den anatomischen Merkmalen, auf Grund deren die Anthropologie die menschlichen Rassen einzuteilen sucht, was allerdings nicht vollkommen gelingt, weil zwischen den verschiedenen physischen Merkmalen des Menschen kein festes gegenseitiges Abhängigkeitsverhältnis besteht. Jedenfalls darf man die Einteilung der Sprache {in bestimmte Gruppen nicht mit der Zugehörigkeit eines bestimmten Volkes zu einer größeren oder kleineren ethnischen Gruppe in Beziehung setzen oder identifizieren. Die Sprache, als ein wichtiger Faktor der kulturellen Entwicklung und des kulturellen Austausches, geht von einem Stamm zum andern über, entsprechend den Bedingungen, die deren Zusammenleben bestimmen. Man denke z. B. an die Verbreitung des Lateinischen, das eine Anzahl ihm verwandter und nicht verwandter Sprachen verdrängt hat, oder die Vergrößerung des großrussischen Sprachgebietes auf Kosten der finnischen und anderer Sprachen. Auch die Ausbreitung des Indogermanischen ging zweifellos auf dem Wege der Assimilation und anderer Formen der Vermischung der „Indogermanen“ (d. h. der Träger irgendeiner indogermanischen Sprache) mit verschiedenen Ureinwohnern vor sich. Davon zeugt die große Mannigfaltigkeit der in sprachlicher Hinsicht einheitlich „indogermanischen“ Völkerschaften. Bei Zusammenstößen zwischen Völkern behält nicht immer die Sprache der Sieger die Oberhand, außer der materiellen Stärke haben auf den Ausgang des Kampfes auch das verschiedene kulturelle Niveau und allerlei andere Bedingungen Einfluß. Man vergleiche z. B. die schnelle Assimilation der germanischen Sieger in den hochzivilisierten romanischen Ländern, und die rasche Ausbreitung des Arabischen, die sich zu einem großen Teil durch den religiösen Fanatismus und die Begeisterung der

Araber erklärt. Analoge Erscheinungen hat es zweifellos auch zur Zeit der primitivsten Kulturzustände gegeben, und dies allein muß schon den vielfach so beliebten Schlüssen aus Sprachverwandtschaft auf anthropologische Verwandtschaft der sie sprechenden Völker gegenüber größte Vorsicht anempfehlen.

Es sollte aber so scheinen, als könnte die Sprache mit größerem Rechte bei der Bestimmung der Zugehörigkeit eines Individuums oder auch einer Gruppe zu einer Nationalität, als kulturellem, nicht anthropologischem Typus, als Kriterium dienen. Aber bei der Kompliziertheit der kulturellen Verhältnisse und Zusammenhänge, besonders in der modernen Zeit, ist auch hier dieser Gesichtspunkt nicht von entscheidender Bedeutung. So sind z. B. die heutigen Provençalen in kultureller Hinsicht zweifellos Franzosen, obwohl sie sich sprachlich von den Bewohnern des Nordens unterscheiden. Franzosen sind auch die Bretonen, die im häuslichen Leben noch ihren altererbten keltischen Dialekt reden. Die Engländer, die eine germanische Sprache sprechen, repräsentieren doch einen besonderen, von den Deutschen verschiedenen kulturellen Typus. Dasselbe Verhältnis besteht zwischen den Holländern und den Deutschen.

Bei der Aufstellung einer genealogischen Sprachenklassifikation handelt es sich also für die Sprachwissenschaft ausschließlich um die Sprache, und die erzielten Ergebnisse dürfen weder unbewußt noch bewußt in ihr fern liegender Richtung ausgenutzt werden.

Zur allgemeinen Orientierung über die genealogischen und geographischen Verhältnisse der Sprachen des Erdkreises dient die verdienstvolle Skizze von Finck, Die Sprachstämme des Erdkreises, 1909 (Aus Natur und Geisteswelt, 267).

V. Physiologie der Sprachlaute (Phonetik).

Wir haben uns kurz mit den Aufgaben der Sprachwissenschaft bekannt gemacht, mit der Geschichte, ihrer Entstehung, mit ihren wichtigsten Ergebnissen hinsichtlich der Verwandtschaftsverhältnisse der Sprachen, und gehen nunmehr über zur Betrachtung der physischen und psychischen Seiten des Sprachlebens überhaupt, um uns dann einigen Spezialfragen, die unsere Sprachfamilie angehen, zuzuwenden. Trotz aller Mannigfaltigkeit der Sprachen, die existieren oder existiert haben, zeigen sie doch in gewissen Beziehungen gemeinsame Züge, die uns gestatten, von der Sprache im allgemeinen zu sprechen, und die bedingt sind durch Übereinstimmungen der physischen und psychischen Organisation der Menschen.

Vor allem müssen wir das Material, dessen sich die Wortsprache bedient, noch rein äußerlich näher betrachten und uns dazu mit den allgemeinen Bedingungen seiner Hervorbringung bekannt machen, das heißt mit der Tätigkeit der Sprachwerkzeuge, welche Sprachlaute erzeugt; denn die Wörter sind, äußerlich betrachtet, Sprachlaute oder Kombinationen solcher. Welche Sprachlaute in ihren Kombinationen wir Wörter nennen, soll später untersucht werden.

Die Bedingungen der Hervorbringung von Sprachlauten durch die Tätigkeit der Sprachwerkzeuge untersucht die Wissenschaft, die sich mit den Funktionen der Organe unseres Körpers beschäftigt, d. h. die Physiologie. Den Zweig dieser Wissenschaft, der sich mit der Untersuchung der uns hier interessierenden Fragen beschäftigt, wollen wir Physiologie der Sprachlaute nennen. Die Akustik, als Teil der Physik, untersucht ihrerseits die allgemeinen Eigenschaften des Lautes. An sich gehört natürlich weder die Lautphysiologie, noch die Akustik zur Sprachwissenschaft, aber jeder Linguist muß mit diesem Zweig der Physiologie des Menschen wohl vertraut sein, denn ohne exakte und klare Vorstellungen von den allgemeinen Bedingungen der Sprachlauterzeugung wäre er nicht imstande, die lautliche Seite einer Sprache in den Bereich seiner Untersuchungen einzubeziehen. In der deutschen wissenschaftlichen Terminologie heißt der in Rede stehende Teil der Physiologie Phonetik.

Die Sprachwerkzeuge. Die bei der Erzeugung der

Sprachlaute beteiligten Organe sind erstens die Atmungs-
organe: Zwerchfell, Lunge, Luftröhre; zweitens der Kehlkopf
und drittens Mund und Nasenhöhle. Die an zweiter und dritter
Stelle genannten Organe erzeugen die Sprachlaute, man nennt
sie deshalb Sprachwerkzeuge im engeren Sinne des Wortes.
Nicht alle beim Ein- und Ausatmen entstehenden Laute sind
Sprachlaute. Schon das einfache Atmen, ohne aktive Beteiligung
der Sprachwerkzeuge, erzeugt oft ein leichtes Geräusch; sodann entstehen z. B. bei einmaliger heftiger Zusammenziehung
des Zwerchfells beim Einatmen Laute, die wir Schluchzen
nennen, beim Ausatmen dagegen durch heftiges Zusammen-
ziehen der betr. Muskeln das Niesen. Das sind alles keine
Sprachlaute, wenn sie auch teilweise, wenn absichtlich hervorgebracht, als sprachliche Ausdruckszeichen dienen können.

Die Sprachlaute kommen dadurch zustande, daß die Luft,
die durch die Luftröhre in den Kehlkopf und weiter in Mund-
und Nasenhöhle tritt, auf ihrem Wege Hemmnisse findet. Bei
deren Überwindung entsteht der Laut. Man hat zwei Kategorien von Lauten zu unterscheiden, Geräusche und musikalische Töne oder Laute im engeren Sinne. Geräusch heißt ein
Laut, der durch ungleichmäßige Schwingungen des tönenden
Körpers entsteht (aus der Physik ist bekannt, daß jeder Ton
durch Schwingungen eines tönenden Körpers hervorgerufen
wird), während der Ton durch gleichmäßige Schwingungen
entsteht.

Der Kehlkopf, in dem die Luft auf ihrem Wege das erste
Hemmnis trifft, ist ein aus Knorpel bestehender Hohlraum, in
dem sich zwei Muskelbündel, die Stimmbänder, befinden. Diese
Stimmbänder können verlängert oder verkürzt, einander genähert oder entfernt werden. Von hier geht die Luft durch
die Mundhöhle; ist die Nasenhöhle für den freien Durchgang
der Luft geschlossen, so geht sie nur durch die Mundhöhle;
die Kommunikation wird hergestellt oder unterbrochen durch
den beweglichen weichen Gaumen, der sich heben und dadurch den Zugang zum Nasenraum verschließen kann.

Die aus den Lungen ausgetriebene Luft kann also auf ihrem Wege nach dem Kehlkopf ein erstes Hemmnis in den Stimmbändern finden. Die Stimmbänder sind beim gewöhnlichen ruhigen Atmen nur sehr schwach gespannt, so daß zwischen ihnen ein freier Durchlaß bleibt, an dessen Rändern keinerlei Reibung des ausgestoßenen Luftstromes stattfindet. Setzen wir jetzt den Fall, daß die Stimmbänder gespannt und einander so weit genähert sind, daß zwischen ihnen kein Durchgang bleibt, dann wird der Druck der Luft sie nach oben und zur Seite drücken; im nächsten Moment werden sie wieder zusammenfallen, und nach unten, über ihren ursprünglichen Ruhepunkt hinaus, durchschlagen; dieser Vorgang wiederholt sich, und so erzeugen die ins Schwingen gebrachten Stimmbänder die Stimme, den musikalischen Ton. Die so gebildete Stimme findet in der Nasen- und der Mundhöhle entweder nur einen Resonanzraum oder neue Hemmnisse; im ersten Falle erhält sie eine spezifische Färbung, im zweiten wird sie mit einem Geräusch verbunden. Wenn bei abgeschlossenem Nasenraum die Stimme in der Mundhöhle keine wesentlichen Hemmnisse in Gestalt einer Engenbildung oder eines Verschlusses, trifft, so bildet sie, frei hindurchströmend, Vokale, die eine verschiedene Färbung erhalten, je nach der Art der Einstellung der Mundhöhle, die als Resonanzraum dient, und ihrer Organe.[1])

Man hat zu unterscheiden zwischen Brust- und Kopfstimme (Falsett), letztere entsteht, wenn vorn zwischen den Stimmbändern ein enger elliptischer Spalt bleibt, diese aber nicht so gespannt sind wie bei der normalen Stimmbildung; daher be-

---

1) Jeder tönende Körper hat seinen bestimmten Ton (der entweder einfach ist, häufiger aber sich zusammensetzt aus Grundton und Obertönen), und ebenso hat ein eingeschlossener Luftraum seinen bestimmten Ton, der sich verändert, wenn seine Raumverhältnisse sich ändern. In ihrer Rolle als Resonanzraum verstärkt die Mundhöhle gewisse Obertöne der Stimme und schwächt andere, wodurch die Klangfarbe des Tones entsteht, die sich ändert, wenn der Resonanzraum selbst irgendwie verändert wird.

kommen die Schwingungen der Stimmbänder einen besondern Charakter, sie schwingen nicht als ganze Massen, und ihre inneren Ränder berühren sich nicht.

Unvollkommene Stimmbildung findet statt, wenn die Stimmbänder nicht ganz ins Schwingen kommen, sowohl infolge weniger energischen Auspressens der Luft, als auch zufolge ihrer eigenen Stellung (wenn sie nicht so weit genähert sind, wie bei der Bildung der vollen Stimme). Im Resultat ergibt sich eine Stimme, der mehr oder weniger Geräusche beigemischt sind.

Ein dritter Fall liegt vor, wenn bei nicht ganz geschlossener Stimmritze die Expiration so weit reduziert ist, daß die Stimmbänder nicht mehr in Schwingbewegungen geraten. Hier entstehen durch die Reibung der Luft an den Rändern der Stimmritze Geräusche: das ist der Fall beim Flüstern. Viertens kann die Luft an den Rändern der verengten Stimmritze ein Reibungsgeräusch erzeugen; es entsteht so der Hauchlaut. Schließlich, wenn die Stimmbänder geschlossen und so angespannt sind, daß die durchgehende Luft das Hemmnis mit größerer oder geringerer Gewalt überwinden muß, so ergibt sich das charakteristische Geräusch der momentanen Durchbrechung des Verschlusses; so entstehen die Kehlkopfexplosivlaute.

Die eben betrachteten Stellungen der Stimmbänder, bei denen kein Stimmton zustande kommt, lassen allerhand Differenzierungen zu, entsprechend den Schwankungen beim Einstellen der Stimmbänder und der Energie der Expiration, die natürlich verschiedene Stärkegrade haben kann.

Mit der Tätigkeit der übrigen Sprachwerkzeuge machen wir uns am besten bei der Übersicht über die verschiedenen Klassen von Sprachlauten bekannt, zu der wir jetzt übergehen.

Vokale. Beim Aussprechen der Stimmlaute, die man Vokale nennt, trifft die im Kehlkopf gebildete Stimme auf ihrem weiteren Wege irgendein totales oder partielles Hemmnis in Gestalt eines völligen Verschlusses oder einer Engenbildung in der Mundhöhle. Die Mundhöhle (und zum Teil auch die Nasenhöhle, wenn der Zugang zu ihr frei ist) funktioniert dann nur als Resonanzraum. Die Oberfläche dieses Resonanzraumes verändert sich entsprechend den Veränderungen der Stellung von Gaumen, Zunge, zum Teil auch Lippen.

Wird der hintere Teil des Zungenrückens gegen den hinteren, weichen Gaumen erhoben, so entsteht die Vokalreihe, die man hintere (velare) nennt. Wird der mittlere Zungenrücken gegen den vorderen, harten Gaumen gehoben, ungefähr da, wo er an den weichen Gaumen stößt, so entstehen die gemischten (palatovelaren) Vokale, und schließlich, wenn der vordere Teil des Zungenrückens sich gegen den vorderen Gaumen hebt, die vorderen (palatalen) Vokale.

Je nach dem Grade der Zungenhebung unterscheidet man drei Grundstellungen: die Zunge nimmt die tiefste, eine mittlere oder die höchste Lage ein. Selbstverständlich gibt es eine ganze Reihe von Übergangsstufen zwischen den einzelnen Stellungen. Entsprechend den drei Zungenlagen sind die Vokale entweder niedrige, mittlere oder hohe.

In jeder der oben angeführten Reihen gibt es wieder je zwei Möglichkeiten, je nachdem ob die Zunge gespannt ist[1]), oder ob sie schlaff in der Mundhöhle liegt; im ersten Falle entstehen die von den englischen Phonetikern „eng" (narrow) genannten Vokale (geschlossene), im zweiten die (offenen) „weiten" (wide).

Weiterhin können bei der Bildung der Vokale aller Reihen die Lippen aktiv beteiligt sein oder nicht: es ergeben sich danach labialisierte (gerundete) und nicht-labialisierte (reine) Vokale der hinteren, gemischten und vorderen Reihe. Die labialisierten Vokale entstehen durch größere oder geringere Rundung der Lippen und mehr oder weniger ausgesprochene Vorstülpung derselben. Spaltförmiges Ausdehnen der Lippen kommt öfters bei Vokalen der vorderen Reihe vor, wodurch ein hellerer Klang erzielt wird.

---

1) Wird die Zunge gespannt, so biegt sie sich etwas nach oben.

Es ist zu beachten, daß für das Gehör in akustischer Beziehung die niedrigen geschlossenen und mittleren offenen, die mittleren geschlossenen und hohen offenen Vokale sich sehr nahe stehen. Man muß überhaupt bei der Bestimmung der Qualität der Vokale, wie aller Sprachlaute[1]), scharf unterscheiden, ob wir nach dem Gehör, nach dem akustischen Eindruck definieren, oder auf Grund der Beobachtung, wie die Laute gebildet werden.

Wir gehen nunmehr die einzelnen Vokale durch; zu ihrer Bezeichnung werden wir in einzelnen Fällen diakritische Zeichen und besondere Umschreibungen zu Hilfe nehmen, gelegentlich auch Buchstaben des griechischen Alphabets.

---

1) Um eine allen Ansprüchen entsprechende Klassifikation der Vokale nach ihrer verschiedenen Bildung zu erhalten, müßte man aus lebenden Sprachen, die jedem Gebildeten mehr oder weniger vertraut sind, Beispiele für alle allgemein als normal angesehenen Mundstellungen suchen, und wenigstens für einige von den Übergangsstellungen. Wie wir wissen, gestatten die Vokale eine unbegrenzte Zahl von Abstufungen, entsprechend den möglichen Abstufungen bei der Höhe der Zungenerhebung, der Stelle ihrer Erhebung, dem Grade ihrer Spannung und dem Grade der Beteiligung der Lippen. Diese Forderung ist jedoch unerfüllbar, aber man darf aus den auf der Unvollständigkeit des Materials beruhenden Mängeln kein Argument gegen die Klassifikation der Vokale nach ihrer Bildung machen wollen. Die übrigen, zu verschiedenen Zeiten entwickelten Systeme, die entweder vom akustischen Eindruck ausgehen (das bekannte Dreieck), oder von den Unterschieden in der Tonhöhe, geben kein so objektives Bild, wie das zuerst von Bell entworfene System bietet, weil die Stufen jener beiden Systeme nicht mit den Stufen der Bewegungen der Sprachorgane zusammenfallen. Entscheidet man sich für das englische System, so darf man nur nicht übersehen, daß die von seinem Erfinder gegebenen Beispiele einander nicht ganz genau entsprechen. Diesem Mangel kann teilweise abgeholfen werden (das geschieht auch), teilweise muß man mit ihm rechnen, was im Grunde nicht von schwerwiegender Bedeutung ist, wenn man sich nur gegenwärtig hält, daß sich die verschiedenen Rubriken in ihren Beispielen nicht absolut genau entsprechen.

Vokale der hinteren (velaren) Reihe, nicht-labialisiert (nicht-gerundet), eng und weit. Es sind das die verschiedenen Arten von a, die sich in akustischer Hinsicht sehr ähnlich sind. Wir umschreiben: hoch A, mittel: a, niedrig: $ɒ$ (umgekehrtes a).

Vokale der hinteren (velaren) Reihe, labialisiert (gerundet), eng und weit: hoch: u, mittel: o, niedrig: a^o oder o^a (d. h. o-ähnliches a oder a-ähnliches o).

Vokale der gemischten (palatovelaren) Reihe, nicht labialisiert, eng und weit: hoch: y (der enge Laut ist das russische ы); mittel: $ə$ (umgekehrtes e, weil der Laut der Bildung nach dem e der palatalen Reihe entspricht); niedrig: $a^ə$ oder $ə^a$ (entspricht der Bildung nach dem palatalen a^e oder e^a).

Vokale nach der gemischten (palatovelaren) Reihe, labialisiert, eng und weit: hoch: $ÿ$; mittel: $ə̈$; niedrig: $ä^ə$ oder $ə̈^a$.

Vokale der vorderen (palatalen) Reihe, nicht-labialisiert, eng und weit: hoch: i; mittel: e; niedrig: a^e und e^a (e-ähnliches a, oder a-ähnliches e).

Vokale der vorderen (palatalen) Reihe, labialisiert, eng und weit: hoch: $ü$; mittel: $ö$; niedrig: $ä^o$ oder $ö^a$.

Die engen Vokale kann man etwa durch eine beigesetzte kleine $_1$, die weiten durch eine $_2$ bezeichnen; also e_1 und e_2 für enges und weites e.

Ich bringe nunmehr einige Beispiele für die verschiedenen Vokalreihen aus dem Deutschen, Französischen, Englischen und Russischen. Die Quantitätsunterschiede bleiben dabei unberücksichtigt.

Der niedrige Vokal der velaren, nicht-labialisierten Reihe liegt vor im russischen *rab* (weit) (südostdeutsch *Vater*), der mittlere Laut im engl. *but* (eng), *father* (weit), norddeutsch *Vater* (weit).

Velare labialisierte Reihe: niedrig, eng und weit (a_1^o und a_2^o) engl. *all* und *not*; mittel, eng und weit in deutsch. *so*, frz. *seau* (o_1) und russ. *voz*, engl. *no*, dtsch. *voll* (o_2); hoch, eng und weit: dtsch. *du*, frz. *sou*, engl. *voze* (u_1) und russ. *duch*, engl. *full*, dtsch. *Mutter* (u_2).

Palatale, nicht-labialisierte Reihe: niedrig, eng und weit: engl. *let*, frz. *bête* (a_1^e) und engl. *man*, frz. *vin* (a_2^e); mittel, eng und weit: russ. *sĕli*, dtsch. *See*, frz. *été*, engl. *day* (e_1) und russ. *sĕla*, engl. *men*, dtsch. *Männer, Ähre* (e_2); hoch, eng und weit: russ. *mil*, engl. *feel*, frz. *fini*, dtsch. *sie* (i_1) und russ. *mil'a*, engl. *bit*, dtsch. *Tisch* (i_2).

Palatale labialisierte (gerundete) Reihe: mittel, eng und weit: dtsch. *schön, Töne*, frz. *peu* ($ö_1$) und frz. *peuple*, dtsch. *Völker* ($ö_2$); hoch, eng und weit: dtsch. *über, Glück*, frz. *lune* ($ü_1$) und dtsch. *schützen* ($ü_2$).

Palatovelare nicht-labialisierte Reihe: niedrig, eng: engl. *bird*, weit: engl. *how*; mittel, eng: *e* in dtsch. *Gabe*, hoch, eng: russ. *syn*.

Palatovelare labialisierte (gerundete) Reihe: mittel, weit: in der ersten Silbe des frz. *homme*.

Von den Vokalen mit Vollstimme sind zu unterscheiden Vokale mit unvollkommener Stimmbildung, von denen schon gesprochen wurde, und geflüsterte Vokale. Ein Vokal mit unvollkommener Stimmbildung ist z. B. *e* in dtsch. *hatte*. Bei der geflüsterten Aussprache geraten die Stimmbänder nicht in Schwingungen; es entsteht also kein Ton, sondern nur ein Geräusch durch die Reibung der ausgestoßenen Luft an den Rändern der Stimmritze (zwischen den Stimmbändern); in der Mundhöhle trifft der Luftstrom dieselbe Stellung der Sprachorgane an, die sie bei ganz normaler Erzeugung der betreffenden Vokale einnehmen.

Sodann ist der Fall zu beachten, daß der Atemstrom frei durch die Stimmritze geht und erst in der Mundhöhle sich ein leichtes Geräusch bildet bei Ruhelage der Sprachorgane. Diese „stimmlosen Vokale" sind zu unterscheiden von den in der Kehle gebildeten Hauchlauten: das gewöhnliche deutsche *h* ist solch stimmloser Vokal (die Verbindung *ha* ist stimmloses *a* + volles *a*). In der deutschen Interjektion *ha!* entsteht bei energischer Artikulation schon der Hauchlaut.

Nasalvokale. Bei der Übersicht der Vokale setzten wir

stets eine Stellung der Sprachorgane voraus, die dem Luftstrom den Eintritt in die Nasenhöhle durch Hebung des beweglichen weichen Gaumens verwehrte. Setzen wir nun den
Fall, daß die Luft ungehindert in Mund- und Nasenhöhle eintritt. Im Munde erhält dann die Stimme eine bestimmte Färbung,
und es entsteht also irgendein Vokal, entsprechend unserer
Einteilung in Reihen und Unterabteilungen; dadurch aber, daß
der Eintritt in die Nasenhöhle offen bleibt, wird der Vokal
nasal. Nasalvokale waren z. B. im Altslavischen vorhanden;
von modernen Sprachen kennt sie z. B. das Polnische und das
Französische. Man pflegt in der Sprachwissenschaft die Nasalvokale zu umschreiben durch die entsprechenden Vokale mit
einem untergesetzten Häkchen, also ę bezeichnet nasales *e*,
ą bezeichnet nasales *a* (aber im polnischen Alphabet ist ą
Zeichen für nasales *o*!). Man muß Nasalvokale scharf unterscheiden von den Verbindungen von mehr oder weniger nasalem
Vokal mit konsonantischem Nasal.

Konsonanten. Wie wir sahen, werden bei der Vokalbildung
im Munde kleine Hemmnisse hergestellt, die wesentliche Modi-
fizierungen der aus dem Kehlkopf kommenden Stimme durch
Geräuschbeimischungen verursachen. Dagegen trifft bei der
Bildung der Konsonanten der Expirationsstrom auf seinem Wege
entweder in der Mundhöhle, oder im Kehlkopf selbst ein erheb-
liches Hemmnis, bei dessen Überwindung ein Geräusch entsteht.
Man hat nun hier zwei Fälle zu unterscheiden: entweder passiert
der Luftstrom die Stimmritze unter denselben Bedingungen,
unter denen die Stimme entsteht (s. o.), oder er geht ohne
Stimmbildung hindurch. Es gibt also zwei Arten von Konsonanten: 1. stimmhafte (mit Stimmbildung), 2. stimmlose (ohne
Stimmbildung); im ersten Fall kann Stimme oder Geräusch
überwiegen, im zweiten macht ausschließlich das Geräusch den
Laut aus. Es gibt eine bequeme Art, sich durch unmittelbaren
Versuch davon zu überzeugen, welche Konsonanten stimmhaft
und welche stimmlos sind. Die Stimme entsteht dadurch, daß
die Stimmbänder in Schwingung geraten, diese Schwingungen

pflanzen sich als ein Zittern auf die Knorpel fort, aus denen der Kehlkopf besteht, und zwischen denen die Stimmbänder ausgespannt sind. Legt man nun einen Finger an den Hals, da wo sich das Knorpelgerüst des Kehlkopfes befindet, so fühlt man bei Stimmbildung ganz deutlich ein leichtes Vibrieren.

Außer den in der Mundhöhle gebildeten Konsonanten (in bestimmten Fällen ist auch die Nasenhöhle beteiligt) gibt es auch Konsonanten, die im Kehlkopf selbst entstehen. Doch lassen wir diese einstweilen beiseite und betrachten vorläufig lediglich die in der Mundhöhle geformten Konsonanten.

Konsonanten, die in der Mundhöhle gebildet werden. Bei gewissen Konsonanten hat das Geräusch nicht dieselbe überwiegende Bedeutung wie bei anderen. Nach dem Grade der Beteiligung des Geräusches können wir also die Konsonanten in zwei Klassen einteilen: in Geräuschlaute, bei denen das Geräusch entweder von wesentlicher Bedeutung ist (stimmhafte), oder wo es allein den Laut ausmacht (stimmlose Konsonanten), und in Sonore, wo die Stimme eine so überwiegende Bedeutung hat, daß das Geräusch nur von untergeordneter Wichtigkeit ist.

Der Unterschied zwischen Geräuschlauten und Sonorlauten ist also ein relativer; ändern sich die Entstehungsbedingungen des Sonorlaute allmählich in der Richtung der Geräuschlaute, so kann man sie in bestimmte Geräuschlaute überführen.

Die Organe der Mundhöhle, die bei der Hervorbringung der Geräuschlaute beteiligt sind, sind zum Teil dieselben, die wir bei der Behandlung der Vokalbildung kennen gelernt haben. Wenn bei der Hemmnisbildung der hintere Zungenrücken und der weiche Gaumen beteiligt sind, so entstehen die velaren Geräuschlaute; ist der mittlere Zungenrücken und der hintere harte Gaumen beteiligt, so ergeben sich die palatalen Geräuschlaute; nimmt die Zungenspitze und der vordere harte Gaumenteil, teilweise auch die Zähne, so entstehen die Dentale; endlich bei Beteiligung der Unter- und Oberlippe, oder der oberen Vorderzähne und der Unterlippe, entstehen die Labiale.

So unterscheidet man also, je nach der Artikulationsstelle, vier Klassen von Geräuschlauten; nach der Artikulationsart zerfallen sie in zwei Klassen. Es sind dann zuerst Geräuschlaute, die durch vollständige Verschlußbildung an den sie hervorbringenden Sprachorganen entstehen. Sie heißen Explosivlaute, weil an der betreffenden Stelle der Mundhöhle beim Durchbrechen der ausgestoßenen Luft gewissermaßen eine Explosion erfolgt. In gewissen kaukasischen Sprachen gibt es stumme Verschlußlaute mit Kehlkopfverschluß, der durch die sogenannte Epiglottis, den Kehlkopfdeckel, bewirkt wird. Es ist das ein birnenförmiger Knorpel, der wie eine Klappe über die obere Öffnung des Kehlkopfes ragt. Die zweite Klasse bilden dann die Geräuschlaute, die entstehen, wenn an der betreffenden Stelle der Mundhöhle lediglich eine Enge gebildet wird, die dadurch zustande kommt, daß sich die in Betracht kommenden Sprachorgane nur nähern, aber keinen vollkommenen Verschluß bilden. Man nennt diese Geräuschlaute Reibelaute (Frikative), weil sich die ausgestoßene Luft an den Rändern der durch die einander genäherten Sprachorganen gebildeten Enge reibt, oder auch Spiranten.

Vom akustischen Standpunkt nennt man die Explosivlaute auch Momentanlaute, weil die akustische Wirkung dieser Konsonanten sich nur über einen ganz kurzen Zeitraum, einen Moment, erstreckt, entsprechend der momentanen Aufhebung des Verschlusses infolge des Druckes der ausgestoßenen Luft (vgl. unten im Abschnitt über die Quantitätsunterschiede der Sprachlaute). Die Reibelaute (Spiranten) dagegen nennt man Dauerlaute, weil ihre akustische Wirkung so lange andauert, als die Sprachorgane sich in der entsprechenden Stellung befinden, und solange Luft ausgestoßen wird. Natürlich sind sowohl bei diesen, wie bei jenen alle die Verschiedenheiten in der Dauer möglich, die überhaupt in der menschlichen Sprache vorkommen, weil auch bei der Bildung der Momentanlaute die Sprachorgane die entsprechende Stellung während unterschiedlich langer Zeiträume einnehmen (d. h. einen völligen Verschluß bilden) können.

Ferner unterscheidet man bei den Explosivlauten und den Spiranten nach der Bildung noch Laute mit und ohne Stimmton. Die ersteren heißen tönend (stimmhaft), die letzteren tonlos (stimmlos); also es gibt stimmhafte und stimmlose Verschlußlaute und stimmhafte und stimmlose Reibelaute. Bei den stimmlosen Geräuschlauten, die sich also von den entsprechenden stimmhaften nur durch das Fehlen der Stimmbildung unterscheiden, ist die Kraft, mit der die ausgestoßene Luft auf das Hemmnis in der Mundhöhle wirkt, stärker, daher die lateinischen Bezeichnungen fortes und lenes. Man beachte, daß auch Konsonanten gebildet werden können, die in der Energie der Exspiration den stimmhaften gleichkommen, die aber ohne Stimmbildung geformt werden. Wir können solche Laute als Übergänge ansehen zwischen stimmlosen und stimmhaften, und sie entweder als unvollkommen gebildete stimmlose oder als unvollkommen gebildete stimmhafte bezeichnen.

Wir betrachten nunmehr die Geräuschlaute, indem wir sie in Klassen nach der Artikulationsstelle einteilen und innerhalb jeder Klasse wieder nach der Artikulationsart anordnen.

1. Die Velare. Die Konsonanten dieser Klasse entstehen, wenn der hintere Zungenrücken entweder den weichen Gaumen berührt, oder sich ihm so weit nähert, daß nur ein enger Durchlaß für den Expirationsstrom bleibt. Entsprechend den verschiedenen Stellen, wo die Engen- oder Verschlußbildung möglich ist, können diese Konsonanten hintere oder vordere Velare sein. Velare werden häufig ungenau Gutturale (Kehlkopflaute) genannt; man vermeidet diesen Ausdruck aber besser, um so mehr als es Konsonanten gibt, die tatsächlich im Kehlkopf gebildet werden.

a) velare Explosivlaute: stimmlos *k*, stimmhaft *g*;

b) velare Spiranten: stimmlos, bezeichnet durch das griechische χ, und stimmhaft, bezeichnet ɣ. Die stimmlose Spirans liegt vor z. B. im deutschen *ach* (mit vorderem Velar χ), das russische *ch* (*chorošo*) scheint den hinteren Velaren anzugehören; die stimmhafte Spirans im norddeutschen *Tage*, *Wagen*, im russischen *Boga, bogatyj, bogatyŕ, blagodat'*. In südgroß-russischen Volksdialekten erscheint diese Spirans auch in den Fällen, in denen die Schriftsprache den stimmhaften Explosiv-laut *g* hat.

2. Die Palatale. Diese Konsonanten entstehen dadurch, daß der mittlere Teil des Zungenrückens entweder den hinteren Teil des harten Gaumens berührt, oder sich diesem so weit nähert, daß nur eine schmale Ritze für den Durchgang der ausgestoßenen Luft bleibt. Auch hier gibt es bestimmte Ver-schiedenheiten, je nach der Stelle der Berührung oder Engen-bildung zwischen Zungenrücken und Gaumen.

a) Zu den palatalen Explosivlauten gehören: das palatale *k* und das palatale *g*, ersteres stimmlos, letzteres stimmhaft. Im Deutschen gibt es unerweichte Palatale; vgl. *k* und *g* in *Kind, gehen,* wo *k* und *g* palatal mit *k* und *g* in *Kauf, Gabel,* wo sie velar sind. Im Russischen zeigt die Bildung dieser Konsonanten noch eine Besonderheit, von der später zu sprechen sein wird, sie sind nämlich erweicht, also z. B. *k* und *g* in den Ver-bindungen *ke* und *ge.* In der Schrift werden sie von velarem *k* und *g* nicht unterschieden, weil der Unterschied zwischen velarem und palatalem *k* und *g* durch ihre phonetische Stellung bestimmt ist: erweichtes palatales *k* und *g* erscheint im Russi-schen nur vor den sog. weichen Vokalen.

b) Zu den Spiranten dieser Klasse gehören: die stimmlose palatale Spirans, die man durch χ bezeichnet, und die ent-sprechende stimmhafte Spirans *j.* Im Deutschen existiert das unerweichte palatale χ: vgl. den durch *ch* bezeichneten Laut in *ich,* wo er palatal ist, mit dem ebenso geschriebenen Konsonanten in *ach:* im letzteren Worte ist *ch* velar. Im Russ. ist die stimm-lose palatale Spirans erweicht, vgl. *ch* in *chitryj.* Der Laut *j* existiert im Deutschen, wie auch im Russischen, wird aber im Russischen nicht durch einen besonderen Buchstaben bezeich-net, weil die russischen Zeichen я, ю und е in der Stellung nach Vokal und im Wort- wie Silbenanlaut die Lautgruppen *ja, ju* und *je* wiedergeben. Dieselben Buchstaben haben aber

im russischen Alphabet noch eine andere Bedeutung (vgl. darüber u. den Abschnitt über erweichte Konsonanten).

Um in der Schreibung die palatalen k, g und χ von den
velaren k, g und χ zu unterscheiden, schreibt man die ersteren
mit diakritischen Zeichen: $\hat{k}$, $\hat{g}$, $\hat{\chi}$.

3. Die Palatodentale. Geräuschlaute, oft auch einfach
Dentale, im vollsten Sinne des Wortes, genannt.

Diese Laute entstehen durch Annäherung oder durch vollständige Berührung zwischen Zungenspitze und dem vorderen
Gaumen oder den Alveolen der Oberzähne (die Wölbung über
den Oberzähnen); weiter kann die Zungenspitze sich den vorderen Oberzähnen nähern oder sie vollständig berühren oder
schließlich sowohl den vorderen Ober- wie Unterzähnen zugleich. Besondere Formen der Palatodentale entstehen, wenn
bei der Bildung nicht nur die Zungenspitze, sondern auch der
vordere Zungenrücken beteiligt ist.

a) Die am vorderen Gaumen gebildeten Laute heißen Prae-
palatale und können weiter hinten oder vorn liegen, je nachdem, wo am Gaumen die Annäherung oder völlige Berührung
der Zungenspitze und des Gaumens stattfindet; b) die Laute,
die durch Annäherung oder völlige Berührung der Zungenspitze und der Alveolen, oder der Oberzähne selbst entstehen,
heißen Dentale, im weitesten Sinne des Wortes. Die erste Art
heißt Alveolare und läßt Varietäten zu, je nach der Stelle, wo
die Artikulation an den Alveolen statthat, und je nachdem, ob
bei der Bildung der Laute nur allein die Zungenspitze beteiligt
ist oder mehr oder weniger auch ihr vorderer Teil. Die zweite
Art heißt Postdentale: sie werden gebildet entweder an den
vorderen Oberzähnen oder an ihrem unteren Rande; c) Laute,
die an den vorderen Ober- und Unterzähnen zugleich gebildet
werden, d. h. also, so daß die Zungenspitze zwischen den Zähnen
liegt, heißen Interdentale.

Für die Klasse der palatodentalen Konsonanten ist noch
eine Besonderheit zu beachten: wenn die Zunge dem vorderen
Gaumen genähert oder mit ihm in Berührung gebracht wird,

kann die Spitze ein wenig nach hinten übergebogen werden. Die hinteren praepalatalen Konsonanten dieser Art heißen Zerebrale. Diese Bezeichnung ist eine rein konventionelle, und sie ist entstanden aus einer fehlerhaften Übersetzung der altindischen Bezeichnung.

Die palatodentalen Explosivlaute sind verschiedene Arten von *t* und *d*, die sich im allgemeinen einander nahe stehen, mit Ausnahme nur der Zerebrale. Die Zerebrale bezeichnet man durch das Zeichen des entsprechenden nichtzerebralen Lautes mit einem Punkt darunter, also *ṭ* und *ḍ* stehen für zerebrales *t* und *d*. Das deutsche *t* und *d* ist in der Regel alveolar, das russische reindental (obere Postdentale). Zu den palatodentalen Spiranten gehören die verschiedenen Formen von *s* und *z*, die ersten stimmlos, die zweiten stimmhaft; sie können praepalatal und auch rein dental sein. Weiter gehören hierher die verschiedenen Formen von *š* (*sch*, russ. ш) und *ž* (frz. *j*, russ. ж), die entweder praepalatal oder rein dental sind, und Konsonanten, die z. B. im Neugriechischen und Englischen existieren: stimmloses θ und stimmhaftes ð (zur Bezeichnung dieser Laute bedient man sich meist der Buchstaben des griechischen Alphabets, weil im heutigen Neugriechischen die so geschriebenen Konsonanten eben diesen Lautwert haben). Die Laute θ und ð sind entweder interdental oder postdental.

Die Bildung von *š* und *ž* ist noch nicht genügend aufgeklärt. Man kann nur sagen, daß der hauptsächliche Unterschied zwischen *s*, *z* und *š*, *ž* darin besteht, daß bei der Bildung von *š* und *ž* der als Resonanzraum dienende Teil der Mundhöhle umfangreicher ist als bei der Bildung von *s* und *z*.

Ferner bildet sich bei der Artikulation von *s* und *z* auf der Zunge eine mehr oder weniger tiefe Rinne, durch welche der Luftstrom geht. Bei der Bildung von *š* und *ž* ist entweder diese Rinne nicht vorhanden, oder, wenn sie vorhanden ist, werden die Lippen etwas vorgestülpt.

4. Die Labiale. Zu den labialen Explosivlauten gehören: stimmloses *p* und stimmhaftes *b*, zu den Spiranten: stimmloses

f und stimmhaftes *v*. Nach der Artikulationsstelle unterscheiden wir: a. Laute, die gebildet werden durch Annäherung oder Berührung der Ober- und Unterlippe: reinlabiale (bilabiale); b. Laute, die gebildet werden durch Annäherung oder Berührung der Unterlippe mit den vorderen Oberzähnen: labiodentale. Im Norddeutschen und im Russischen sind die labialen Explosivlaute reine Labiale, die Spiranten aber Labiodentale.

Der gemeinsame Unterschied aller Sonoren von den Geräuschlauten besteht darin, daß bei der Bildung der Sonoren der Stimmton eine so überwiegende Bedeutung erhält, wie er sie bei der Bildung der stimmhaften Geräuschlaute nicht hat. Nach der Artikulationsart sind die Sonorlaute Dauerlaute. Nach der Artikulationsstelle sind die Sonoren einzuteilen wie die Geräuschlaute. Auch gibt es hier noch Bedingungen, die bei der Artikulation der Geräuschlaute nicht in Betracht kommen: nämlich bei der Bildung der nasalen Sonoren bleibt für den Expirationsstrom der Eintritt in die Nasenhöhle offen, bei der Bildung der Liquiden findet er freien Ausgang in die Mundhöhle, weil das Sprachorgan, wie wir gleich sehen werden, hier eine bei der Artikulation der Geräuschlaute nicht vorkommende Stellung einnimmt. Daraus erklärt sich auch, weshalb bei der Artikulation der Sonoren der Stimmton eine überwiegende Bedeutung hat gegenüber dem begleitenden Geräusch, so daß das letztere kaum zu bemerken ist. Deshalb werden auch Vokale und sonore Konsonanten in ihrer vollen Artikulation (in unvollständiger Artikulation können sie sich den Geräuschlauten nähern) oft zu einer Klasse der Sonorlaute zusammengefaßt und der Klasse der Geräuschlaute gegenübergestellt.

Zu den sonoren Konsonanten gehören erstens die sogen. Liquidae und zweitens die Nasale. Die Bezeichnung Liquidae ist aus einer Zeit übernommen, in der man sich noch nicht mit Lautphysiologie beschäftigte: sie rührt von den antiken Grammatikern her und ist von ihnen auch auf das moderne Europa übergegangen. Jetzt ist das natürlich nur noch eine konventionelle Bezeichnung, die aber allgemein angenommen ist, und ihre Anwendung kann zu Mißverständnissen keinen Anlaß geben, wenn wir uns nur die Bedingtheit ihrer Bedeutung klar vor Augen halten.

Liquidae sind die verschiedenen Arten von *r* und *l*. Es gibt 1. palatodentales *r* verschiedener Arten: man kennt praepalatales, interdentales und reindentales (alveolares und postdentales) *r*; 2. velares *r*; 3. das seltene labiale *r*. Die *l*-Laute sind alle palatodental und lassen dieselben Unterscheidungen zu, die bei den palatodentalen Geräuschlauten zu machen waren.

Bei der Bildung des palatodentalen *r*, mit Annäherung der Zungenspitze an den harten Gaumen, an die Alveolen (alveolares *r*), und an die oberen Vorderzähne (postdentales *r*), entsteht nirgends die enge Ritze, die für die Bildung der Spiranten charakteristisch ist. Bei der Bildung des reindentalen *r* (sowohl des alveolaren, wie des postdentalen) kann noch ein Rollen der Zungenspitze dazu kommen, das durch den Druck des Expirationsstromes entsteht; derart ist z. B. das deutsche *r* in manchen Gegenden und das russische *r*. Von den verschiedenen Varianten des *r* ist am wenigsten einer wesentlichen Beimischung von Geräuschen das zerebrale *r* ausgesetzt.

Das velare *r* entsteht, wenn der hintere Teil des Zungenrückens gegen den weichen Gaumen gehoben wird, und dabei das Zäpfchen unter dem Druck der ausgestoßenen Luft vorwärts und rückwärts schwingt, so daß also auch hier keinerlei Engenbildung stattfindet.

Das seltene Lippen-*r* entsteht bei nicht vorgeschobenen und einander nur ganz locker berührenden Lippen. Ein Lippen-*r* kommt vor in der Interjektion *brr!* (auch russisch *tpru!*).

Die Artikulation der *l*-Laute, die, wie gesagt, hinsichtlich der Artikulationsstelle palatodental sind, unterscheidet sich folgendermaßen von der Artikulation der entsprechenden Geräuschlaute: während die Zungenspitze sich fest an den harten Gaumen, an die Alveolen, an die oberen Vorderzähne anlegt, oder zwischen Ober- und Unterzähnen liegt, entstehen ein oder zwei seitliche Ausflußöffnungen in der Weise, daß der Zungenrücken sich entweder auf beiden Seiten (oder nur auf einer Seite) von den Backenzähnen abhebt in demselben Augenblick, in dem in der vorderen Mundhöhle die Zungenspitze irgendwo fest anliegt. Das beim Passieren des Luftstroms durch diese seitlichen Kanäle entstehende Geräusch ist die für die *l*-Laute charakteristische Besonderheit. Sie unterscheiden sich für das Gehör recht bemerkbar je nach der Größe der beschriebenen Ausflußöffnungen; dagegen fallen die durch die verschiedenen Artikulationsstellen bedingten Verschiedenheiten akustisch weniger auf. Alle *l*-Laute, sind je nach der Größe der seitlichen Ausflußöffnungen, entweder offen (wenn diese verhältnismäßig groß sind) oder geschlossen (im entgegengesetzten Falle), wobei zwischen dem am meisten offenen und dem am meisten geschlossenen *l* eine ganze Reihe von Übergangsformen existiert. Ferner entstehen gewisse Arten des *l*, wenn nur eine seitliche Ausflußöffnung hergestellt wird. Diese Arten des *l* kann man asymmetrisch nennen. Das russische erweichte *l*, (z. B. in den Silben *le*, *li*) ist mehr geschlossen als das französische und deutsche *l*, aber das russische nach der Artikulationsstelle reindentale harte *l* in den Silben *la*, *lo*, *lu* ist noch offener. Dieses sehr offene *l* hat noch eine Besonderheit: während die Zungenspitze an den Vorderzähnen anliegt, unter Bildung von zwei seitlichen Ausflußöffnungen, hebt sich der hintere Zungenrücken gegen den weichen Gaumen. Wir bezeichnen diesen Laut, das velare *l*, hergebrachterweise durch das der polnischen Orthographie entlehnte *ł*.

Die Liquidae *r* und *l* können auch nasal sein, wenn außer der Erfüllung aller anderen Bedingungen für die Bildung auch der Zugang in die Nasenhöhle frei ist.[1]

---

1) Das sog. Kehlkopf-*r* ist ein stimmhafter Kehlkopflaut, der entsteht, wenn die Stimmbänder in einzelnen, intermittierenden Stößen zittern. In einigen Sprachen wird dialektisch die Verbindung Vokal + *r* zu einem intermittierenden „Knarrvokal", oder auch nur der Ausgang wird intermittierend gebildet. Nach Sievers werden dänische Wörter wie *kar*, *har* mit solchem Kehlkopflaut gesprochen.

Nach den verschiedenen Stellen, an denen das Hemmnis für die ausgestoßene Luft gebildet wird, zerfallen die nasalen Konsonanten in velares *n* (*ṅ*), palatales *n* (*ñ*), verschiedene Arten von palatodentalem *n* und das labiale *m*.

Kehlkopfkonsonanten. Wir haben die beiden Gruppen von Konsonanten betrachtet, die in der Mundhöhle gebildet werden, z. T. unter Beteiligung der Nasenhöhle. Diese beiden Gruppen werden ausgemacht von den Geräuschlauten und Sonorlauten. Es gibt aber noch Kehlkopfkonsonanten, die man nicht mit den velaren Geräuschlauten (oft Gutturale genannt) verwechseln darf. Die Kehlkopfkonsonanten können Spiranten oder Explosivlaute sein; sie werden im Kehlkopf selbst gebildet, und können sowohl stimmhaft wie stimmlos sein.

Kehlkopfexplosivlaute kennen die europäischen Sprachen als selbständige Laute nicht, doch existiert z. B. im Deutschen der sogenannte feste Einsatz der Vokale, d. h. dem eigentlichen Vokal geht ein stimmloser Kehlkopfexplosivlaut voraus, der dadurch entsteht, daß die fest geschlossenen Stimmbänder bei beginnender Exspiration durchbrochen werden, die Stimme setzt gleich darauf ein. Im Deutschen kann der feste Einsatz der Vokale beliebig mit leisem Einsatz wechseln, wobei die Stimmbänder schon von vornherein zum Tönen eingestellt werden. In der Interjektion *ha!* handelt es sich bei energischer Aussprache um diesen Laut (geschrieben *h*). Er darf also nicht mit den stimmlosen Vokalen verwechselt werden, die man nicht immer vom Hauch unterscheidet; für die stimmlosen Vokale müßte man also eine andere Bezeichnung wählen, etwa das betreffende Vokalzeichen kursiv setzen. Das Altindische kennt auch einen halbstimmhaften Hauchlaut (*h*).

Erweichung und Rundung von Konsonanten. Tritt bei Geräusch- oder Sonorlauten außer den zur Bildung des Lautes nötigen Bedingungen noch eine Besonderheit hinzu, die bei der Bildung der palatalen Vokale wesentlich ist, d. h. wird der vordere Zungenrücken gegen den harten Gaumen gehoben, so entstehen die sog. erweichten Konsonanten. Wenn die beteiligten Sprachorgane in der Mundhöhle eine solche Stellung einnehmen, daß der hintere Zungenrücken dem weichen Gaumen genähert ist oder ihn berührt, so kann nicht gleichzeitig der vordere Zungenrücken die zur Bildung eines palatalen Vokals nötige Stellung einnehmen. Daraus folgt von selbst, daß die Velare (k, g, χ, γ) nicht erweicht sein können: die palatalen Konsonanten dagegen lassen die Erweichung zu (so russisch k und g in den Verbindungen ki und gi). Einige palatodentale Konsonanten sind ihrer Natur nach auch nicht sehr erweichungsfähig (so die Zerebralen und gewisse Arten der alveolaren Konsonanten). Je nachdem wie weit hierbei die Zunge gehoben wird, entstehen verschiedene Grade der Erweichung.

Außer der vollständigen Erweichung, die sich bei hoher Zungenlage ergibt, wird gewöhnlich die mittlere Erweichung bezeichnet: man nennt derartige Konsonanten halberweichte.

Bei vollständiger Erweichung eines Explosivlautes entsteht leicht durch die Reibung der Luft in dem Durchgang, der durch die Hebung der Vorderzunge gegen den harten Gaumen gebildet wird, ein begleitendes Geräusch. Bei energischerer Artikulation verstärkt sich dieses Geräusch, und so kann als Resultat aus erweichtem t weiches, eng verbundenes ts entstehen (vgl. u.).

Bei den labialisierten (gerundeten) Konsonanten kommt zu den für die Bildung des betreffenden Lautes nötigen Bedingungen noch eine für die Bildung der labialisierten Vokale der hinteren Reihe wesentliche Besonderheit hinzu, nämlich die Lippen bilden eine mehr oder weniger kreisförmige Öffnung und stülpen sich etwas vor; je nach der Lippenstellung gibt es verschiedene Grade der Rundung. Gerundete Konsonanten gab es in der indogermanischen Ursprache, sie existieren auch in einigen lebenden Sprachen, z. B. im Dänischen.

Die palatalisierten, erweichten Konsonanten bezeichnet man gewöhnlich durch die betreffenden Buchstaben mit einem beigesetzten Akutzeichen (k', g'), die labialisierten, gerundeten, durch den betreffenden Buchstaben mit einem beigesetzten kleinen u (k^u, g^u). Im Russischen wird, wenn auch nicht ganz

konsequent, die Palatalisierung (Erweichung) durch das Zeichen
ь bezeichnet, wenn der betreffende Konsonant im Wortaus-
laut oder vor Konsonant steht (пять = *páť*, маленькій =
maľeńkij), bei den Vokalen *e*, *u*, *a* wird die Erweichung des
vorausgehenden Konsonanten durch Gebrauch der Vokalzeichen е, ю, я ausgedrückt, die also in dieser Stellung *e*, *u*,
a mit vorhergehendem weichen Konsonanten bedeuten.

Man übersehe nicht, daß erweichte und gerundete Konsonanten ihrer Bildung nach einfache, nicht etwa zusammengesetzte Laute sind.

Konsonantenverbindungen. Es gibt zwei Arten von
Konsonantenverbindungen.

Erstens: die Kombination eines Explosivlautes mit einer Spirans derselben Qualität und Artikulationsstelle heißt Affrikata.
Das Deutsche und Russische kennt die Affrikata *c* (*z*, ц), eine
Verbindung des dentalen Explosivlautes *t* mit der Spirans *s*.
Die entsprechende stimmhafte Affrikata, die aus einer Verbindung von *d* und *z* besteht, kommt z. B. im Polnischen
vor, existierte auch in Dialekten des Altslavischen. Man trans-
kribiert sie in der Regel durch *dz*.

Die Affrikata, die aus einer Verbindung von *t* mit der dentalen Spirans *š* besteht (*č*), gibt es im Deutschen und Russischen (russisch ч, deutsch *tsch* in *deutsch*); die entsprechende
stimmhafte Affrikata *ǧ* ist eine Verbindung des Explosivlautes *d*
und der Spirans *ž*. Sie fehlt im Russischen, existiert aber z. B.
im Italienischen.

Die Verbindung von *p* und *f*, die Affrikata *pf* existierte früher
im Deutschen, wo sie in der Aussprache allmählich in die Spirans *f*
überging.

Außer den genannten sind natürlich auch noch andere Affrikaten möglich (z. B. кχ u. a.). Es versteht sich von selbst,
daß die Affrikaten erweicht und auch gerundet sein können.

Man hat genau zu unterscheiden zwischen Affrikaten, d. i. Verbindungen von Explosivlaut und Spirans, die so entstehen, daß
nach der „Explosion“ die Sprachorgane noch einige Zeit eine

solche Stellung einnehmen, daß zwischen ihnen eine enge Ritze bleibt, und nicht verbundenen, auf zwei Silben verteilten Zusammenrückungen derselben Konsonanten.

Zweitens: eine andere Art von Konsonantenverbindungen sind die Fälle, wo eine Verbindung von Explosivlaut und Hauch (d. h. Kehlkopfspirans) entsteht. Die Konsonanten mit Hauchlaut nennt man Aspiraten. Man verwechsle diesen Ausdruck nicht mit der Bezeichnung „Spiranten"! Die Aspiraten können natürlich stimmhaft oder stimmlos sein; sie können ferner einzeln, für sich, vorkommen, als auch verbunden mit einer folgenden Spirans derselben Klasse und derselben Artikulationsstelle, und dann entstehen aspirierte Affrikaten.

Zur Bezeichnung der Aspiraten kann man das Zeichen des griechischen spiritus asper verwenden, also $k^‘$, $p^‘$ usw. schreiben. Weniger korrekt ist die verbreitete Gewohnheit, die aspirierten Konsonanten durch den Buchstaben, der den betreffenden unaspirierten Laut bezeichnet, und beigesetztes *h* (*kh, ph* usw.) zu bezeichnen. Ungenau ist diese Schreibung, weil sie eine nichtverbundene auf zwei Silben verteilte Zusammensetzung eines Konsonanten mit nachfolgendem Hauchlaut ausdrückt.

Quantitätsunterschiede der Sprachlaute. Alle Sprachlaute, Vokale wie Konsonanten, können in der für ihr Aussprechen nötigen Zeitdauer verschieden sein, können mit verschieden langer Dauer gebildet werden. Bei Vokalen und Dauerkonsonanten (d. h. Sonoren und Spiranten) sind die Unterschiede in der Quantität auch akustisch merkbar und werden vom Gehör unmittelbar aufgefaßt. Von den Explosivlauten sind jedenfalls die stimmlosen in akustischer Hinsicht tatsächlich Momentanlaute; bei der Bildung der stimmhaften Explosivlaute ist, solange die Sprachorgane den Verschluß halten, ein Blählaut zu hören, der keinen freien Ausgang findet vor dem Augenblick der Explosion. Wenn wir aber beachten, daß bei der Bildung eines Explosivlautes die Sprachlaute während unterschiedlich langer Zeiträume fest geschlossen gehalten werden können, so ist klar, daß man auch hier verschiedene Grade der Dauer unterscheiden kann. Akustisch erfassen wir also bei den Explosivlauten nur einen Moment, bei den Sonoren und Spiranten alle Momente ihrer Hervorbringung, und bei den stimmhaften Explosivlauten erst einen Blählaut und dann den eigentlichen Sprachlaut.

Nach der Quantität unterscheidet man gewöhnlich kurze und lange Laute; ferner können wir Laute, die noch kürzer sind als die normal-kurzen, überkurz, oder mit Fortunatov irrationell nennen. Die langen Laute gestatten nach dem Grade ihrer Dauer gewisse Unterscheidungen: man nennt allgemein die normale Dauer der langen Laute Länge und ein längere Dauer Überlänge. Endlich kann die Quantität der Laute zwischen der normal-kurzen und der normal-langen liegen; solche Laute nennen wir halblang. Natürlich kann man die genaue Dauer der einzelnen Laute nur in jeder Sprache für sich bestimmen, genauer in jedem einzelnen Dialekt für einen bestimmten Moment des Sprachlebens. Man darf auch nicht vergessen, daß die absolute Bedeutung der verschiedenen Stufen der Dauer (in Zeiteinheiten) in den einzelnen Sprachen und Dialekten sehr verschieden ist.

Kürze und Länge der Sprachlaute bezeichnet man durch die aus der Schulgrammatik bekannten Zeichen. Also die Schreibung $\breve{a}$ bedeutet kurzes a, $\bar{a}$ bedeutet langes a. Die Halblänge mag man durch die Vereinigung der beiden Zeichen, die Überlänge durch das Zeichen ∟ ausdrücken. Die irrationalen Laute schreiben wir kleiner als die normalen, oder wir benutzen Buchstaben eines anderen Alphabetes, etwa des griechischen, wenn man sich zur Transkription sonst des Lateinischen bedient.

Bei stimmhaften Lauten kann eine völlige Unterbrechung in der Mitte des Lautes eintreten, infolge vollständigen Verschlusses der Stimmritze auf einen Moment. Wir wollen diese Quantität „unterbrochen" nennen. Im Lettischen gibt es z. B. nicht-kurze Vokale und Sonore mit vollständiger Unterbrechung, obwohl dieselben Laute auch nicht unterbrochen vorkommen.

Im Dänischen kennt man kurze Vokale mit vollständiger Unterbrechung. Die Unterbrechung eines Lautes ist zu unterscheiden von Unterbrechungen innerhalb der Lautkomplexe, die wir Silben nennen.

Unterschiede der Sprachlaute in tonischer Hinsicht. Wir haben gesehen, daß verschiedene Sprachlaute mit Stimmton gebildet werden; die Stimme, wie jeder musikalische Ton, läßt aber Unterschiede in der Tonhöhe zu, also lassen diese Sprachlaute auch bestimmte tonische Verschiedenheiten zu. Die Tonhöhe hängt, wie uns die Physik lehrt, von der Zahl der Schwingungen des tönenden Körpers ab. Es ist leicht einzusehen, daß infolge der Besonderheiten ihrer Hervorbringung die Vokale und Sonore tonischer Verschiedenheiten am meisten fähig sind. Bei nicht-kurzen, stimmhaften Lauten kann der Ton entweder unbeweglich oder beweglich sein; im letzteren Falle kann er steigend (allmählich höher werdend) oder fallend (allmählich tiefer werdend) sein. Nicht-kurze Vokale und Sonorlaute können in tonischer Beziehung auch eine Kombination ebenen Tones mit unebenem zeigen, oder des nichtebenen mit ebenem, oder des nichtebenen mit nichtebenem; z. B. kann der Ton steigend-eben sein, oder eben-fallend, oder steigend-fallend und fallend-steigend. Im letzteren Falle (d. h. wenn der Laut steigend-fallenden oder fallend-steigenden Ton hat) kann der Ton zusammengesetzt genannt werden, weil hier der Laut gewissermaßen in mehrere Teile zerfällt. Für die kurzen stimmhaften Laute bestimmt sich die Bewegung des Tones gewöhnlich für die ganze Silbe, soweit sie stimmhafte Laute enthält (z. B. für die Kombination kurzer Vokal und Sonorlaut).

Exspiratorische Verschiedenheiten der Sprachlaute. Alle Sprachlaute können mit verschiedener Stärke des Exspirationsstroms hervorgebracht werden.

Die exspiratorischen Verschiedenheiten mit Stimmton gebildeter Laute, d. h. sonorer Laute (Vokale und sonore Konsonanten) und stimmhafter Geräuschlaute sind Unterschiede in der Stärke der Stimme, denn diese beruht auf verschieden starker Energie der Schwingungen der angespannten Stimmbänder, welche natürlich ihrerseits von den Unterschieden in der Stärke des Exspirationsstromes abhängt.

In nicht-kurzen Lauten kann die exspiratorische Quantität des Lautes von zweierlei Art sein, und zwar entweder ununterbrochen oder unterbrochen; im letzteren Falle erhält der Laut hinter der größten Druckstärke eine zweite, wenn auch schwächere Verstärkung, so daß ein solcher nicht-kurzer Laut also exspiratorisch gewissermaßen in Teile zerfällt. Man nennt solche Laute auch zweigipflig. Nicht-kurze Dauerlaute können exspiratorisch aufsteigend oder absteigend, oder zusammengesetzt, d. h. erst aufsteigend, dann absteigend sein.

Lautkomplexe, die keine untrennbare Einheit bilden. Wenn unsere Rede nicht nur aus einzelnen Lauten (wie die Interjektionen *a! o!*) besteht, sondern aus einer kontinuierlichen Reihe von Lauten, die in ihrer Bedeutung ein Ganzes repräsentieren, so zerfällt sie für unsere Auffassung in Teile. Nehmen wir z. B. den Lautkomplex, aus dem der Satz *er kam heute* besteht. Die ganze Reihe von Lauten (*erkamheute*) fassen wir nicht als ein einziges Ganzes auf, sondern zerlegen es in drei Teile (*er kam heute*); der letzte von diesen zerfällt seinerseits wieder in zwei Teilstücke (*heu te*). Wenn wir das letztere analysieren, erkennen wir, daß der Komplex *heute* für unser Ohr aus einer Reihe dynamisch nicht gleicher Laute besteht, wobei mit dem Moment der geringsten Stärke, mit dem Minimum von Schallstärke eines Lautes, als akustischen Eindrucks, die Grenze zusammenfällt, die ein Teilstück vom anderen scheidet.

Eine genaue Untersuchung der Frage hat gezeigt, daß die Zerlegung einer Reihe vom Ohr aufgenommener Laute in Silben eben davon abhängt, daß innerhalb dieser Kontinuität in bestimmten Augenblicken ein Minimum der akustischen Wirkung eintritt. Ihrem Ursprung nach sind solche Minima sehr mannigfaltig: es kann sich handeln um ein absolutes Minimum, eine vollständige Schallpause, es kann eine mehr oder weniger wesentliche

Schwächung der Schallstärke sein, oder endlich, das Minimum akustischer Wirkung kann auch ganz anderer Art sein und nicht von Unterschieden in der Expirationsstärke abhängen, sondern von Unterschieden in der Vollständigkeit der akustischen Wirkung, der Schallfülle, selbst: ein stimmhafter Laut kommt uns volltönender vor als ein stimmloser; ferner wirkt von den stimmhaften Lauten am volltönendsten der mit Hilfe des größeren Resonanzraums im Munde gebildete: so der Vokal *a*. Die erste Art von Silben, die auf einem silbenscheidenden absoluten oder relativen Minimum der Exspiration beruhen, heißt exspiratorische Silben (Drucksilben). Die zweite Art kann man ihrer Natur nach akustische Silben (Schallsilben) nennen. Natürlich kann den Differenzen der Schallfülle die Druckstärke in gewissem Maße entgegenwirken, und umgekehrt. Im allgemeinen ist aber zu beobachten, daß nur unwesentliche Differenzen in der Schallfülle durch entsprechende Variation der Druckstärke kompensiert werden.

Wir nennen also exspiratorische Silbe einen Laut oder einen Lautkomplex, der mit einem Druckstoß hervorgebracht wird, und der von den benachbarten Silben durch Momente eines Minimums der Druckstärke geschieden wird, die sozusagen zu seinen beiden Seiten vorgehen; zu Beginn der Rede bildet eben der Anfang die erste, zum Schluß das Ende der Rede die letzte Grenze. Ein silbischer (silbebildender) Laut ist ein Laut, der mit größter Druckstärke ausgesprochen wird; die bezüglich der Druckstärke ihm untergeordneten Laute derselben Silbe (wenn solche vorhanden sind) heißen unsilbische (nicht-silbebildende) Laute.

Diese Definition der exspiratorischen Silbe darf nun nicht so gedeutet werden, als ob jeder Lautkomplex, der in dieser Weise mit einen Druckstoß erzeugt wird, auch für das Gehör eine Silbe ausmacht. Die Sache liegt so, daß die Zerlegung eines Lautkomplexes in Silben von uns nach der akustischen Wirkung vorgenommen wird, und dabei spielt die Schallfülle eine bedeutende Rolle. Wir sind z. B. nicht imstande, den Komplex *aia* so auszusprechen, daß er akustisch als ein einheitliches Ganzes empfunden wird. Bei kontinuierlicher und gleichmäßiger Expirationsstärke wird der Laut *i* für uns schwächer, weniger schallvoll sein als die benachbarten *a*-Laute. Umgekehrt kann der Komplex *ai*, der akustisch schon eine Silbe ausmacht mit einem ersten silbischen und einem zweiten unsilbischen Laut, exspiratorisch in zwei Silben *a* und *i* zerlegt werden, die wir auch als zwei Silben empfinden werden: zu dem Zweck muß nach einer Schwächung (oder Unterbrechung) der Expiration diese bei Aussprache des *i* wieder verstärkt werden. Durch entsprechende Regelung der Exspiration kann so der Komplex *aia* in folgende Silben zerlegt werden: *a-ia, ai-a, ai-ia, a-i-a*. Die Form *ai-ia* entsteht, wenn der Moment des Minimums der Druckstärke in die Mitte der Aussprache des *i* fällt. Wir beobachten eine analoge Erscheinung auch bei den Konsonanten: vgl. z. B. *Anna, Watte* mit *Lina, wate* u. ä. Bei Dauerlauten (Konsonanten und Vokalen) fällt die Silbengrenze in die Mitte des betreffenden Lautes. Bei den Explosivlauten liegt die Grenze zwischen Verschlußbildung und der Explosion. So hat der Ausdruck Doppelkonsonant also nur akustische Bedeutung.

Man darf die Bezeichnungen „silbische“ und „unsilbische“ Laute nicht identifizieren mit den Ausdrücken „Vokal“ und „Konsonant“, wenn auch ein solcher Gedanke fälschlicherweise bei der Prägung dieser Ausdrücke maßgebend war, und sich bis heute in der Schulgrammatik gehalten hat. An sich können alle Sprachlaute silbisch und unsilbisch sein. Allerdings sind die Vokale in der überwiegenden Mehrzahl der Fälle silbisch und die Konsonanten unsilbisch, aber das darf nicht zu Verwechslungen der oben genannten Bezeichnungen führen. Die Vokale können, wie gesagt, innerhalb der Lautkomplexe auch unsilbisch sein, und Konsonanten (namentlich Sonorlaute) können an sich auch silbisch sein, was sie in bestimmten Sprachen auch sind.

Wenn ein unsilbischer Vokal mit einem silbischen zusammenstößt, so entsteht ein Diphthong: z. B. die Kombination *ia*, unsilbisches *i* und silbisches *a*, und die Kombination *ai*, silbisches *a* und unsilbisches *i*, sind gleicherweise Diphthonge; doch nennt man Diphthonge im engeren Sinne in der Regel nur Kombinationen des zweiten Typus, das heißt die Kombinationen, in denen der unsilbische Vokal dem silbischen folgt. Kombinationen von Vokal und konsonantischem Sonorlaut, die im Silbenton den Diphthongen gleichartig sind, nennt man „diphthongische Verbindungen".

Da die Vokale gewöhnlich silbisch sind, brauchen wir sie als solche nicht besonders zu bezeichnen, in unsilbischem Gebrauch bezeichnet man sie durch ein untergesetztes Häkchen: (z. B. *ai̯*, *i̯a*). Andererseits bleiben Konsonanten in unsilbischer Funktion ohne Bezeichnung, silbische Geltung wird durch eine untergesetzte Kreislinie angedeutet. Im Deutschen kommen in der ungezwungenen gesprochenen Rede silbische Konsonanten vor, vgl. z. B. *gebn̥*, *habn̥* usw.; ebenso gelegentlich im Russischen in schneller Rede: so kann *Ivanovna* zu *I-va-n-na* werden. Das Čechische z. B. hat *r̥* und *l̥* auch in normalen Redeverhältnissen: z. B. *vlk* Wolf, *krk* Hals u. a.

Aus dem oben Gesagten ergibt sich, daß der Unterschied zwischen silbischen und unsilbischen Lauten einer und derselben Silbe nur in der verschiedenen Druckstärke besteht (unsilbische Laute sind schwächer). Die Unterschiede in Quantität und Ton hängen also absolut nicht vom Unterschied zwischen silbischen und unsilbischen Lauten ab, und ein unsilbischer Laut kann sich vor dem silbischen quantitativ und tonisch auszeichnen, kann z. B. länger und höher sein.

Übergangslaute. Wenn mehrere Laute zusammentreten, ohne eine enge Verbindung einzugehen, so hat man neben den Vollstimmlauten noch quantitativ und qualitativ unvollkommene Laute: diese letzteren entstehen dann, wenn die einen Laut hervorbringende Mundstellung nicht sofort in die für den nächsten nötige übergeht, während die Stimme noch tönt. Unsere Schrift bezeichnet nur die Vollaute.

Solche Übergangslaute haben eine besondere Bedeutung in

der Sprachgeschichte, weil sie im Laufe der Zeit in Vollaute übergehen können, und ebenso diese letzteren zu Übergangslauten werden können; sie haben auch einmal im Russischen existiert, nnd daraus erklärt sich z. B. der sog. russische Vollaut (*polnoglasije*), *oro* in *gorod*, *ere* in *bereg* entstand aus der gemeinslavischen Verbindung Vokal und lange silbische Liquida; im Laufe der Zeit wurden die Übergangslaute zwischen der Liquida und dem folgenden Konsonanten im Russischen zu vollen Vokalen.

Akzent. Die Lautgruppen, die wir Silben nennen, treten in der Sprache miteinander verbunden auf. Für unser Sprachempfinden zerfallen diese Verbindungen wieder in Teile, von denen jeder ein lautliches Ganzes darstellt, weil in jedem eine Silbe als Hauptsilbe hervorgehoben wird. Unter den Nebensilben können auch wieder mehr oder weniger untergeordnete unterschieden werden. Hervorgehoben wird die Hauptsilbe entweder durch ihre Exspirationsstärke oder durch ihre Tonhöhe, oder durch beides zugleich. Dieses Hervorheben einer Silbe in der Silbengruppe, die lautlich ein Ganzes bildet, nennt man Akzent. Wenn die Silbengruppe ein Wort ausmacht (vgl. Kap. VII), so haben wir es mit dem Wortakzent zu tun. Häufig sind auch die Fälle, daß eine lautliche Einheit ihrer Bedeutung nach in zwei oder mehrere besondere Wörter zerfällt (vgl. im Deutschen Fälle wie *kommt er*, wo *er* enklitisch ist, russisch *pód goru*, bergab). Der Akzent der in der besonderen Hervorhebung einer Silbe als stärkerer besteht, heißt exspiratorischer Akzent; der Akzent, der eine bestimmte Silbe in der Tonhöhe hervorhebt, heißt musikalischer Akzent; endlich ein Akzent, der beides in sich vereinigt, heißt exspiratorisch-musikalischer oder musikalisch-exspiratorischer Akzent, je nachdem, welches Element überwiegt. Im Deutschen ist der Akzent bekanntlich rein exspiratorisch, im Altgriechischen war er rein musikalisch. Einige Sprachen kennen einen gemischten Akzent, wie z. B. mit gewissen Unterschieden das Litauische und das Serbische.

Ähnlich wie in einer Verbindung von mehreren Silben, die ein lautliches Ganzes bilden, eine Silbe hervorgehoben wird, genau ebenso kann auch in einer Gruppe von Silbenkomplexen eine Silbe oder ein Silbenkomplex besonders hervorgehoben werden, so daß dann diese Gruppe lautlich ein Ganzes bildet. Um diesen Akzent von dem des Einzelwortes (Wortakzent) zu unterscheiden, nennt man ihn Satzakzent. Natürlich sind hier dieselben Variationen wie beim Wortakzent möglich. Außerdem gestatten die einzelnen Teile des Satzes, als eines lautlichen Ganzen, Verschiedenheiten in der Quantität, je nach der Schnelligkeit, mit der sie aufeinander folgen.

Den Wortakzent bezeichnet man in der Regel durch das Akutzeichen über dem silbischen Vokal. Zur Bezeichnung der Tonbewegung des musikalischen Akzentes gibt es kein allgemein akzeptiertes Zeichen; man benutzt in der Regel den Gravis, Zirkumflex und gelegentlich gewisse kombinierte Zeichen.

Die Methoden der Lautphysiologie. Aus der hier gegebenen kurzen Skizze der Lautphysiologie ergab sich, daß die Verschiedenheiten der Sprachlaute auf ihrer Artikulationsstelle und ihrer Artikulationsart beruhen. Jedoch läßt die Beschaffenheit unseres Gehörorgans dieses die Unterschiede zwischen den einzelnen Lauten nur in beschränktem Maße erfassen, abgesehen davon, daß dabei auch große individuelle Verschiedenheiten vorkommen. Deshalb sind auch für das Ohr gewisse Laute einander sehr ähnlich, fallen zum Teil sogar zusammen, obwohl sie ganz verschiedener Bildung sind. Die Bestimmung der Sprachlaute nach dem Gehör ist also nicht immer ganz genau. Zur unmittelbaren Beobachtung der Unterschiede zwischen den einzelnen Lauten nach Artikulationsart und Artikulationsstelle dient sowohl die Selbstbeobachtung, die Beobachtung der Tätigkeit der eigenen Sprachorgane, wie auch die anderer Individuen. Solche Beobachtungen stellt man entweder ganz einfach an, ohne Zuhilfenahme irgendwelcher Apparate und Vorrichtungen (durch Betasten der einzelnen Sprachorgane, Beobachtung des Spiegelbildes usw.), oder auch mit besonderen Instrumenten. In letzter Zeit haben Spezialisten auf diesem Gebiete und Dilettanten sich viel mit graphischen Darstellungen der Tätigkeit der Sprachorgane abgegeben, vermittels mehr oder weniger komplizierter Apparate, welche die Bewegungen der Sprachorgane als Diagramme niederschreiben. Das Verständnis und die Deutung der so erhaltenen Kurven ist aber nicht möglich ohne genaue Kenntnis der Resultate der gewöhnlichen Betrachtungsweisen. Auch darf man nicht übersehen, daß bei Anwendung dieser Apparate die Sprachwerkzeuge unter anormalen Bedingungen arbeiten; es kommt auch hier zu einem subjektiven Plus, das die Untersuchungsresultate beeinflußt. Deshalb sind auch die Angriffe der Anhänger dieser Methode gegen die Subjektivität des ohne solche Vorrichtungen arbeitenden Forschers nicht recht verständlich. Die von ihnen aufgestellte Bezeichnung 'Experimentalphonetik' besagt im Grunde genommen gar nichts, denn Phonetik, d. h. Sprachphysiologie ist an sich immer eine experimentelle Wissenschaft.

Das beste Hilfsmittel für den Gegenstand ist: E. Sievers, Grundzüge der Phonetik zur Einführung in das Studium der Lautlehre der indogermanischen Sprachen, 5. Aufl., Leipzig 1901.

VI. Die Sprachzeichen als Momente der Seelentätigkeit.

Bisher betrachteten wir die allgemeinen Bedingungen für die Entstehung der Sprachlaute, des Materials, aus dem, rein äußerlich betrachtet, die Wörter bestehen, als etwas uns objektiv Gegebenes. Wir müssen die Sache nunmehr von einer anderen Seite ansehen und versuchen, die Natur der Sprachzeichen uns klar zu machen als Erscheinungen unseres inneren seelischen Lebens.

Als wir im ersten Kapitel die Sprache definierten, zogen wir eine Grenze zwischen der Sprache, als der Gesamtheit der Ausdruckszeichen unserer Gedanken und Gefühle, die wir bewußt, absichtlich äußern, und unwillkürlichen Reflexbewegungen, äußerlichen Ausdrücken unserer Seelenzustände. Die Bewegungen des Sprachorgans, durch die wir die Zeichen der Lautsprache erzeugen, sind also freiwillige willkürliche Bewegungen. Einer willkürlichen Bewegung muß notwendig die Vorstellung des zu erreichenden Zieles vorangehen, und die Vorstellungen derjenigen Bewegungen, die zur Erreichung dieses Zieles auszuführen sind. Also: der willkürlichen Bewegung des Sprachorgans muß unter anderem die Vorstellung dieser Bewegung vorangehen. Woher kommt nun diese Vorstellung? Sie hat natürlich denselben Ursprung wie alle anderen Vorstellungen, d. h. sie ist die Reproduzierung einer Empfindung, in diesem Falle der muskelbewegenden Empfindung der betreffenden Tätigkeit der Sprachorgane, die schon von uns geleistet worden ist. Andererseits resultiert die Arbeit der Sprachorgane bei normalem Verlauf in der Hervorbringung eines Lautes, d. i. einer der Außenwelt angehörigen Erscheinung, die von uns als Schallempfindung, als akustischer Eindruck aufgefaßt wird. Solche Eindrücke bekommen wir sowohl von unserer eigenen Rede, als auch von der der uns umgebenden Individuen. Wir nehmen die Sprachzeichen auch als optische Eindrücke auf, wenn wir sie in irgendeiner für uns sichtbaren Form wiedergegeben sehen. Sodann werden ja auch die Sprachzeichen beim Aussprechen häufig von Körperbewegungen begleitet (Mimik, Gestikulationen); wir erhalten also als Resultat muskelbewegende Empfindungen (Bewegungsgefühle), wenn wir die genannten Körperbewegungen selbst hervorbringen, und diese Bewegungen der uns umgebenden Individuen fassen wir andrerseits auf als optische mit den Sprachzeichen assoziierte Bilder. Schließlich handelt es sich auch um Bewegungsgefühle bei einer Reproduktion der Sprachzeichen, die als Unterlage für optische Bilder dient (z. B. beim Schreiben).

Das sind im allgemeinen die Empfindungen und ihre Reproduktionen (d. h. Vorstellungen), deren Ursprung eine irgend-

wie mit der Sprache in Verbindung stehende komplizierte
Tätigkeit unseres Organismus ist. Es versteht sich von selbst,
daß nicht immer und überall alle vorhanden sind (so fehlen
bei Analphabeten gewisse optische und motorische Empfindungen), auch sind sie nicht alle gleichwertig (für uns, die
wir über die Wortsprache in ihrem vollen Umfange verfügen,
sind am wenigsten wichtig die Empfindungen der mimischen
Bewegungen).

Es ist bekannt, daß nach den Gesetzen der psychischen Assoziation eine Empfindung, sagen wir A, in unserem Bewußtsein die Reproduktion einer Empfindung B hervorrufen kann,
die in unserer ursprünglichen Erfahrung mit der Empfindung
A durch eine Ähnlichkeits- oder eine Berührungsassoziation
assoziiert ist. Genau ebenso kann auch die Vorstellung B in
unserem Bewußtsein die Vorstellungen C, D usw. hervorrufen,
die in unserer ursprünglichen Erfahrung mit B assoziiert sind.
Auf die Prozesse der Vorstellungsassoziationen sind verschiedene Faktoren von Einfluß, von denen besonders hingewiesen sein mag auf die Wiederholungsmöglichkeit der Vorstellungen, als ein Moment, das ihrer leichteren Reproduktion
förderlich ist. Sind z. B. die mit A assoziierten Elemente B
und C gegeben, so wird bei Vorliegen von A, wenn alle anderen Bedingungen gleich sind, B leichter reproduziert werden,
wenn es in unserer früheren Erfahrung häufiger gegeben ist
als C. Der Umstand, daß nicht alle Vorstellungen, die mit dem
gegebenen, sie hervorrufenden Elemente unseres Bewußtseins
assoziiert sind, gleich leicht reproduziert werden, hat wesentliche Bedeutung für unser Seelenleben. Denn dieses würde
andernfalls von der Menge des Materials, von dem es erfüllt
ist, geradezu erdrückt werden. Außer den psychischen Faktoren,
von denen ich einen besonders wichtigen hervorhob, haben
auch rein physiologische Faktoren Einfluß auf die Entstehung
der Vorstellungen. Nicht alle unsere Empfindungen sind gleich
leicht reproduzierbar, und nicht alle Individuen sind hierin
ganz gleichartig, aber besonders leicht werden meist

optische Empfindungen und eben Bewegungsgefühle reproduziert.

Aus dem Gesagten ergibt sich, weshalb von der Summe
der Empfindungen, die sich bei der Apperzeption irgendeines
Objektes der Außenwelt einstellen, etwa einer Rose, die wir
sehen, riechen usw., während wir das Wort 'Rose' hören und es
selbst nachsprechen, weshalb von ihnen allen der Reproduktion
besonders fähig gerade das Bewegungsgefühl ist, das wir beim
Aussprechen des Wortes Rose empfanden, und die mit ihm eng
assoziierte Lautempfindung (namentlich, wenn sich die betreffenden Empfindungen wiederholt oder besonders nachdrücklich
unsere Aufmerksamkeit erregt haben). Beim erneuten Erleben
der schon in früherer Erfahrung dagewesenen Empfindung der
Rose oder beim Auftauchen der Vorstellung von diesem Gegenstande wiederholen sich also in uns auch die diese Apperzeption
begleitenden Bewegungsgefühle und Lautempfindungen, hervorgerufen durch das Wort 'Rose'. Solche Bewegungsgefühle
und Lautempfindungen, die miteinander durch das Gesetz der
Assoziation verbunden sind, und von uns als Vorstellung reproduziert werden, wollen wir Lautvorstellungen nennen.
Sobald weiter bei den mit der Vorstellung der 'Rose' zusammenhängenden Seelenvorgängen in mir statt der Vorstellung
der Empfindungen, die für mich diese Vorstellung bestimmen,
die Vorstellung des sie begleitenden Bewegungsgefühls (der
Tätigkeit des Sprachorgans beim Aussprechen des Wortes
'Rose') oder der dadurch hervorgerufenen Lautempfindung
aufkommt, gewinne ich damit ein Gedankenausdruckszeichen,
das mir die betreffende unmittelbare Vorstellung ersetzt und
sich durch die größere Annehmlichkeit auszeichnet, daß es zu
den leicht zu reproduzierenden Vorstellungen gehört. Bei Personen, bei denen das sog. akustische Gedächtnis überwiegt,
entsteht in der Regel zu allererst ein Lautbild und erst dann
die eng mit ihm assoziierte Bewegungsvorstellung.

Wir müssen also die Tatsache, daß die Wörter ihre Bedeutung haben, folgendermaßen verstehen: die Lautvorstellung

des Wortes ist für uns ein Symbol, ein Ausdruckszeichen unseres Denkens an Stelle der Vorstellung des Gegenstandes die im gegebenen Moment unreproduziert bleibt.

Oben war die Lautvorstellung der Wörter definiert worden als Reproduktion der Bewegungsgefühle und Lautempfindungen, die mit dem Aussprechen des betreffenden Wortes assoziiert sind. Es versteht sich von selbst, daß je nach der Abhängigkeit vom Überwiegen des einen oder anderen Gedächtnistypus bei einem Individuum, die Bedeutung dieser Vorstellungen in gewisser Weise modifiziert wird. Jedenfalls aber ist das Entstehen des Bewegungsgefühls die unerläßliche Vorbedingung für die Reproduktion der betreffenden Bewegungen. Beim normalen Sprechen (wenn man der Sprache vollkommen mächtig ist), mechanisiert sich der ganze Prozeß wesentlich, indem nicht alle einzelnen Momente klar im Bewußtsein vorhanden sind.

Außer den sprachlichen Ausdruckszeichen, die wir bisher betrachteten und die Ausdruckszeichen von Begriffen sind, gibt es auch solche, die unsere Gefühle zum Ausdruck bringen. Hierher gehören z. B. Interjektionen wie *ei! ach! oh!*, soweit diese nicht unwillkürliche lautliche Reflexe sind, die einen von uns durchlebten Gefühlszustand begleiten, sondern beabsichtigte, willkürlich ausgesprochene.

Bisher haben wir die Vorstellungsassoziationen betrachtet, die Beziehungen zu den Ausdruckszeichen im Denk- und im Sprachprozesse haben. Bei dem Prozeß des Schreibens spielen eine wichtige Rolle die Empfindungen der Handbewegungen und die optischen Bilder. Je gewohnheitsmäßiger das Schreiben wird, von desto größerer Bedeutung werden die Bewegungsvorstellungen, die mit den Lautvorstellungen der Wörter sehr enge Verbindung eingehen, und um so mehr treten die optischen Bilder zurück, die beim Erlernen der Schrift von sehr großer Wichtigkeit sind. Bei der in den meisten Sprachen üblichen etymologischen Rechtschreibung, die den tatsächlichen Lautwert der Wörter durch konventionelle Schreibungen wiedergibt, müssen die optischen und Bewegungsvorstellungen besonders wichtig sein. Deshalb ist es auch zweckentsprechender, Schreiben durch Abschreiben erlernen zu lassen, als durch Schreiben nach Diktat, bei dem eine kompliziertere Reihe von Assoziationen entsteht, die von der akustischen Empfindung ausgehen. Das rationellste ist dabei das Abschreiben nicht gedruckter, sondern handschriftlicher Texte, weil dann unmittelbar die Vorstellungen geweckt werden, die für den Prozeß des Schreibens unumgänglich sind.

Beim Lesen entstehen natürlich zunächst optische Bilder, die des weiteren die Lautvorstellungen hervorrufen.

Wenn wir nun die Frage nach der Bedeutung der Wortsprache für die geistige Entwicklung der Menschheit berühren, so ist ohne auf die Einzelheiten einzugehen, darauf hinzuweisen, daß sie enorm ist. Die Lautvorstellungen der Wörter sind für uns ohne weiteres hervorbringbare Ausdruckszeichen für solche Begriffe, die zu den seelischen Erscheinungen gehören, welche aus physischen Gründen nur mit Mühe oder gar nicht zu reproduzieren sind. Man erinnere sich an das oben darüber Gesagte. So z. B. kann die Empfindung des Hungers von uns kaum unmittelbar reproduziert werden, aber in unserem Bewußtsein ruht ein leicht zu reproduzierender Stellvertreter, die Lautvorstellung des Wortes Hunger. Sodann können wir keine Empfindungen haben von Eigenschaften und Qualitäten von Objekten und Erscheinungen der Außenwelt, wenn wir nicht gleichzeitig auch die Träger dieser Eigenschaften selbst apperzipieren: z. B. die Empfindung des „Weißen" ist in unserer unmittelbaren Erfahrung unzertrennlich von irgendeinem weißen Gegenstande: ich kann mir „das Weiße" nicht vorstellen, ohne mir gleichzeitig irgendeinen Gegenstand dieser Farbe vorzustellen. Aber die Lautvorstellung des Wortes *weiß* in meinem Denken ist ein Zeichen für den Begriff neben den Zeichen für Objekte von weißer Farbe. Gehen wir noch weiter: alle unsere Empfindungen und Vorstellungen sind individuell: ich sehe z. B. eine bestimmte Birke, aber ich sehe nicht eine Birke überhaupt, ich sehe nicht einen Baum überhaupt usw. Deshalb kann ich auch nicht unmittelbar eine Vorstellung von der Birke überhaupt, vom Baum überhaupt haben: solche Apperzeptionsobjekte gibt es in der Natur nicht. Dagegen können die Lautvorstellungen der Wörter „Birke", „Baum" für mich Ausdruckszeichen für alle einzelnen Birken, für alle einzelnen Bäume sein. Die sogenannten allgemeinen Vorstellungen sind unmöglich als unmittelbare Vorstellungen und brauchen Stellvertreter, Ausdruckszeichen, die ihre Stelle einnehmen. Und die bequemsten Ausdruckszeichen sind eben Wörter.

Aus dem, was über die lautliche Natur der Wörter gesagt war, ergibt sich, daß überhaupt kein natürlicher Zusammenhang nötig ist zwischen den Lautvorstellungen und den Begriffen, die sie bezeichnen. In der Tat kann jedes Wort an und für sich jeden Begriff bezeichnen.

Wer nur seine Muttersprache kennt, kann leicht in den Irrtum verfallen, anzunehmen, daß zwischen dem Lautkörper eines Wortes und seiner Bedeutung ein bestimmter notwendiger Zusammenhang besteht; daß z. B. das Wort „kalt" schon durch seine lautliche Zusammensetzung dazu bestimmt sei, die ihm eigene Bedeutung auszudrücken, daß zwischen der Lautempfindung dieses Wortes und der Empfindung der Kälte eine Beziehung besteht. Um diese Ansicht zurückzuweisen, die dadurch entsteht, daß der Zusammenhang zwischen der Lautvorstellung eines Wortes und der Begriffsvorstellung, dessen Repräsentant sie ist, infolge der aufgezeigten Bedingungen sehr eng ist, genügt es, darauf hinzuweisen, daß der Begriff, der von uns durch das Wort „kalt" bezeichnet wird, in anderen Sprachen durch andere Wörter bezeichnet wird. Doch gibt es eine verhältnismäßig kleine Anzahl solcher Wörter, deren Laute nach ihrem Ursprung in unmittelbarem Zusammenhang mit den durch sie bezeichneten Begriffen stehen. Es sind das die sog. lautnachahmenden Wörter. Indes zeigt die Sprachgeschichte, daß bei weitem nicht alle Wörter, die lautnachahmend sein könnten, tatsächlich so entstanden sind; denn die betreffende Assoziation kann auch sekundär sein. Ebensowenig wie in der fertig ausgebildeten Sprache, spielten diese Wörter auf einer ursprünglicheren Stufe eine nennenswerte Rolle, und wie wir noch sehen werden, darf man nicht etwa den Ursprung der Sprache eben in derartigen Wörtern zu finden glauben.

Wir haben zwei Bedeutungskategorien zu unterscheiden: direkte oder eigentliche und indirekte oder übertragene Bedeutungen. Um übertragene Bedeutung handelt es sich da, wo wir uns klar bewußt sind, daß ein Wort eigentlich Ausdruckszeichen für einen anderen Begriff ist, mit dem der betreffende Begriff durch Berührungsassoziation oder Ähnlichkeitsassoziation verknüpft ist. In dem Ausdruck „ein Wald von Lanzen" ist das Wort „Wald" in übertragener Bedeutung gebraucht; der Grund für diesen Gebrauch liegt in der Ähnlichkeit zwischen einer Anzahl an einer Stelle wachsender Bäume und einer Menge erhobener Lanzen. Wenn wir aber von 'Auditorium' sprechen, und damit nicht den Raum für die Hörer meinen, sondern die Hörer selbst, so gebrauchen wir das Wort in übertragener Bedeutung zufolge einer Berührungsassoziation. Man darf natürlich nicht übersehen, daß sich in manchen Fällen die eigentliche aus einer übertragenen Bedeutung, welche die Sprechenden in einer bestimmten Epoche des Sprachlebens schon nicht mehr als solche erkennen, entwickeln konnte. Vgl. z. B. das deutsche *Rappe,* das in der Schriftsprache nur zur Bezeichnung eines schwarzen Pferdes gebraucht wird; ursprünglich waren *Rappe* und *Rabe* ein Wort, das erst in der Folge differenziert wurde.

VII. Die Einzelwörter. Die Sprachformen. Die Formbildung der selbständigen Wörter. Die Formklassen der Wörter. Morphologische Klassifikation der Sprachen.

Wir sahen bereits, daß die Sprachzeichen in zwei Klassen zerfallen: in Ausdruckszeichen für Begriffe und Ausdruckszeichen unserer Gefühle. Wenn wir die unwillkürlichen sprachlichen Äußerungen der letzteren Interjektionen nennen, so können wir die Sprachzeichen, die unsere Gefühle ausdrücken, Interjektionswörter nennen.

Einzelwort (sowohl Wort im gewöhnlichen Sinne, wie Interjektionswort) oder Einzelausdruckszeichen der Wortsprache, das entweder einen Begriff oder ein Gefühl bezeichnet, nennen wir entweder einen einzelnen Sprachlaut oder einen Komplex von solchen, der eine von anderen Sprachlauten und Wörter bildenden Komplexen solcher unterschiedene Bedeutung hat. Dabei kann das einzelne Wort, wenn es aus einem Komplex von Sprachlauten besteht, nicht in weitere Wörter zerlegt werden, ohne Verlust oder Veränderung der Bedeutung wenigstens eines Teiles dieses Komplexes. Aus der Tatsache, daß nicht alle Sprachlaute Ausdruckszeichen der Wortsprache sind, sondern eben nur diejenigen, die eine Bedeutung haben, folgt die notwendige Bedingung, der die Definition des Wortes entsprechen muß: sie muß rechnen mit der inneren wie mit der äußeren Seite des Wortes, soll sie nicht unvollständig sein. Im fünften Kapitel war die Rede von der Einheit, die man sogar rein äußerlich ungenau Einzelwort nennen würde: es ist das eine durch den Akzent zu einem Ganzen vereinte Gruppe von Silben. Rein phonetisch betrachtet, sind die Lautkomplexe, die durch die Schreibung *bei mir, zu Hause, nach Hause* (d. h. *zuhause* usw.) ausgedrückt werden, zweifellos ein Ganzes, während sie nach der Bedeutung in zwei selbständige Einheiten zerfallen.

Aus der oben gegebenen Definition folgt, daß zwei Wörter, die der Bedeutung nach gleich lautlich, aber verschieden sind, zwei besondere Wörter sind. Eine vollkommene Bedeutungsgleichheit zwischen Wörtern gibt es aber selten, weil gewöhnlich in der Verwendung doch gewisse Nuancen bemerkbar sein werden. Andererseits haben gleichfalls als verschieden die Wörter zu gelten, die lautlich zusammenfallen, aber verschiedenen Sinn haben. Hierher gehören Fälle, wie *meine* (lat. mea) und *meine* (lat. puto). Besonders zu bemerken ist, daß in den verschiedenen

Sprachen als Resultat bestimmter Lautvorgänge solche partiellen lautlichen Verschiedenheiten eines und desselben Wortes vorkommen können, die als die Bedeutung nicht modifizierende lautliche Varianten empfunden werden, wie etwa die deutschen Dative *dem Tisch* und *dem Tische.* Ebenso führt der Bedeutungswechsel eines Wortes im Verlaufe des Sprachlebens häufig dazu, daß das Wort neben der einen Bedeutung auch noch eine andere hat, die von den Sprechenden deutlich als Variation der ersten empfunden wird, man vgl. *Papier* (Schreibmaterial) und *Papier* (Wertpapier, Ausweispapier). In beiden Fällen müssen wir natürlich ein und dasselbe Wort sehen (lautliche Varianten eines und desselben Wortes und Bedeutungsvarianten eines und desselben Wortes).

Außer einfachen Wörtern gibt es auch noch Wörter, die ihrer Struktur nach nicht einfach sind, aber den einfachen Wörtern darin gleichwertig sind, daß sie sich ebenso wie jene nicht in Teile zerlegen lassen, ohne Verlust oder Veränderung der Bedeutung, die ihnen als Ganzem zukommt. So sind Wörter wie *Untiefe, Eingang* usw. ihrer Bedeutung nach gleichwertig mit einfachen Wörtern. Denn sie sind ebenso wie diese Ausdruckszeichen für Begriffe, die besondere Wörter wissen und die nur ihrer Herkunft nach zusammengesetzt sind. Ausführlicher werden wir die zusammengesetzten Wörter in dem Kapitel von den Wandlungen der Sprache betrachten.

Bei den Sprachzeichen, die Ausdruckszeichen von Begriffen sind, haben wir zu scheiden zwischen selbständigen und unselbständigen (d. h. solchen, die nur in Verbindung mit selbständigen oder Gruppen solcher vorkommen). Unselbständige Ausdruckszeichen von Begriffen modifizieren irgendwie die Bedeutung eines selbständigen Ausdruckszeichens, oder einer Verbindung solcher, wie sie die betreffenden Ausdruckszeichen im Denkprozesse eingehen. Die selbständigen Ausdruckszeichen von Begriffen, die Einzelwörter sind (was ein Einzelwort ist, war oben definiert), können wir selbständige Wörter nennen. Unselbständige Ausdruckszeichen, soweit sie Wörter sind, werden wir unselbständige Wörter nennen, das sind speziell die unselbständigen Ausdruckszeichen, die die Bedeutung einer im Denkprozesse eingegangenen Verbindung von selbständigen Wörtern modifizieren. Eine andere Klasse von unselbständigen Ausdruckszeichen können wir Partikeln (Teilchen, Teilwörter) nennen, indem wir berücksichtigen, daß sie nicht unabhängig von selbständigen Wörtern vorkommen, sondern sich mit ihnen zu einem Ganzen vereinigen und ein nichteinfaches Wort bilden. Nicht-selbständige Wörter sind z. B. die sog. Präpositionen, die die verschiedenen Beziehungen der Begriffe zueinander in der im Denkprozeß eingegangenen Verbindung bezeichnen; die Konjunktionen, die die Beziehungen der Sätze untereinander bezeichnen (z. B. *ich lese während du schläfst*), und gleichfalls die gegenseitige Beziehung der Begriffe nach ihrem Verhältnis zu ein und demselben Begriff in einem anderen Teile des Satzes (z. B. *Vater und Sohn sind ausgegangen*); verstärkende Wörter, die einen bestimmten Begriff in der Verbindung mit anderen im Satzzusammenhange hervorheben (wie griech. δή, lat. *vero* in *tum vero* u. ä.). Beispiele für nicht einfache Wörter, in denen Vorsilben einen Teil ausmachen, sind Fälle wie *abgehen, hingehen* usw.

Sprachzeichen, die Einzelwörter im engeren Sinne des Wortes sind, d. h. Ausdruckszeichen von Begriffen, können so beschaffen sein, daß ein bestimmter Teil ihres Lautkörpers sich als besonderes charakterisierendes Kennzeichen abhebt, das auch noch in anderen Sprachzeichen vorkommt (d. h. also Zeichen eines Sprachzeichens ist). Hierzu ist nötig, daß ein und derselbe Laut oder Lautkomplex in einander in gewisser Beziehung gleichwertigen Sprachzeichen vorkommt und deren Bedeutung stets gleichartig modifiziert im Vergleich mit denselben Sprachzeichen ohne oder mit einem anderen lautlichen Merkmal. So teilen wir in Fällen wie *Maus — Mäuschen, Haus — Häuschen, Hand — Händchen* usw. ohne weiteres die Lautverbindung, die in der Schrift durch die Buchstaben *-chen* bezeichnet wird, ab als (zusammen mit der

Vokalveränderung) in gleicher Weise die Bedeutung der Laut komplexe *Maus, Haus, Hand* usw. verändernd, die in ihrer Beziehung zu *Mäuschen, Häuschen, Händchen* gleichartig sind und in der Sprache als Einzelzeichen existieren.

Deshalb, weil Zeichen von Sprachzeichen aus schon vorhandenen Sprachzeichen neue bilden, nennt man sie formantische Elemente; die Bedeutung, die sie verleihen, ist ihre formantische Bedeutung. Entsprechend heißt der Teil des Lautkörpers eines Wortes, in Verbindung mit dem sich das betreffende formantische Element vorbindet, Stamm, und seine Bedeutung die Stammbedeutung, oft auch die reale oder materielle Bedeutung. Form nennen wir schließlich die Fähigkeit des Sprachzeichens, für unser Bewußtsein Stamm und formantisches Element zu scheiden, und gleichfalls das Sprachzeichen selbst, das in sich das formantische Element einschließt und folglich eine bestimmte Form hat.

Auch unter den Ausdruckszeichen der Gefühle gibt es solche, die Zeichen von Sprachzeichen sind. So kann eine gewisse Modifikation der Aussprache ein Begriffsausdruckszeichen in ein Gefühlsausdruckszeichen verwandeln. Man denke an Ausdrücke wie *schön! schade!* usw.

Außer Formen von Einzelwörtern gibt es auch Formen von Wortgruppen. Wortgruppen nennen wir eine Zusammenstellung eines Wortes mit einem oder mehreren anderen im Satz oder einem Satzteil. Die Form einer Wortgruppe im eigentlichen Sinne des Wortes ist also die Fähigkeit der Wortgruppe, für unser Bewußtsein in sich ein Element hervorzuheben, das formantischen Wert hat. So kann schon die Wortstellung in der Wortgruppe formantischen Wert haben. Denselben Wert kann die Stelle des Haupttons haben, Verschiedenheiten im musikalischen Akzent usw. Solche Formen existieren in den wenigen Sprachen, die keine Formen von Einzelwörtern haben, wo also die einzig möglichen Formen eben die Formen von Wortgruppen sind. Doch auch in Sprachen, die Formen von Einzelwörtern haben, können Formen von Wortgruppen vorkommen; so hat im Französischen die Wortfolge in *mon père aime ma mère* formantischen Wert. Der Unterschied zwischen Subjekt und Objekt wird hier ausgedrückt nicht durch Einzelwortformen, sondern lediglich durch die Anordnung der Wörter in der Wortgruppe. Natürlich haben die vereinzelten Wortgruppenformen in einer Sprache, wie der französischen, nicht die Bedeutung, wie etwa im Chinesischen, das gar keine Einzelwortformen kennt.

Die formantischen Elemente können nicht nur positiv, sondern auch negativ sein, sobald schon das Fehlen eines formantischen Elementes als formbildend empfunden wird; z. B. haben die Wörter *Tisch, Haus* in der Form des Nominativ- und Akkusativ-Singularis kein besonderes formantisches Element, denn die Lautkomplexe *Haus, Tisch* sind stammhaftes Element in den Formen (vgl. Gen. *Hauses, Tisches* usw.).

Betrachten wir die Einzelformen, so bemerken wir, daß unter den Sprachen, welche solche kennen, gewisse allgemeine Übereinstimmungen und Unterschiede bestehen bezüglich der Art, wie sie gebildet werden.

Am häufigsten verhält es sich so, daß wir stammhafte und formantische Bestandteile als verschiedene Wortteile auffassen. So teilen wir z. B. ein *Tischchen* ohne weiteres in die Lautkomplexe *Tisch* und *chen* als in verschiedene Wortteile, d. h. in Lautkomplexe, die innerhalb des Wortes verschiedene Bedeutung haben. In den Wörtern *Tisch-e, Fisch-e* besteht der formantische Teil des Wortes aus einem einzigen Sprachlaute. Andererseits ist in den Wörtern *d-er, d-em, d-en, d-ie*, attisch τοῦ, τῷ, τόν der stammhafte Teil durch den einen Laut *d*, τ repräsentiert. Es ergibt sich daraus, daß sowohl stammhafter wie formantischer Teil aus einem einzelnen Sprachlaut oder aus einer Gruppe von solchen bestehen kann.

Ein formantisches Element, das innerhalb einer Wortform einen besonderen Wortteil darstellt, heißt Affix, das stammhafte Element heißt Stamm, obwohl dieser Ausdruck noch eine weitere Bedeutung hat: man nennt nämlich häufig so den nicht-formantischen Teil des Wortes, in seinem Unterschied vom formantischen.

Je nachdem, ob die Affixe vor dem Stamm, in seiner Mitte oder nach ihm ihren Platz haben, heißen sie Präfixe, Infixe und Suffixe. In den indogermanischen Sprachen sind am verbreitetsten speziell die Suffixe. Infixe gab es in der indogermanischen Ursprache in verhältnismäßig seltenen Fällen; ein solches Infix war z. B. seiner Herkunft nach der Nasal, der sich im Lateinischen in *findo* (vgl. *fidi*) oder *scindo* (vgl. *scidi*) erhalten, obwohl dieser Nasal im Lateinischen schon nicht mehr Infix, d. h. formantischer Wortteil war. In den indogermanischen Sprachen gibt es Infixe im allgemeinen nur in Wortformen, die zugleich mit Suffixen gebildet wird.

Präfixe sind in den indogermanischen Sprachen selten, in der indogermanischen Ursprache, wenigstens in der Mehrzahl der Dialekte, gab es überhaupt noch keine Präfixe: sie kamen erst in den Einzelsprachen auf. Hierher gehört z. B. das griechische Augment (ἔλειπον usw.); es ist hier formantisches Element in mit bestimmten Suffixen gebildeten Formen. In der indogermanischen Ursprache war das Augment noch ein unselbständiges Einzelwort, woraus sich auch erklärt, daß es in den meisten Einzelsprachen, z. B. im Slawischen, verloren gegangen ist.

Jede durch ein Affix gebildete Wortform setzt, wie wir sahen, die Existenz einer anderen Form voraus, in welcher derselbe Stamm entweder mit einem anderen Affix oder ohne jedes Affix auftritt. Doch sind auch solche Fälle möglich, daß von einem Stamm ein Wort nur in einer durch ein Affix gebildeten Form vorkommt (die auch andere Wörter haben); daß aber von demselben Stamm keine von anderen Formen existiert, die nach der Analogie gleichartiger Fälle vorauszusetzen wären. So sind im Deutschen Wörter wie *Eltern, Leute* unvollständig bezüglich der Form des Numerus. Möglich ist auch der Fall, daß statt der erwarteten Form von dem betreffenden Stamm diese Form von einem anderen, aber bedeutungsgleichen Stamm vorliegt. Das sind also Wörter, die in ihrer Formbildung von einem Stamm unvollständig sind, hinsichtlich der Formen selbst sind sie aber nicht unvollständig, weil verschiedene Stämme zusammentreten, so daß sie sich in ihren Formen gegenseitig ergänzen. Solche Fälle sind *ich bin, ich war;* gotisch *gaggan — iddja,* lateinisch *sum — fui.*

Der Wortstamm einer Form ergibt sich durch Abtrennung des formantischen Elementes. Der Bildung nach müssen wir unterscheiden Stämme, die nach der Abtrennung des Affixes nicht wieder in Stamm und Affix zerfallen, und Stämme, die nach Abtrennung des Affixes wieder in Stamm und Affix zerfallen. Stämme des ersten Typus heißen unabgeleitete und Stämme des zweiten Typus abgeleitete Stämme. Unabgeleitete Stämme, die nach Abtrennung des Affixes keine formantischen Elemente mehr enthalten, sind primäre Stämme oder Wurzeln. Der Ausdruck „Wurzel" wird nicht nur auf den modernen Sprachzustand, sondern auch auf die früheren Epochen, angewandt. Wir müssen deshalb, wenn wir Wortwurzeln bestimmen, immer die verschiedenen Epochen streng auseinanderhalten. Denn das, was in einer lebenden Sprache eine Wortwurzel ist, erweist sich für eine frühere Epoche derselben manchmal als abgeleiteter Stamm. Auf die Gründe dafür komme ich bei Betrachtung der Veränderungen der Sprache zu sprechen, einstweilen soll nur kategorisch die prinzipielle Notwendigkeit betont werden, bei der Analyse der Wortformen die verschiedenen Epochen des Sprachlebens auseinanderzuhalten. Um die ganze Bedeutung dieser prinzipiellen Forderung zu verstehen, genügt es, daran zu erinnern, daß die Unterscheidung der stammhaften und formantischen Wortelemente bedingt ist durch psychologische Assoziation dieser Elemente eines Wortes mit den gleichen Elementen in anderen Kombinationen in anderen Wörtern. Bezeichnen wir die stammhaften Elemente mit den Buchstaben *A, B, C* usw., und die Formelemente mit *a*, *b*, *c* usw., so erhalten wir folgendes Schema des Prozesses, um den es hich hier handelt:

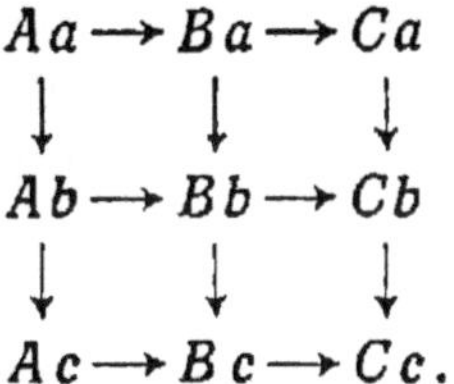

$$Aa \rightarrow Ba \rightarrow Ca$$
$$\downarrow \quad\quad \downarrow \quad\quad \downarrow$$
$$Ab \rightarrow Bb \rightarrow Cb$$
$$\downarrow \quad\quad \downarrow \quad\quad \downarrow$$
$$Ac \rightarrow Bc \rightarrow Cc.$$

Wenn also die sich assoziierenden sprachlichen Gebilde sich ändern, so muß auch das Resultat ein anderes sein. Im heutigen Deutschen zerfällt im Bewußtsein des Sprechenden das Wort *voll* nicht in irgendwelche Teile, obwohl seiner urgermanischen Gestalt dieses Wort noch in den auf *-l* endigenden Stamm und ein mit *n* anlautendes Suffix zerfiel (altslavisch *þlъnъ*, russ. *þolnyj*, altindisch *pūrṇa.*, hierher auch, aber mit anderer Wurzelgestalt lat. *plēnus*); noch in gemeingermanischer Zeit ging hier die Gruppe *-ln-* in *-ll-* über (got. *fulls*).

Die im Verlaufe des Sprachlebens vorgehenden Wandlungen sind der Grund, daß die formantischen und stammhaften Elemente nicht immer in genau derselben Lautgestalt auftreten. Natürlich dürfen wir in solchen Fällen von einem Stamm vom Standpunkt einer modernen Sprache aus nur da sprechen, wo weder lautliche noch semasiologische Verschiedenheiten die Assoziation verhindern. Im heutigen Deutschen empfinden wir den Stamm *Händ-* in *Händchen* als eine lautliche Variante von *Hand*, aber erst eine spezielle Untersuchung kann von dem genetischen Zusammenhang des Stammes der Wörter *alt* und *Eltern* (althochdeutsch *eltiron, altron*; Eltern ist dem Ursprung nach substantivierter Nominat. Pl. von *alt*) überzeugen; oder des russischen *chodit'* und *šel* (gemeinslavisch *chod* und *chъd*, woraus weiter *šъd*; mit *šel* vgl. polnisch *szedł*). Ebenso empfinden die Sprechenden die Suffixe in *Tages* und *Tags* als dieselben, lediglich als lautliche Varianten; aber die Verwandtschaft der Suffixe *-er* (Komparativ) und *-(e)st* (Superlativ) liegt nicht ohne weiteres auf der Hand, obwohl tatsächlich im

Deutschen *er* aus *iz* und weiter aus demselben *is* entstand, das als (*e*)*s* (aus *is*) im (*e*)*st* des Superlativ erscheint (vgl. griech. -ιϲ-το, in κράτιϲτοϲ); vgl. got. *hardiza, hardists*, mit althochdeutsch *hertiro, hertisto*. Andererseits haben sich die Wörter *fast* und *fest* (althochdeutsch *festi*, mit Umlaut -*e*) in der Bedeutung so sehr voneinander entfernt, daß sie für das unmittelbare Sprachempfinden schon nicht mehr als zusammengehörig erscheinen.

Betrachten wir nun einen anderen Fall von Formenbildung vollständiger Einzelwörter, den Fall, daß das formantische Element kein besonderer Teil des Stammes ist. Formantisches Element eines Stammes dieser Art kann eine vollständige oder unvollständige Wiederholung sein, oder eine Lautveränderung eines Teils des Stammes, so daß Stamm und Affix sich nicht als besondere Wortteile abheben. Die Stammverdoppelung ist besonders ausgebildet in den malaiopolynesischen Sprachen; sie existiert mit formantischem Wert auch in den indogermanischen Sprachen neben der gewöhnlichen Art der Formbildung durch Affixe. Im griechischen λέλοιπα, τέτροφα haben wir (unvollständige) Wiederholung des Stammes mit Veränderung des Stammvokals in einer Form, die auch ihr besonderes Affix hat, vgl. λείπω, τρέφω (unreduplizierter Stamm und andere Personalendung). Das lateinische *tutudi* zeigt ebenfalls unvollständige Stammwiederholung, aber ohne Veränderung des Stammvokals. Historisch betrachtet hat im Lateinischen *tutudi* ein **tetudi* abgelöst. Diese unvollständige Wiederholung des Stammes heißt Stammreduplikation bzw. Wurzelreduplikation, wenn der Stamm ohne Formans primär, d. h. eine Wurzel ist.

Natürlich können nun ebenso wie im Laufe der Zeit abgeleitete Stämme, die durch Antreten eines Affixes an einen einfachen Stamm gebildet sind, für unser Sprachempfinden zu einfachen werden, auch Stämme mit formbildender Verdoppelung des Stammes oder eines Teiles desselben zu einfachen werden, z. B. das französische *bonbon* ist ursprünglich eine Reduplikation, während es für das heutige Sprachgefühl ein einfaches Wort ist.

Ich gehe über zu den formbildenden Lautveränderungen eines Teils des Stammes, bei denen der Stamm nicht in einen andern Stamm und Affix zerlegbar ist. Solche Lautveränderungen eines Teils des Stammes mit formantischem Wert finden sich namentlich in den indogermanischen und semitischen Sprachen, wenn auch zwischen ihnen in dieser Hinsicht bedeutende Verschiedenheiten bestehen. Im Indogermanischen erscheint diese Art der Formbildung nur bei solchen Formen, die gleichzeitig durch Affixe gebildet werden. Im Griechischen finden wir in Perfektbildungen des Typus λέλοιπα, τέτροφα im Stamm außer Reduplikation noch die Vokalveränderung als Formbildungsprinzip (vgl. λείπω, τρέφω), aber auch hier hat die Reduplikation wie die Lautveränderung des Stammes formantische Geltung nur in Verbindung mit Affixen (λείπω und λέλοιπα). Vgl. auch im Deutschen Wörter wie *ich lese — ich las, ich nehme — ich nahm*. Der Unterschied im Stammvokal hat hier formbildende Kraft nur in Verbindung mit den Verschiedenheiten der Affixe. Allerdings finden wir in *ich las, ich nahm* kein ˙Affix, aber wie bereits gesagt, schon das Fehlen des Affixes gegenüber den Formen *ich lese, ich nehme, du lasest, du nahmst* hat formantische Bedeutung. Fälle wie *Mutter — Mütter, Tochter — Töchter, Bruder — Brüder, Vater — Väter* usw. fügen sich scheinbar nicht der allgemeinen Regel, daß in den indogermanischen Sprachen Lautveränderungen eines Teils des Stammes nur in Verbindung mit bestimmten Affixen formantischen Wert haben, weil hier die Form der Stämme nur durch die Verschiedenheit der Vokale charakterisiert ist. Das ist aber ein Irrtum, denn in den angeführten Fällen liegt die Sache so, daß die deutsche Sprache in ihrer historischen Entwicklung die aus dem Indogermanischen übernommenen Affixe verloren hat (man vergleiche andere Bildungen dieses Typus: *Gast — Gäste, Hand — Hände, Mann — Männer* usw.), und diese Pluralbildungen stehen neben anderen Pluralbildungen mit bestimmten Affixen.

Lautveränderungen des Stammes mit formbildender Kraft kann man mit Fortunatov Stammflexion nennen, doch dürfen

wir dann natürlich nicht den Ausdruck Flexion in dieser Verwendung verwechseln mit dem Ausdruck Flexion im gewöhnlichen Sinne der Schulgrammatik, wo die Kasus- oder Personal-
endungen Flexion genannt werden, zum Unterschied von den
Suffixen, als „wortbildenden" Suffixen.

Die Einzelwörter sind, wie wir sahen, Ausdruckszeichen der
Begriffe; auf einen Gedanken, ein Urteil bezogen, sind sie Satzteile, oder in selteneren Fällen auch Sätze. Dementsprechend
zerfallen die vollständigen Einzelwortformen ihrer Bedeutung
nach in zwei Klassen, die Fortunatov in seinen Vorlesungen
als Formen der Wortbildung und Formen der Wortbiegung bezeichnet.

Die ersteren kommen den Wörtern zu als den Ausdruckszeichen einzelner Begriffe, — bezeichnen also Verschiedenheiten
der durch die Wörter bezeichneten Begriffe. Die zweiten
kommen den Wörtern zu in ihrer Beziehung zum Satz, und
sie bezeichnen Verschiedenheiten der Beziehungen der (durch
die Wörter bezeichneten) Begriffe innerhalb des Satzes.

Also durch Wortbildungsformen im weitesten Sinne des
Ausdruckes (d. h. nicht nur bezüglich der einfachen, sondern
auch der nicht-einfachen Wörter), werden die sie aufweisenden
Wörter bezeichnet als verschiedene Einzelausdruckszeichen von
Begriffen. Durch Wortbiegungsformen dagegen werden die sie
aufweisenden Wörter als verschiedene Satzteile bezeichnet.

Die erste Kategorie machen die Wortbildungsformen aus,
die gewisse Verschiedenheiten in bezug auf ein bestimmtes
Merkmal der durch die Formen der betreffenden Wörter bezeichneten Begriffe ausdrücken. Hierher gehören Wortbildungsformen, wie in folgenden deutschen Wörtern: *rötlich, schwärzlich*
(gegenüber *rot, schwarz*); ebensolche wortbildende Formen sind
auch die Formen des Numerus in den Wörtern *Tisch — Tische,
Tier — Tiere* usw. (Ein- und Mehrzahl).

Die zweite Kategorie bilden Wortbildungsformen, die Begriffe ausdrücken in ihrem Verhältnis zu anderen Begriffen,
welche durch Wörter desselben Stammes, aber mit anderer

Wortbildungsform bezeichnet werden. Hierher gehören Fälle wie *Schreiber* gegenüber *schreiben*; *Leser* gegenüber *lesen*; *Röte* gegenüber *rot*.

Die Wortbildungsform bei einfachen Wörtern kann eine Form des ganzen Wortes sein (solche Wortbildungsformen sind z. B. Numerusformen wie *Tisch, Tische*) oder eine Form des Stammes innerhalb der ganzen Wortform (Fälle wie *rötlich, schwärzlich*). Solche Wortbildungsformen kann man stammbildende Formen nennen.

Von Bildungsformen zusammengesetzter Wörter (durch welche zusammengesetzte Wörter bezeichnet werden als ihrer Herkunft nach zusammengesetzte Begriffszeichen) gibt es zunächst solche Formen, die eine Beziehung eines Begriffs in einem Teil des zusammengesetzten Wortes zu einem anderen Begriff in dessen anderem Teile bezeichnen. So ist in den slavischen Sprachen der *o*-Auslaut der ursprünglichen *o*-Stämme für den Auslaut des ersten Teiles eines Kompositums vorbildlich geworden, nachdem in den *o*-Stämmen im selbständigen Elemente ˗auf lautlichem Wege dieser Vokal mit der Kasusendung in den meisten Kasus zusammengeflossen war; ein alter *o*-Stamm *bogo—*„Gott“ ist schon längst zu *bog* geworden. Eine gewisse Analogie haben wir im Griechischen, wo ὑλο-τόμος oder Νικό-μαχος im ersten Gliede *o*-Auslaut haben, trotz des zugrunde liegenden ὕλη und νίκη; doch haben hier derartige Fälle keinen formantischen Wert bekommen. Zweitens gibt es Formen, die dem zweiten Gliede des betreffenden zusammengesetzten Wortes angehören, als einem Teile eines zusammengesetzten Wortes; so *blauäugig, langfüßig*.

Die Formen der Wortbiegung oder die Formen der Wortflexion (nicht zu verwechseln mit dem Ausdruck Stammflexion) zerfallen nach ihrer Bedeutung in zwei Kategorien. Einmal sind es Formen, welche die verschiedenen Beziehungen eines Begriffes, der Satzprädikate bezeichnet, zu den Begriffen ausdrücken, welche die Subjekte zu diesen Prädikaten bilden. Zweitens gibt es Formen, welche Verschiedenheiten der schon bekannten Beziehungen eines Begriffs zu anderen Begriffen in dem Satze bezeichnen. Also durch Formen der Wortbiegung der ersten Art werden die sie aufweisenden Wörter als Satzprädikate bezeichnet, durch Wortbildungsformen der zweiten Art als untergeordnete Satzteile.

Bei den Wortbiegungsformen der ersten Art sind wieder Unterschiede zu machen. Erstens gibt es Formen der Prädikativität, welche die Verschiedenheiten der durch das Denken erschlossenen Beziehungen des betreffenden, Satzprädikate bildenden, Begriffs zu dem anderen Begriffe, welcher das Subjekt zu diesem Prädikate bildet, ausdrücken, und zweitens Formen, welche die Verschiedenheiten der schon bekannten Beziehungen der Satzprädikate bildenden Begriffe zu anderen Begriffen, die Subjekte zu diesen Prädikaten bilden, bezeichnen. In den indogermanischen Sprachen sind Formen der Prädikativität des ersten Typus die Formen des Tempus und des Modus, Formen der Prädikativität des zweiten Typus sind die Formen der Person beim Verbum. So bezeichnet die Tempusform in den Sätzen: *ich schreibe, ich schrieb* Verschiedenheiten der Beziehung des durch den Verbalstamm bezeichneten Begriffs zu dem Begriff, der als Subjekt des betr. Satzes fungiert, und zwar der Beziehung, die durch den vorliegenden Denkprozeß erschlossen wird; infolgedessen sind die Wörter *schreibe, schrieb* Prädikate. Gleichzeitig enthalten diese Wörter in sich auch die Form der Person (vgl. *schreibe — schreibst, schrieb — schriebst*), die wieder eine andere Bedeutung hat: in der uns schon bekannten, durch die Tempusform bezeichneten Beziehung des Prädikats zum Subjekt, werden durch diese Formen gewisse Verschiedenheiten bezeichnet (durch die Form der 1. Person des Zeitworts wird das Subjekt bezeichnet als die 1. Person der Rede, durch die Form der 2. Person wird es bezeichnet als die 2. Person der Rede, d. h. als diejenige, an welche die Rede gerichtet ist).

Bei den Formen der Wortbiegung der zweiten Art, d. h. in den Formen der Wortbiegung, welche die sie aufweisenden Wörter als untergeordnete Satzteile bezeichnen, müssen wir unterscheiden: Formen, die Verschiedenheiten der Beziehungen eines Begriffs zu anderen (von ihm verschiedenen) Begriffen, welche in den betreffenden Sätzen Teile ausmachen, bezeichnen — wobei diese Beziehungen schon bekannt, schon gegeben, schon durch das Denken erschlossen sind; und Formen, die eine schon bekannte Beziehung des Begriffs als eines unselbständigen (d. h. als eines Merkmals) zu verschiedenartigen selbständigen Begriffen, die Satzteile ausmachen, ausdrücken. In den indogermanischen Sprachen gehören zu dem ersten Typus der Wortbiegungsformen in untergeordneten Satzteilen die Formen der Substantivdeklination, zum zweiten Typus Formen der Wortbiegung in der Art der Adjektiva.

Das Vorhandensein der Einzelwortformen gestattet formale Wortklassen aufzustellen, die wir anders auch grammatische Wortklassen nennen können, weil der Teil der Sprachwissenschaft, der die Formen untersucht, Grammatik im engeren Sinne des Wortes heißt. Die Wörter, die eine gemeinsame Form haben, oder ihrem Werte nach entsprechende Formen, machen also in dieser Hinsicht eine gemeinsame Klasse aus. Natürlich können die grammatischen Wortklassen allgemeinere sein oder weniger allgemeine, die in den ersteren aufgehen. Außerdem muß man beachten, daß Wörter, die nach der Form des Wortganzen zu verschiedenen grammatischen Klassen gehören, nach der Form des Stammes zu einer grammatischen Kategorie gehören können. So gehören Partizipium und Verbum nach der Form des ganzen Wortes zu verschiedenen grammatischen Klassen, aber nach der Form des Stammes machen sie eine gemeinsame Klasse aus.

Die grammatischen Wortklassen dürfen wir nicht mit den nichtgrammatischen Klassen vermengen, die auf Wortbedeutungen beruhen. So bildet der Unterschied zwischen Nomina und Pronomina keine grammatischen Klassen, sofern er nur auf dem Bedeutungsunterschied beruht.[1]) Vermittelst der

---

1) Die allgemeinsten nichtgrammatischen Wortklassen in unseren Sprachen sind: 1. Nomina, die Merkmale von Begriffen bezeichnen,

grammatischen Wortklassen werden Klassen von Begriffszeichen bezeichnet.

Im Verlaufe des Sprachlebens gehen im Zusammenhang mit den die Formen der vollständigen Einzelwörter treffenden Veränderungen auch Veränderungen in den formalen Einzelwortklassen vor sich. Man darf daher nicht etwa denken, daß die genannten Wortklassen, die einmal infolge des Vorhandenseins der Einzelwortformen entstanden sind, weiterhin ohne jede Veränderungen blieben und sozusagen ein unveränderliches, festes Gerüst vorstellten.

Die allgemeinsten Wortklassen in den indogermanischen Sprachen sind erstens deklinable Wörter, zweitens deklinable Wörter mit adjektivischen Genusformen, drittens konjugable Wörter. Diesen drei Klassen steht eine große Wortklasse gegenüber, die charakterisiert ist durch das Fehlen der Abwandelbarkeit; wenn es hier auch Wörter mit Einzelwortformen gibt, so sind das Wörter mit Wortbildungsformen. Es ist zu beachten, daß gewisse Wörter nach der Form des Wortganzen zu der einen Klasse, nach der Form des Stammes zu einer anderen gehören können; so z. B. die adjektivischen Deverbalia (die sog. Partizipia), die verbalen Stamm haben. Natürlich kann jede der genannten Klassen wieder in Unterklassen zerfallen.

Auf der Ähnlichkeit bzw. Verschiedenheit der Sprachen bezüglich der Bildung der Einzelwortformen beruht die sog. morphologische Klassifikation der Sprachen (die Lehre von der Bildung der Wortformen wird zuweilen Morphologie genannt). Diese morphologische Sprachklassifikation ist also von der früher besprochenen genealogischen zu unterscheiden.

---

oder Begriffe als Träger bestimmter Merkmale, und 2. Pronomina, die entweder Begriffe bezeichnen in ihrem Verhältnis zur Rede oder dieses Verhältnis selbst. Die Merkmale ihrerseits können gegeben sein in ihrer Beziehung zur Zeit (Handlung, Zustand), oder ohne Beziehung zur Zeit. Die ersteren sind verbale Merkmale, die zweiten einfach Merkmale oder nicht-verbale Merkmale. Deshalb können auch die Benennungen von Begriffen, als Träger von Merkmalen, ihrer nichtgrammatischen Bedeutung nach verbal oder nicht-verbal sein.

Wir setzen hier folgende Klassen an:

1. Die **agglutinierenden** Sprachen (lateinisch *gluten* Leim, *glutinare* leimen). Die Wortformen werden gebildet durch Affixe, wobei Stamm und Affix gewissermaßen zusammengeleimt erscheinen, weil hier Stamm und Affix nach ihrem Wert stets einzelne Wortteile innerhalb der Wortformen bleiben. Wenn dabei im Stamm ein Lautwandel mit formantischem Wert eintritt, so ist dieser hier keine unumgängliche Bedingung für die Formbildung; formantischer Lautwandel im Stamm, Stammflexion, bildet, wo sie vorkommt, besondere Formen, andere als die durch Affixe gebildeten.

Die meisten der Sprachfamilien, die Formen von vollständigen Einzelwörtern haben, gehören zu den agglutinierenden Sprachen.

Zur Illustrierung des über die Formenbildung in den agglutinierenden Sprachen Gesagten genüge ein Beispiel aus dem Türkischen: der Stamm *ev* bedeutet Haus, Ablativsuffix ist *-den*, Pluralsuffix *-ler*; also *evden* ist Ablativ Singularis, *evlerden* Ablativ Pluralis.

2. In den **flektierend-agglutinierenden** Sprachen gibt es zur Bildung der Wortformen Affixe und Stammesflexion. Der Unterschied dieser Sprachen von den agglutinierenden besteht darin, daß der Stamm selbst unbedingt Formen haben muß, die durch Stammflexion gebildet sind, und die Ähnlichkeit darin, daß das Verhältnis zwischen Stamm und Affix hier dasselbe ist wie in den agglutinierenden Sprachen. Hierher gehören die semitischen Sprachen. Meist nennt man die semitischen Sprachen einfach **flektierend**, aber wie wir sahen, ist die Stammflexion in diesen Sprachen nicht identisch mit der Stammflexion in den auch als **flektierende** bezeichneten indogermanischen Sprachen. Bei einer morphologischen Klassifikation der Sprachen muß man daher dem Semitischen eine besondere Rolle zuweisen. Der Ausdruck flektierend-agglutinierend, den Fortunatov für diese Sprachen aufgebracht hat, ist durchaus zutreffend, weil das Verhältnis zwischen Stamm

und Affix, wie oben gesagt, dasselbe ist wie in den agglutinierenden Sprachen.

3. Die dritte Klasse machen die indogermanischen, die rein flektierenden Sprachen aus. Hier haben wir Stammflexion in den vollen Formen, die durch Affixe gebildet werden, so daß also Stamm und Affix ihrer Bedeutung nach einen Zusammenhang zeigen, der den agglutinierenden und flektierend-agglutinierenden Sprachen fremd ist. So wird im Griechischen das Perfektum durch Stammflexion in Verbindung mit bestimmten Affixen gebildet (λέλοιπα — λείπω); wäre das Griechische eine semitische Sprache, so würde es heißen λελοίπω, λελοίπεις usw.

4. Eine vierte Klasse bilden schließlich die Sprachen, die keine vollständigen Einzelwortformen haben, die sog. Wurzelsprachen. Sie heißen so, weil den Wurzeln anderer Sprachen in ihnen die einzelnen Wörter entsprechen, die einfach oder nicht einfach (d. h. zusammengesetzt) sein können. Hier sind keinerlei Wortformen möglich, sondern es gibt statt dessen Formen der Wortgruppierung innerhalb von Wortgruppen. Zu den Wurzelsprachen gehört das Chinesische und einige andere Sprachen des südöstlichen Asiens, die bei der Aufstellung der genealogischen Klassifizierung der Sprachen erwähnt wurden.

Früher war die Meinung ziemlich verbreitet, daß eine Einteilung der Sprachen, bei der die Wurzelsprachen an erster Stelle standen, fortschreitender Sprachentwicklung entspräche. Die flektierenden Sprachen sah man dann als den vollkommensten Typus an. Diese Vorstellung ist aber unwissenschaftlich, denn die uns bekannten agglutinierenden und Wurzelsprachen haben zweifellos eine lange Geschichte hinter sich und dürfen keinesfalls als Repräsentanten der Agglutinations- oder Wurzelperiode angesehen werden, die man aus bestimmten Gründen für die Vergangenheit der indogermanischen Ursprache glaubt ansetzen zu können (vgl. Kap. IX). Man darf auch nicht vergessen, daß es absolut willkürlich ist, die indogermanischen Sprachen ihrem grammatischen Bau nach für die vollkommensten zu halten: alle Sprachen erfüllen ihre Bestimmung, wenn sie auch die gegenseitigen Beziehungen der Begriffe durch verschiedene Mittel ausdrücken.

VIII. Wortgruppe und Satz.

Die einzelnen Vorstellungen vereinen sich im Denkprozesse zu dem Ganzen, das man psychologisches Urteil nennt, dadurch, daß sich zwischen ihnen die Vorstellung eines Zusammenhanges, einer Beziehung bildet. Hierbei vereinigt sich entweder ein Begriff mit dem andern, oder, umgekehrt, trennt sich von ihm: im ersten Fall haben wir einen positiven Gedanken, im zweiten einen negativen.[1]) Das psychologische Urteil besteht also aus drei Elementen: erstens der Vorstellung, die als Ausgangspunkt dient, mit der sich eine andere Vorstellung vereint oder von der sie sich trennt; zweitens der zweiten Vorstellung, welche sich mit der ersten vereint oder von ihr trennt; und drittens der Beziehung zwischen beiden Vorstellungen. Sofern die das betreffende Urteil ausmachenden Vorstellungen Lautvorstellungen sind, besteht natürlich das betreffende Urteil aus Sprachzeichen und kann deshalb auch sprachlich geäußert werden.

Jede Vereinigung selbständiger Wörter in der Rede, gleichviel, ob sie der Ausdruck eines ganzen psychologischen Urteils oder eines Teils eines solchen ist, nenne ich mit Fortunatov „Wortgruppe". Eine Wortgruppe kann abgeschlossen sein, wenn sie ein ganzes psychologisches Urteil ausdrückt und daher nicht einen Teil einer anderen Wortgruppe ausmacht; oder nicht-abgeschlossen, wenn sie der Ausdruck lediglich eines Teiles eines psychologischen Urteils ist. Dieses schließt

---

1) Ich gehe hier nicht darauf ein, wie ein Urteil zustande kommt; psychologisch geht ihm eine abgeschlossene Wahrnehmung voraus, die durch Assoziation mit älteren Vorstellungen in ihre Bestandteile zerlegt wird.

dann einen zusammengesetzten Teil in sich, der aus einer
Vereinigung von Vorstellungen entsteht, die für den betreffenden Gedanken schon existiert, schon durch den vorhergehenden
Prozeß gegeben ist. In diesem letzteren Falle kann die Wortgruppe auch in einer Form gegeben sein, die an sich einer abgeschlossenen Wortgruppe zukommt. Das ist deshalb möglich,
weil die einmal gebildete abgeschlossene Wortgruppe im Denkprozeß reproduziert werden kann, auch als Teil eines neuen
Satzes. So kann die Wortgruppe *er ist gekommen*, die an und
für sich abgeschlossen ist (d. h. ein ganzes psychologisches Urteil
ausdrückt) ihrer Bedeutung nach auch unabgeschlossen sein,
wenn sie im Denkprozeß als Teil eines Urteils reproduziert wird,
das in uns entsteht beim Erscheinen einer abwesenden Person.
Der erste Teil dieses neuen Urteils, der nicht in Sprachzeichen
ausgedrückt wird, ist die Vorstellung der betreffenden Person;
der zweite Teil die Vorstellung der Wortgruppe *er ist gekommen*. Den selbständigen Teil eines psychologischen Urteils
nennt man in der grammatischen Terminologie Subjekt, den
unselbständigen Prädikat. Im sprachlichen Ausdruck dieses
zweiten, unselbständigen Teils ist auch der Ausdruck seiner
Beziehung zu dem selbständigen Teil eingeschlossen. Deshalb
darf auch eine abgeschlossene Wortgruppe als Ausdruck eines
vollständigen Urteils nur dann grammatisch genannt werden,
wenn in ihrem unselbständigen Teil durch eine besondere
Sprachform die Beziehung des Prädikats zum Subjekt bezeichnet ist, das selbst grammatisch wird, wenn ein grammatisches Prädikat vorhanden ist. Ebenso kann auch eine unabgeschlossene Wortgruppe grammatisch nur dann sein, wenn
ihr unselbständiger Teil durch eine grammatische Form als
solcher bezeichnet ist. Wir wissen bereits, welche Formen in
unseren Sprachen das „grammatische Prädikat“ und den unselbständigen Teil einer Wortgruppe bilden (vgl. das vorher-
gehende Kapitel). Also die Ausdrücke „grammatisches Prädikat“ und „unselbständiger, eine Form der Prädikativität in sich
schließender Teil eines grammatischen Satzes“ bedeuten ein

und dasselbe. Es ist klar, daß in den Sprachen, die keine Formen vollständiger Einzelwörter kennen, die Wortgruppe grammatisch werden kann nur durch die Form der Wortgruppen selbst, z. B. durch eine bestimmte Wortfolge, durch den Satzton usw.

Abgeschlossene Wortgruppen mit grammatisch bezeichnetem Prädikat, also auch mit grammatischem Subjekt, d. h. also grammatische Sätze, sind z. B. Wortgruppen wie *Peter ist gekommen, der Vogel fliegt, der Vater ist gut.* Nichtgrammatische Sätze haben wir z. B. in Fällen wie *ein Mann — ein Wort, omnia praeclara rara* usw., weil hier kein grammatisches Prädikat vorhanden ist, also auch kein grammatisches Subjekt. Der Satz *der Vater ist gut* ist grammatisch; denn es steht hier die Kopula, und *gut* ohne prädikativen Sinn hätte doch die Form *guter, gute.* Das grammatische Prädikat kann also auch zusammengesetzt sein, sofern es ein nicht-verbales Element in Verbindung mit einer Kopula enthält (vgl. Kap. IX). Sodann kann eine Wortgruppe, wie *schönes Wetter,* einmal unabgeschlossen sein, indem sie eine abgeschlossene Wortgruppe voraussetzt, der sie angehört, als auch abgeschlossen als unvollständiger sprachlicher Ausdruck eines psychologischen Urteils, sofern ein Teil des betreffenden Urteils in der Lautvorstellung des Wortes (bzw. der Wörter) und deshalb auch in der Rede nicht gegeben ist, d. h. sofern wir die Wörter *schönes Wetter* aussprechen, indem wir z. B. ans Fenster treten und uns überzeugen, daß heute schönes Wetter ist. Denn wenn ein Teil des Urteils in der Vorstellung nicht eines Wortes (bzw. von Wörtern) gegeben ist, sondern in irgendwelchen anderen Vorstellungen, so kann es in der Sprache nicht ausgedrückt werden. Man vergleiche solche Fälle, in denen ein ganzer, der Form nach grammatischer Satz (z. B. *der Vogel fliegt*) der Ausdruck nur eines Teiles des Urteils ist; in diesem Falle habe ich beim Anblick eines fliegenden Vogels durch Assoziation die Vorstellung eines sich bewegenden Gegenstandes, die sich mit der Vorstellung der Wortgruppe *der Vogel fliegt* vereinigt.

Sodann kann ein einzelnes Wort in der Rede vorhanden sein als unvollkommener Ausdruck eines Urteils, z. B. wenn man beim Anblick eines fliegenden Vogels das Wort „*Vogel*" ausspricht, so drücken wir den unselbständigen Teil eines Urteils aus, dessen selbständiger Teil die Vorstellung eines fliegenden Gegenstandes ist; also ist *Vogel* so gut wie *der fliegende Gegenstand, den ich sehe, ist ein Vogel.*

Es kommen aber Fälle vor, in denen ein einzelnes Wort einen ganzen Satz, den vollständigen Ausdruck eines psychologischen Urteils darstellt. Dies letztere kann seinem Wesen nach nicht eingliedrig sein, es müssen deshalb, wenn in einem einzigen Worte ein vollständiger, abgeschlossener Ausdruck eines Urteils liegt, notwendigerweise in ihm zwei Glieder bezeichnet sein, Prädikat und Subjekt, wenn auch nicht in der Weise, in der sie in Sätzen, die Wortgruppen sind, bezeichnet werden. Im Lateinischen sind z. B. die Wörter *pluit, ningit, fulgurat* vollständige Sätze, die man mit Fortunatov passend 'Wortsätze' nennen kann. Subjekt ist hier die in dem Verbum liegende spezielle Bedeutung, Prädikat eben die prädikative Form. Den Wortsatz 'pluit' könnte man ersetzen etwa durch eine Wortgruppe des Sinnes: *Regnen geht vor sich.* Einen anderen Fall haben wir im lateinischen *amo*, wo die Personalendung Subjekt ist; *ego amo* unterscheidet sich von *amo* in der Bedeutung (*ego amo* kommt in der klassischen Sprache in bestimmten, aus der Schulgrammatik bekannten Fällen vor).

Wortsätze des zweiten Typus, mit Personalform, sind persönlich. Der erste Typus der Wortsätze (*pluit*) hat keine Personalform, denn die ihrer Herkunft nach als Personalform anzusehende Form hat diesen Sinn nicht mehr, wenn keine anderen Personalformen vorhanden sind (vgl. Kap. IX); die Wortsätze dieser Art sind also unpersönlich. Die deutschen Sätze mit *es* (*es regnet*), die französischen mit *il* (*il neige*) sind unpersönliche Sätze, aber keine unpersönlichen Wortsätze.

Schließlich dürfen wir bei der Definierung des grammatischen Subjekts und Prädikats nicht vergessen, daß unsere

Analyse des Satzes nicht mit dem Ergebnis der Analyse des betreffenden Urteils zusammenfallen muß, sofern uns dessen Entstehungsprozeß unbekannt ist. Denn jeder Teil eines grammatischen Satzes kann Ausdruckszeichen eines psychologischen Subjektes oder psychologischen Prädikates sein aus dem Grunde, von dem ich schon gesprochen habe (vgl. das oben vom Satz, als unvollständigem Ausdruck eines Urteils, Gesagte). Denn die Vorstellung eines Wortes in einer bestimmten grammatischen Form oder einer Wortgruppe kann auf ein anderes Urteil als irgendein Teil desselben übertragen werden. Vgl. z. B. den Satz *er kam* als Ausdruck eines Urteils, in dem die Vorstellung des Wortes *er* Subjekt ist, mit demselben Satz, wenn er ein Urteil ausdrückt, dessen Subjekt die Vorstellung des Wortes *kam* ist; letztere hat statt, wenn wir das gekommene Individuum sehen, das wir als eine uns bekannte Person erkennen (*er*).

Wenn das Urteil, als psychologischer Akt, zusammengesetzte Glieder hat, so äußert sich das sprachlich in dem Vorhandensein untergeordneter Satzglieder, die mit einem Hauptteil zusammen eine unabgeschlossene Wortgruppe ausmachen. Vgl. *schönes Wetter ist gekommen, er gibt mir das Buch, er schreibt schön.*

Die Sätze können ihre gegenseitigen Beziehungen rein sprachlich zum Ausdruck bringen. Ein Satz, der, ohne selbständige Bedeutung zu haben, einen anderen Satz oder einen Teil eines solchen erklärt oder ergänzt, heißt Nebensatz. Beispiele: *wenn morgen gutes Wetter ist, gehe ich spazieren* — der Nebensatz erklärt den ganzen Hauptsatz; *er erhielt einen Brief, in welchem* usw. — der Nebensatz erklärt einen Teil des Hauptsatzes. Das Verhältnis des Nebensatzes zum Hauptsatz wird sprachlich bezeichnet entweder durch die Konjunktionen genannten unselbständigen Wörter oder durch Beziehungswörter, die anzeigen, daß das betreffende Objekt des Urteils, um das es sich in dem Nebensatz handelt, identisch ist mit einem Begriff in einem Teil des Hauptsatzes. Endlich kann der Nebensatz sprachlich auch charakterisiert sein durch seine Wortstellung, gegenüber der Wortstellung des Hauptsatzes. Vgl. deutsches *sehe ich ihn, so sage ich ihm.* Das gegenseitige Verhältnis gleichwertiger Sätze bleibt entweder sprachlich unbezeichnet, oder aber es wird durch gewisse Konjunktionen zum Ausdruck gebracht.

Man hat in der Sprache zu unterscheiden Aussage-, Aufforderungs-, Frage- und Ausrufsätze, entsprechend den verschiedenen der Rede zugrunde liegenden Motiven.

IX. Veränderungen der Sprache.

In der ersten und zweiten Periode der Sprachwissenschaft war die Anschauung weit verbreitet, daß die Veränderungen, denen die Sprache im Laufe der Zeit unterworfen ist, einen ihrer Schöpfung geradezu entgegengesetzten Prozeß darstellten, in dem sie das harmonisch in sich vollendete, in vorhistorischer Zeit entstandene System zerstörten. Schon Wilhelm von Humboldt formulierte die Auffassung, daß im Sprachleben zwei Perioden zu unterscheiden seien: die Epoche der Ausbildung der Sprachformen und die Epoche ihrer allmählichen Zerstörung. Nach seiner Meinung befinden sich unsere Sprachen gerade in der Epoche, in der nach dem Wachsen und lebendigen Wirken des Prinzipes, das die Lautsprache geschaffen, nach scheinbarem Stillstande, ein bemerkbares Abnehmen der aufbauenden Tendenz anfängt, obwohl auch in dieser Periode des Verfalles neue Prinzipien und Neubildungen aufkommen können. Franz Bopp hat sich noch bestimmter in dem Sinne ausgesprochen, daß wir die indogermanischen Sprachen in dem Zustande vor uns haben, da sie sich syntaktisch noch vervollkommnen können, in ihren morphologischen Formen aber schon in verschiedenem Grade die Vollendung eingebüßt haben, bei welcher die einzelnen Glieder in einem streng geregelten Verhältnis zueinander standen, bei dem alles Abgeleitete durch ein deutliches, ungestörtes Band mit den Ausgangspunkten in Verbindung gehalten ward. Alle äußeren Veränderungen der Sprache sind nach seiner Meinung Krankheit, Verstümmelung und Verfall. Die Lehre von den drei Perioden finden wir in der Folge bei dem u. a. von Hegel beeinflußten Schleicher.

Wollen wir die Frage beantworten, wie diese Theorie von den Epochen der Ausbildung der Sprache und des allmählichen Verfalls des harmonischen Ganzen aufkommen konnte, so sind zwei Hauptpunkte zu konstatieren. Einerseits spielte zweifellos eine Rolle die spekulative Vorstellung von einer geheimnisvollen tief in der Vorzeit liegenden Epoche, da das in den Menschen gelegte Streben, in Sprachlauten seine Gedanken und Gefühle auszudrücken, sich zuerst nach außen Bahn brach, und so allmählich die Sprache entstand, harmonisch in ihren Lauten und Formen. Andererseits wurde die Vorstellung von den historischen Epochen im Leben der indogermanischen Sprachen, als Zeiten des Verfalls und der Zerstörung, von den damaligen Anschauungen über die indogermanische Ursprache eingegeben. Wir sahen bereits (Kap. II), daß Bopp von der Möglichkeit überzeugt war, die Herkunft der ursprachlichen Formen aufzuklären. Die glänzenden Entdeckungen des Begründers der historisch-vergleichenden Grammatik, seine kühne und scharfsinnige Analyse der Formelemente, in denen er ursprünglich selbständige Wurzeln[1]) sah, ließen zusammen mit dem Mangel einer genauen Fixierung der ursprachlichen Tatsachen die Vorstellung von exzeptionellen Vorzügen aufkommen, die der gemeinsamen Stammutter unserer Sprachfamilie bezüglich Vollendung, Durchsichtigkeit und Harmonie eigen gewesen sein sollten. Das ganze weitere Leben der einzelnen Glieder der indogermanischen Gruppe konnte nun nur noch als ein Krankheitsprozeß gelten, durch den das Altüberkommene in Verlust geriet und sich zersetzte.

---

1) In gewissem Maße war das vorbereitet durch die Lehre der hebräischen Grammatik von der pronominalen Herkunft der verbalen Personalsuffixe, eine Theorie, welche die holländischen Philologen aufgenommen und auf das Griechische angewandt hatten.

Wurde doch unter anderem der Ersatz einer Form durch eine Umschreibung fälschlicherweise als etwas Niedrigeres bewertet als das abgeschlossene Ganze, für das sie eintrat. Sogar die Erkenntnis, daß in einzelnen Sprachen aus Verbindungen selbständiger Elemente (vgl. unten) neue, einfache Formen entstehen können, war nicht imstande, die Überzeugung von der Verschiedenheit zweier in der Sprache wirkender Kräfte zu erschüttern: der aufbauenden, die in fernen Zeiten wirksam war, und der zerstörenden, die in historischer Zeit zutage tritt. In der Folge, als man die ursprachlichen Verhältnisse genauer untersuchte, als sich schon die richtige Anschauung Bahn brach, daß auch die Ursprache nichts anderes als eine Veränderungen unterworfene lebende Sprache gewesen war, hielt sich die Lehre von den zwei Perioden bei Schleicher noch unter dem unmittelbaren Einfluß der Hegelschen Philosophie und der irrtümlichen Auffassung der Sprachen als Naturorganismus, die auch bei Bopp zu verzeichnen ist.

Gegenwärtig ist die Unrichtigkeit der angeführten Gesichtspunkte außer Zweifel. Die Sprache, als ein Produkt der psychophysischen Organisation der Menschen, muß sich in Abhängigkeit von den komplizierten Kausalzusammenhängen, welche ihrer Existenz zugrunde liegen, notwendigerweise verändern. Folglich handelt es sich nicht um einen Krankheitsprozeß, sondern vielmehr um Leben in seiner realsten Form.

Bei den die Sprache treffenden Veränderungen müssen wir unterscheiden: Veränderungen alter Elemente, Verlust dieser letzteren und Entstehung neuer Elemente. Sodann betreffen die Veränderungen sowohl die äußere, lautliche Seite der Sprache, wie auch die innere, d. h. Bedeutungen und Formen. Hier sollen die beiden Erscheinungen getrennt betrachtet werden.

1. Der Lautwandel.

Wir haben bei den Veränderungen, denen im Verlaufe des Sprachlebens das Lautsystem unterworfen ist, zwei Kategorien zu unterscheiden. Die Veränderungen können nämlich einmal durch Änderungen der Bildungsverhältnisse der betreffenden Sprachlaute verursacht werden, und zweitens dadurch, daß ein Sprachlaut (oder ein Komplex von Sprachlauten) in einem Worte durch einen anderen Laut (oder Lautkomplex) ersetzt wird, unter dem Einfluß anderer Wörter, die mit dem betreffenden Wort nach dem Gesetz der psychischen Assoziation verbunden sind. Die Erscheinungen des ersten Typus bezeichnet man als Lautwandel schlechthin, die des zweiten Typus als Lautwandel unter Einfluß der Analogie, oder kürzer als analogische Lautveränderungen (Analogiebildungen).

Bei dem Lautwandel schlechthin müssen wir wiederum zwei Klassen von Erscheinungen unterscheiden: erstens Lautveränderungen, die die Sprachlaute als solche treffen ohne einen Einfluß besonderer lautlicher Bedingungen, sei es innerhalb eines einzelnen Wortes oder einer Wortgruppe, und zweitens Lautveränderungen, die gerade durch solche besonderen lautlichen Bedingungen verursacht werden (Einfluß benachbarter Laute, der Stellung im Anlaut oder Auslaut eines Wortes, am Beginn oder Ende der Rede, des Akzentes, des Redetempos usw.).

Die folgenden Fälle mögen als Beispiele dienen. Nehmen wir den bekannten Wandel der hochdeutschen langen Vokale ī, ū, ǖ, die das Althochdeutsche und noch das Mittelhochdeutsche aufwies, in die Diphthonge ei, au, eu; z. B. mittelhochdeutsch *mīn*, neuhochdeutsch *mein*, mittelhochdeutsch *hūs*, neuhochdeutsch *Haus*, mittelhochdeutsch *liute*, neuhochdeutsch *Leute*. Das ist eine rein lautliche Erscheinung infolge von Veränderungen in den Bildungsbedingungen der im Deutschen überkommenen langen Vokale selbst, die diese langen Vokale betraf, unabhängig von irgendwelchen lautlichen Beeinflussungen von außen her. Jedoch nicht alle hochdeutschen Dialekte kennen diese Erscheinung im gleichen Maße. Ein Teil von ihnen — der nördliche Teil des Mittelfränkischen, Thüringischen und Hessischen, und ein Teil des Alemannischen — hat Diphthonge dieser Herkunft lautlich nur unter bestimmten

Bedingungen (in offener Silbe oder vor Vokal). Hier ist also der Lautvorgang nur unter gewissen lautlichen Verhältnissen eingetreten. Die Veränderungen der Bildungsbedingungen der langen Vokale ī, ū, ǖ, die zur Entstehung von Diphthongen geführt hat, bringt man jetzt in Verbindung mit Apokope unbetonter Silbe (vgl. Wilmanns, Deutsche Grammatik 1², § 215). Nehmen wir weiter den Übergang des alten e in i, der im Urgermanischen unter bestimmten lautlichen Bedingungen eintrat: a) vor einfachem oder vor langem (doppeltem) Nasal: vgl. althochdeutsch *wint*, altisländisch *vindr*, gotisch *winds* und lateinisch *ventus*; althochdeutsch *bintan*, altisländisch *binda*, gotisch *bindan* und griechisch πενθερός, lateinisch *offendimentum*; althochdeutsch *fimfto*, altisländisch *fimmte*, gotisch *fimfta* und griechisch πέμπτος usw.; b) in ursprünglich unbetonter Silbe, außer vor r: althochdeutsch *birit*, gotisch *bairiþ*, vgl. griechisch φέρε-; c) vor į und i der folgenden Silbe, wobei dies i zum Teil im Urgermanischen entstanden war, in der unter b) angeführten Weise: althochdeutsch *ist*, gotisch *ist*, vgl. griechisch ἐςτί; althochdeutsch *gift* (i-Stamm) neben *gëban*; althochdeutsch *gibis*, *gibit* neben *gëban* usw. In einer späteren Epoche wurde e zu i vor u der folgenden Silbe. Diese Erscheinung finden wir im Althochdeutschen und Altsächsischen: althochdeutsch *sibun*, lateinisch *septem*, althochdeutsch *gibu*, vgl. *gëban* usw., aber auch vor u der folgenden Silbe blieb e, wenn die folgende Silbe ein a, o, u enthielt: althochdeutsch *nëbul*, aber *nibulnissi*, *Nibelunc*. Durch gegenseitige Beeinflussung entstanden Analogiebildungen: *fëhu* neben *fihu* (die regelmäßige Deklination dieses Wortes bei Otfried ist: *fihu, fëhes, fëhe, fihu*); umgekehrt haben wir *hilfa* statt *hëlfa*.

An den hier besprochenen konkreten Fällen sehen wir also folgendes: 1. Lautveränderungen werden durchkreuzt durch die Wirksamkeit der Analogie (einerseits *fëhu*, andererseits *hilfa* unter selbständigem Akzent); 2. eine Lautveränderung tritt da nicht ein, wo nicht alle Bedingungen erfüllt sind, wenn es eine von besonderen Faktoren bedingte Veränderung ist, und wo, umgekehrt, entgegengesetzte Bedingungen vorliegen (z. B. nhd. *Weg* neben got. *wigs* mit Erhaltung des alten *e* [vgl. oben über die Bedingungen des Wandels von e in i], ahd. *wegan*, got. *gawigan*, vgl. lat. *veho*); 3. der Wirksamkeit der Lautgesetze sind in der Zeit Grenzen gezogen („andere Zeiten, andere Lautgesetze"); den Übergang von *e* in *i* vor *u* der folgenden Silbe muß man in eine spätere Periode verlegen als den Übergang von *e* in *i* in den andern oben angeführten Fällen; 4. endlich Lehnwörter aus einer andern Sprache oder einem andern Dialekt der gleichen Sprache, wo der betreffende Lautwandel nicht vorkommt, behalten ihre überlieferte Gestalt, soweit sie der traditionellen Sprache angehören; andererseits unterliegen Lehnwörter, die wirklich in lebendigen Sprachgebrauch übergehen, den Lautgesetzen der betreffenden Epoche (vgl. darüber weiter unten). So wurden ahd. *minta* aus lat. *menta*, ahd. *zins* aus lat. *census* augenscheinlich entlehnt, bevor das Gesetz über den Übergang von *e* in *i* vor n $+$ Konsonant wirkte. Andererseits vgl. nhd. *spenden*, *Spende* (ahd. *spëntôn*, *spënta*) aus lat.-ital. *spendere* (lat. *expendere*), wahrscheinlich im 7. Jahrhundert übernommen.

Das besprochene Beispiel des Übergangs von hochdeutschem langen ī und ū in Diphthonge ist auch noch in anderer Hinsicht lehrreich. Man darf nämlich annehmen, daß der Übergang nicht auf einmal zustande kam, nicht als ein einheitlicher Akt, sondern daß es eine ganze Reihe von Übergangsstufen gab. Doch nicht alle Lautveränderungen gehen tatsächlich so vor sich durch allmähliche Verschiebungen entweder der Bildungsbedingungen oder der Artikulationsstelle des betreffenden Lautes oder Lautkomplexes, oder beider gleichzeitig. Es gibt auf diesem Gebiet Erscheinungen, die ihrem Wesen nach eine solche langsame Verschiebung nicht zulassen. Aber andererseits ist auch verständlich, daß nicht alle Lautveränderungen, die das letztere zulassen, wirklich so vor sich gehen. Zu den Fällen von Lautwechsel, die nur als Resultat eines plötzlichen Aktes möglich sind, gehört z. B. der Übergang von velarem gerundeten *k* in *p*, der Übergang von *m* in *n*, und gleichfalls viele Fälle von Assimilation, Dissimilation und Lautumstellung, Metathesis.

Die Assimilation besteht darin, daß irgendein Sprachlaut eine Veränderung in seinen Bildungsbedingungen erfährt unter dem Einfluß eines unmittelbar anstoßenden oder überhaupt benachbarten Lautes, wobei wieder totale und partielle Assimilation zu unterscheiden ist. Es versteht sich von selbst, daß sich hierbei das zum Aussprechen des betreffenden Lautes unumgängliche Bewegungsgefühl modifiziert oder auch durch die Vorstellung eines anderen Lautes ganz ersetzt wird, entweder weil diese letztere vorzeitig auftritt (regressive Assimilation) oder umgekehrt, weil das Bewegungsgefühl des vorhergehenden Lautes das Bewegungsgefühl des betreffenden anderen Lautes ganz verdrängt oder verändert (progressive Assimilation). Als Beispiel der regressiven Assimilation kann die Konsonantenerweichung im Russischen dienen, die stattha bei Stellung des betreffenden Konsonanten vor einem palatale Vokal. Ein Beispiel progressiver Assimilation ist die Erwei chung von Konsonanten unter dem Einfluß eines vorhergehen den „weichen Vokals" in solchen Fällen, wie großrussisc dialektisch *čajk'u* (чайкю). Im lateinischen *quinque* statt eine zu erwartenden **pinque* (vgl. griechisch πέντε, wo t aus lab alisiertem k, vgl. πέμπτος; altslavisch *pętyj*, wo k vor t lau gesetzlich verloren ist) haben wir ein Beispiel totaler regres siver Assimilation.

Bei der Dissimilation ist das Ergebnis gerade das entgeger gesetzte. Hier hat die vorzeitig auftretende Vorstellung der fo genden, oder die noch andauernde Vorstellung des vorhe gehenden Lautes die Wirkung, daß eine von der zu erwartei den, mit jener zusammenfallenden, verschiedene Lautvo stellung zustande kommt.

Beispiele für Dissimilation: mittelhochdeutsch *martel* nebe *marter* (progressive Dissimilation); russisch *verbl'ud* aus *ve bl'ud*, vgl. kirchenslavisch *velьblqdъ* (regressive Dissimilatio

auch der Verlust einer von zwei (ganz oder fast) ganz identischen
Silben erklärt sich als Resultat einer Dissimilation; solchen Fall
haben wir im russischen *znamenosec* aus *znamenonosec*, ser-
bisch *bremenoša* aus *bremenenoša*, lat. *semestris* aus *semi-
mestris* usw.

Eine Umstellung von Lauten entsteht, wenn die Bewegungsgefühle ihre Reihenfolge vertauschen; vgl. russisch *tarelka*
aus polnisch *talerz*, das seinerseits aus deutsch *Teller* entlehnt
ist; italienisch dialektisch *groliosio* aus *glorioso* usw.

Ohne mich ausführlicher mit einer Übersicht der einzelnen
Arten des Lautwandels aufzuhalten (vgl. die genaue Übersicht
der Kategorien bei Sievers, Grundzüge der Phonetik, 5. Aufl.;
727 ff.), gehe ich zu prinzipiellen Fragen über.

Daß sich die Sprachlaute mit einer gewissen Konsequenz
verändern, ist schon ziemlich früh bemerkt worden, jedoch
fanden bis zur Mitte der 70er Jahre des verflossenen Jahrhunderts die theoretischen Anschauungen von der Natur dieser
Erscheinungen keine streng wissenschaftliche Formulierung. Wir
haben bereits (Kap. II) in allgemeinen Zügen den in dieser
Periode gemachten Fortschritt auf dem Gebiet der historisch-
vergleichenden Erforschung der indogermanischen Sprachen
kennen gelernt und wissen, daß die Erfolge auf diesem Gebiet in engem Zusammenhang standen mit der allmählich immer
sorgfältiger und genauer werdenden Beurteilung des gegenseitigen lautlichen Verhältnisses genetisch verwandter Wörter
der Einzelsprachen. Denn gäbe es in dieser Hinsicht keine
Gesetzmäßigkeit, veränderten sich die Sprachlaute nur reinen
Zufälligkeiten zufolge, so müßte man die völlige Hinfälligkeit
und das Fehlen jeder wissenschaftlichen Unterlage für alle
etymologischen Gleichungen und Untersuchungen zugeben.
Solche Skepsis konnte aber nicht aufkommen, denn die Arbeiten Bopps, Grimms und Potts (s. Kap. II) hatten schon eine
ganze Zahl zuverlässiger Etymologien geliefert, die sorgfältigst nachgeprüft waren durch Vergleichung der Laute
einer größeren Zahl von verwandten Wörtern verschiedener

indogermanischer Sprachen. Dabei ergab sich, daß deren gegenseitiges lautliches Verhältnis nicht etwas Zufälliges ist, daß vielmehr gewissen Lauten einer Sprache immer bestimmte Laute einer anderen Sprache entsprechen. Allerdings konnten die damaligen Linguisten noch nicht alles erklären (wie ja auch wir noch lange nicht alles wissen); innerhalb der Grenzen ihrer Lautgesetze gab es noch viel Raum für Schwankungen und Unfolgerichtigkeiten. Immerhin verminderte sich die Zahl solcher ungelösten Fragen allmählich mit der wachsenden Genauigkeit der Untersuchung der einzelnen Tatsachen, die schließlich ihre Einordnung und Erklärung fanden. Gegen die Mitte der 70er Jahre waren namentlich drei wichtige Entdeckungen auf dem Gebiet der vergleichenden Lautgeschichte von entscheidender Bedeutung.

Erstens gelang es Graßmann zu beweisen, daß in einer ganzen Reihe von Fällen die indogermanische Ursprache aspirierte Konsonanten gehabt hat, wo im Altindischen (wie auch im Griechischen) der Hauch verloren ist, wenn in derselben oder der folgenden Silbe noch eine Aspirata stand. Diese Beobachtung, deren Richtigkeit durch eine ganze Reihe entsprechender Fälle gewährleistet ist, erledigte eine Anzahl bis dahin unverständlicher Entsprechungen. Gotisch *daúhtar* und neuhochdeutsch *Tochter* sind doch zweifellos verwandt mit altindischem *duhitár-* (Nominativ Singularis *duhitá*), aber das Verhältnis zwischen gotischem *d* und altindischem *d* blieb unklar, weil altindischem *d* allgemein gotisches *t* entspricht (altindische Verbalwurzel *ad* (essen), gotisch *itan*; altindisch *dvau* (zwei), gotisch *twai*, die Endungen sind verschieden, da es sich um ursprünglich verschiedene Formen handelt). Nach Graßmanns Entdeckung überzeugte man sich davon, daß altindisches *d* im Worte *duhitár* aus *dh* entstand, und daß gotisch *d* hier altem *dh* entspricht (vgl. gotisch *widuwo* (Witwe) mit altindischem *vidhávā* usw.).

Die zweite noch glänzendere Errungenschaft verdanken wir dem dänischen Sprachforscher Verner, der die Erklärung geben konnte für eine Reihe unverständlicher Ausnahmen des Gesetzes von der Lautverschiebung in den germanischen Sprachen, das Grimm aufgestellt hatte (s. Kap. II). Es zeigte sich, daß die Verschiedenheit der Entsprechungen gotisch *fadar* (Vater) zu altindisch *pitár-* (Nom. Sg. *pitā́*) und gotisch *broþar* (Bruder) zu altindisch *bhrátar-* (Nom. Sg. *bhrātā*) sich durch einen alten Akzentunterschied erklärt: das nach Grimms Gesetz aus altem *t* entstandene spirantische þ wurde urgermanisch zu tönender Spirans (ð) und weiter zu *d*, wenn der Akzent, der damals noch die alte, ursprüngliche Stelle hatte, ihm nicht unmittelbar vorherging.

Die dritte Entdeckung endlich war die durch die Arbeiten einer Reihe von Gelehrten bewiesene Tatsache, daß den Vokalen a, e, o der europäischen Sprachen entsprechend, auch das Altindische einst, in der Epoche des gemeinsamen Lebens des Indischen und Iranischen, drei Vokale besessen hatte, die dann in **a** zusammenfielen. **Den Beweis hierfür fand man in bestimmten Tatsachen des Altindischen, und dann auch der altiranischen Sprachen, die bis dahin unerklärt geblieben waren. Vorher hatte man den Vokal a für den ursprünglichsten, den Stammvokal gehalten; in den Vokalen e und o der europäischen Sprachen aber sah man eine Spaltung des Vokales a. Dieses blieb aber vollkommen unverständlich, weil, trotz einiger diesbezüglicher Versuche, sich keinerlei Gründe anführen ließen, weshalb a einmal zu e, einmal zu o geworden. Vgl. altindisch *asti*, griech. ἔϲτι, ἐϲτί, lat. *est*, altslav. *jestъ*; altind. *ájati* (j bezeichnet die Affricata ǵ), griech. ἄγω, lat. *ago*, altind. *ávi-m* (Akk. Sg.), griech. ὄϊϲ (mit Verlust von F zwischen den beiden Vokalen), lat. *ovis*, altslav. *ovъ-ca*.** Neben dieser letzten Entdeckung wurde noch eine Reihe anderer Fortschritte in der Aufhellung der vergleichenden indogermanischen Lautgeschichte gemacht; und gegen die Mitte der 70er Jahre legten die Tatsachen selbst ziemlich nachdrücklich die These nahe: „Die Lautgesetze sind ausnahmslos". Doch wurde diese These endgültig ausgesprochen und formuliert

erst auf Grund gewichtiger Unterstützung durch lautliche Einzel-
beobachtungen auf dem Gebiet lebender Sprachen. Diese
sowie eine genauere Analyse der Sprachvorgänge, zusammen
mit der Anerkennung der großen Bedeutung des psychischen
Faktors der Vorstellungsassoziationen (der, wie wir sahen, Laut-
vertauschungen verursacht), führten dazu, daß zuerst 1875
Wilhelm Scherer und dann 1876 August Leskien (in klarerer
und bestimmterer Form) die These aussprach: „Die Lautgesetze
an sich lassen keine Ausnahmen zu, soweit ihre Wirksamkeit
nicht von derjenigen anderer Gesetze durchkreuzt wird."[1])

Die Bezeichnung „Lautgesetze" bedeutet natürlich nicht Gesetze in dem Sinne, in dem sie etwa die Naturwissenschaft hat.
Ein Lautgesetz kann uns nicht sagen, was aus einem bestimmten
Laut überall und unter allen Bedingungen werden muß. Es
konstatiert vielmehr nur eine gegebene Tatsache, nämlich daß
in einer bestimmten Epoche eine konsequente Veränderung des
betreffenden Lautes (oder der Lautgruppe) in einer bestimmten
Richtung vor sich ging, wenn in jedem einzelnen Falle alle
hierfür erforderlichen Bedingungen erfüllt waren — sofern nicht
irgendeine psychische Assoziation in Wirkung trat. Die Lautgesetze sind empirisch gefundene Formeln, die einen ganz
scharf definierten Inhalt einschließen. Eine sehr wichtige Ein-
schränkung ist auch der Umstand, daß wir von absoluter

---

1) Curtius und seine Anhänger, die an der früheren Auffassung
des Lautwandels festhielten, kamen in Wirklichkeit doch der neuen
Richtung sehr nahe: einerseits gaben sie zu, daß den Lautveränderungen
eine feste Tendenz nach Erleichterung der Arbeit der Sprachorgane
zugrunde liegt, und andererseits suchten sie in der Praxis die Zahl
der Ausnahmen und Schwankungen der einzelnen Tendenzen auf ein
Minimum zurückzuführen. Es handelte sich hauptsächlich um die
Anwendung des Prinzips der Analogie, das die neue Schule aufgebracht hatte und zuerst etwas mißbrauchte; es war oft be-
quemer auf Beeinflussung durch andere Bildungen hinzuweisen,
statt die einzelnen Fälle genau zu untersuchen. Die alte Richtung
beging ihrerseits den Fehler, daß sie die Wirkung der Analogie
für anormal hielt und sie nur für die modernen Sprachen zugeben
wollte.

Konsequenz nur sprechen können mit Beziehung auf ein konkretes Individuum, und auch das nur in einem bestimmten Moment.

Andererseits darf man nicht zuviel Gewicht legen auf die Tatsache, daß wir in praxi ein bestimmtes Lautgesetz durchaus nicht immer scharf formulieren können, und daß wir oft mit Erscheinungen zu tun haben, die sich nicht gehörig erklären lassen. In der Mehrzahl der Fälle verfügen wir auch nicht annähernd weder über das volle Material, noch über die nötige Kenntnis der Bedingungen, die von entscheidendem Einfluß auf den Lautwandel waren. Daraus erklärt sich, daß tatsächlich die Ergebnisse sprachwissenschaftlicher Untersuchung oft nicht die Bestätigung theoretisch aufgestellter Forderungen bringen.

Der Lautwandel also geht in der Weise vor sich, daß einmal infolge irgendwelcher Gründe das Bestreben entstand, die Hervorbringungsbedingungen eines bestimmten Lautes in irgendeiner Richtung zu verändern. Dieses Bestreben muß sich an dem betreffenden Sprachlaut wirksam zeigen in allen Fällen, wo er in der betreffenden Sprachperiode unter gleichen Bedingungen vorkommt. Das Wirken der Tendenz kann dann ein Hemmnis finden in der Beschaffenheit des konkreten Falles, der entweder in lautlicher Hinsicht nicht alle nötigen Bedingungen erfüllt, oder Verhältnisse bietet, die dieser Tendenz hinderlich sind. Besonders hervorheben müssen wir die Fälle, in denen die Wirksamkeit der psychischen Assoziation das gesetzmäßige Wirken der lautlichen Tendenz paralysiert oder ihre Resultate verändert. Wenn sich die Fälle der letzteren Art auch nicht ganz so analysieren lassen wie die Tatsachen des Lautwandels, so bedeutet das doch nicht, daß sie nicht auch kausal motiviert sind. Zweifellos sind in jedem konkreten Fall bestimmte Gründe wirksam gewesen, die die Wirksamkeit der psychischen Assoziation hervorgerufen haben, aber es ist schwierig und manchmal unmöglich, diese Gründe festzustellen. Denn man müßte zu diesem Zwecke das ganze komplizierte Bild des Seeleninhaltes des betreffenden Individuums (bzw. der

Individuen) im Moment der Wirksamkeit der gegebenen Assoziation aufrollen können.

Bezüglich der Gründe der Lautveränderungen hat man zweierlei zu unterscheiden, die Erklärung der allgemeinen Bedingungen für die betreffende Kategorie von Erscheinungen und das Aufzeigen der konkreten Ursachen in jedem einzelnen Falle.

Früher erklärte man diese Erscheinungen in ihrer allgemeinen Form gern mit dem Prinzip des Strebens nach Wohlklang, dann mit dem Streben nach Erleichterung der Arbeit der Sprachorgane, endlich hob man mehr den Einfluß der physischen, und in letzter Zeit der kulturellen Momente, die für das betreffende Volk in Betracht kommen, hervor. Auch gibt es die Ansicht, daß die Lautveränderungen ein notwendiges Resultat einfach des lebendigen Sprachgebrauchs seien.

Was zunächst das Streben betrifft, der Sprache höheren äußeren Wohlklang zu verleihen, so kann darin im allgemeinen gar nicht der Grund für die Lautveränderungen gesucht werden. Denn einmal ist der Wohlklang ein höchst relativer Begriff, und dann können wir nicht ein derartig bewußtes Verhalten gegenüber den Sprachlauten annehmen, wie es diese Hypothese voraussetzen würde. Schon die alltägliche Erfahrung zeugt davon, daß unter normalen Bedingungen das Sprachleben kein bewußtes Streben nach Änderung der Aussprache kennt. Das Gegenteil ist eine nicht häufige Ausnahme und beschränkt sich ursprünglich auf bestimmte Fälle: vgl. die lautlichen Besonderheiten des Deutschen im Munde von Offizieren.

Nicht besser steht es mit dem zweiten Prinzip. Von einer Erleichterung der Arbeit der Sprachorgane als allgemeinem Prinzip kann schon deshalb keine Rede sein, weil wir beim Sprechen unserer Muttersprache, sofern wir nicht an Mängeln der Sprachorgane leiden, keinerlei Schwierigkeiten der Aussprache empfinden. Außerdem haben tatsächliche Beobachtungen gezeigt, daß weitaus nicht jeder neue Sprachlaut, der einen anderen ablöst, oder jede neue Lautverbindung, die einen andern Komplex ersetzt, tatsächlich eine geringere Energieaufwendung

verlangt. Im Gegenteil, Erscheinungen, wie der Ersatz der einfachen langen Vokale durch Diphthonge, von Explosivlauten
durch Affrikaten usw., führen zweifellos zu einer Komplizierung
der von den Sprachorganen zu leistenden Arbeit. Andererseits erklären sich z. B. die Fälle von Assimilation, für die man
mit einigem Recht das Prinzip der Krafterhaltung anziehen
könnte, in Wirklichkeit als Resultat von Verschiebungen in den
Bewegungsgefühlen nach den Gesetzen der psychischen Assoziation.

Schließlich kann man natürlich nicht den Einfluß der umgebenden Natur und kultureller Momente auf physische und geistige
Kultur des Menschen in Abrede stellen. Aber wir sind nicht
berechtigt, den Grund des Lautwandels ausschließlich im Einfluß dieser Faktoren oder eines von ihnen zu suchen, um so
weniger als sie in diesem Gebiete doch nur eine untergeordnete
Rolle spielen könnten. Die Schwierigkeit wächst, sobald wir
in einem bestimmten Falle ein bestimmtes Moment aufzeigen
wollen. Keine vorgebrachte Erklärung hält der Kritik stand.[1]
Wundt, der eine Reihe von Deutungen in dieser Richtung zu
geben sucht, stellt selbst den richtigen Satz auf, daß die Lautveränderungen das Resultat eines komplizierten psychophysischen Prozesses sind, hervorgerufen durch eine Kombination
verschiedener Ursachen, doch die Hauptrolle weist er allgemeinen kulturellen Bedingungen zu. Man wird im allgemeinen
nicht leugnen können, daß die physischen und kulturellen Bedingungen, denen der Mensch unterworfen ist, unter anderem
auch auf den Lautwandel Einfluß haben, aber wir vermögen
einstweilen nicht, diesen Einfluß unmittelbar aufzuzeigen, weil
es da eine Menge Instanzen und Durchgangsstufen gibt, bevor
er irgendwie in den psychologischen Sprachprozessen zur
Äußerung kommt.

---

[1] Vgl. Delbrücks kritische Bemerkungen in seinen 'Grundfragen
der Sprachforschung' und 'Einleitung in das Studium der indogermanischen Sprachen', und ebenso Sütterlins Buch 'Das Wesen der
sprachlichen Gebilde'.

Besonders nachdrücklich wird von manchen Gelehrten ein einzelner Fall aus dieser Kategorie hervorgehoben. Von der richtigen Beobachtung ausgehend, daß die Völkermischung, die Unterwerfung eines Volkes durch ein anderes, sich auch in der Sprache widerspiegelt, hat man dieser Tatsache eine besonders hervorragende Bedeutung für das uns hier interessierende Gebiet zuzuschreiben gesucht. Aber auch hier muß man alle, die dem zuviel Wert zumessen, zur Zurückhaltung mahnen: gewiß, die Aneignung einer fremden Sprache durch ein Volk hat unter anderem auch bestimmte Konsequenzen für deren lautliche Gestalt (gewöhnlich zieht man als Beispiel das verschiedene Geschick des Lateinischen in den verschiedenen römischen Provinzen an), aber darf man etwa den Prozeß des Lautwandels ganz und gar auf Rechnung der sogenannten Völkermischung setzen? Es gibt doch Sprachen, für die wir über solche Ereignisse keinerlei Nachrichten besitzen. Und ferner, weshalb verändert sich denn die Sprache noch weiter, auch nachdem der Vermischungsprozeß zum Abschluß gekommen ist?

Wir haben uns nun noch mit der Theorie zu befassen, die auf die normalen Lebensbedingungen der gesprochenen Sprache hinweist. Vollkommen richtig ist die Beobachtung, daß die individuelle Aussprache innerhalb bestimmter Grenzen schwankend ist, daß minimale Verschiebungen nach irgendeiner Seite in Bewegungsgefühl oder Tonempfindung nicht dem Aufkommen eines bestimmten Lautbildes im Wege sind, und daß solche Ablenkungen zur Veränderung einer bestimmten Vorstellung führen können, sofern sie sich beständig in einer Richtung summieren. Verständlich ist ferner der Einfluß der Übertragung der Sprache von einer Generation auf die andere. Darauf legt namentlich Paul Gewicht, weil jede Generation die Sprache sogar rein äußerlich nicht in genau derselben Gestalt übernimmt, die sie im Munde der älteren Generation hatte. Aber auch hier finden wir noch keine restlose Erklärung. Es bleibt da wieder dunkel, weshalb die minimalen Abweichungen in der Arbeit der Sprachorgane sich gerade in der einen bestimmten Richtung summieren; weshalb ferner jede neue Übertragung der Sprache von den Eltern auf die Kinder von ganz bestimmten und nicht anderen Veränderungen begleitet ist, wie unbedeutend sie auch sein mögen.

Wir sehen also, daß diese Erklärung in Wahrheit die Frage auch weiterhin offen läßt, indem sie richtig hinweist auf den Verlauf des Prozesses des Auftretens bestimmter allmählicher Veränderungen in den Bildungsbedingungen der Laute. Die Lautveränderungen, die als Resultat sprungweiser Vertauschungen von Lauten zustande kommen, erklären die Anhänger dieser Theorie als wiederholte Aussprachefehler, als Versprechen, ohne zu erklären, weshalb in jedem einzelnen Falle der Fehler in der Aussprache in eben der Richtung stattfand.

Was die Frage der Ausbreitung der Lautveränderungen betrifft, so ist offenbar die Quelle derjenigen Veränderungen, die sich nicht auf einen einzelnen Vertreter einer bestimmten Gemeinschaft beschränken, eine ganze Reihe von Individuen, bei denen sich irgendwelchen Bedingungen zufolge ein und dasselbe Bestreben in ein und derselben Richtung geltend macht. Durch den Einfluß gewisser Persönlichkeiten auf andere wird die betreffende Veränderung weiter übertragen und ergreift immer breitere Kreise, bis sie irgendein Hemmnis trifft, sei es in Gestalt einer anderen, der ersten entgegengesetzten Tendenz (die in anderen Kreisen ihren Ursprung hatte), oder sei es in der Grenze, die dem Einfluß der betreffenden Gemeinschaftsglieder gesteckt ist. In selteneren Fällen kann auch ein einzelnes Individuum die Quelle eines Lautwandels sein. Im allgemeinen gleichen sich aber einzelne individuelle Verschiedenheiten in der Aussprache durch die gegenseitige Beeinflussung der Glieder einer Gemeinschaft bald aus. Der psychische Prozeß bei der Ausbreitung von Lautänderungen vollzieht sich jedenfalls derart, daß die von uns apperzipierten Abweichungen von den gewöhnlichen Tonempfindungen, wenn sie sich nachdrücklich wiederholen, eine Veränderung der

Lautvorstellung des betreffenden Wortes bewirken können. Dagegen gehen zufällige, individuelle Abweichungen meist spurlos unter, weil der Sprechende hinterher die normale Tonempfindung aus der Rede seiner Verkehrsgenossen empfängt sowie das normale Bewegungsgefühl und die normale Tonempfindung von sich selbst, weil er die einmalige zufällige Abweichung nicht wiederholt. So bewahrt er im Endresultat das frühere Lautbild; Personen, die ihn reden hörten, bleiben auch bei dem bisherigen Lautbild, weil die flüchtig aufgenommene, von den früheren sich unterscheidende Tonempfindung in der Regel nicht wieder produziert wird. Möglich sind allerdings solche Fälle, daß individuelle Sprachbesonderheiten großen Einfluß ausüben. Dann erscheint beim Auftauchen der Lautempfindung des betreffenden Wortes im Bewußtsein mit besonderer Energie die Vorstellung dieser individuellen Aussprache, und das kann zur Modifizierung eines Teils der früheren zusammengesetzten Vorstellung führen.

2. Der Bedeutungswandel.

Der Bedeutungswandel ist unabhängig vom Lautwandel. Das ergibt sich aus dem über die Natur der lautlichen Seite der Sprache Gesagten (s. Kap. IV). Der Zusammenhang zwischen der Lautvorstellung eines Wortes und der Begriffsvorstellung, dessen Ausdruckszeichen das Wort ist, beruht eben, wie wir sahen, auf einer Berührungsassoziation. In einer fertigen Sprache ist dieser Zusammenhang für jedes Individuum ein Ergebnis seiner Erfahrung, und es existiert keinerlei unmittelbare Wechselbeziehung zwischen dem Wort und seiner Bedeutung (von den sogenannten onomatopoëtischen Wörtern soll später die Rede sein). Ohne die Frage nach dem Ursprung der Sprache, nach dem Ursprung ihrer Ausdruckszeichen hier zu berühren, betrachten wir einstweilen die Veränderungen, denen die Wortbedeutungen im Verlaufe des Sprachlebens unterworfen sind.

Was die Ausdruckszeichen der Begriffe, das heißt die Wörter, anbetrifft, so liegt der Grund der Wandlungen ihrer Bedeutung zunächst in dem Wirken einer psychischen Assoziation. Einerseits kann eine Vorstellung, deren Ausdruckszeichen eine bestimmte Wortvorstellung ist, mit in gewisser Hinsicht ähnlichen Vorstellungen sich assoziieren. Es ist also möglich, daß ein bestimmtes Ausdruckszeichen, das erst Begleiter und dann Vertreter einer Vorstellung war, zum Ausdruckszeichen für der gegebenen Vorstellung ähnliche wird. Andererseits kann analog ein bestimmtes Ausdruckszeichen zum Ausdruckszeichen werden für Vorstellungen, die mit der gegebenen Vorstellung durch eine Berührungsassoziation verbunden sind. In beiden Kategorien haben wir es mit dem unmittelbaren Resultate der Wirkung einer psychischen Assoziation zu tun, und bei dem Bedeutungswandel bleibt entweder die frühere Verwendung in der „Grundbedeutung" erhalten, oder infolge gewisser Bedingungen geht diese letztere verloren. Als Beispiele mögen die folgenden Fälle dienen: I. Der Bedeutungswandel erklärt sich aus einer Ähnlichkeitsassoziation: *Feder* (des Vogels) — *Feder* (Stahlfeder); dieser Bedeutungswandel wäre uns schwer verständlich, wenn wir nicht wüßten, daß man ursprünglich Vogelfedern als Schreibgerät benutzte; — *Arm* (am Körper) — *Arm* (Meeresarm) — *Arm* (eines Leuchters); *scharf* (vom Messer) — *scharf* (vom Geruch) — *scharf* (vom Gesicht) — *scharf* (vom Verstand); *Blatt* (am Baum) — *Blatt* (Papier) — *Blatt* (Schulterblatt usw.). II. Der Bedeutungswandel erklärt sich aus einer Berührungsassoziation: *Gericht* (als Institution) — *Gericht* (das Gebäude); *Stadt*, *Dorf* (im topographischen Sinne) — *Stadt*, *Dorf* (die Bewohnerschaft); *Tisch* (als Möbelstück) — *Tisch* (Mittagstisch, Verpflegung) — *Tisch* (der ganze Tisch, die daran Sitzenden).

Um übertragene (metaphorische) Bedeutung handelt es sich, wenn wir ein Wort auffassen als ein eigentlich einem anderen Begriffe zukommendes Ausdruckszeichen, das zu seiner Verwendung durch bewußte Übertragung im Moment des Sprechens kam. Es versteht sich von selbst, daß eine Metapher den Charakter als solche verlieren kann, sobald im Sprech-

prozeß das Bewußtsein verloren geht, daß es sich um übertragene Bedeutung handelt. Im weitesten Sinne dieses Ausdrucks nennt man jede nicht ursprüngliche Bedeutung gelegentlich metaphorisch. Wir haben aber keine Veranlassung,
die Gebrauchssphäre dieses Ausdruckes derartig zu erweitern,
wir würden sonst zwei Betrachtungsweisen der Sprache durch-
einander bringen: die historische und die vom modernen
Sprachzustande ausgehende. Andererseits dürfen wir den Ausdruck „Metapher" nicht so weit einschränken, daß wir ihn in
der Bedeutung fassen, die ihm in der Stillehre beigelegt
wird, wo man so nur Bedeutungsübertragungen eines bestimmten Typus (neben Metonymie und Synekdoche) nennt.
Metaphern sind etwa: *Esel* als Bezeichnung eines dummen
Menschen, *Dickbauch* für einen dicken Menschen, *Buntrock*
für den Offizier. Dagegen handelt es sich in Fällen, wie den
oben angeführten *Feder, Gericht, Tisch* für das heutige Sprachgefühl lediglich um verschiedene Bedeutungen eines und desselben Wortes, die in einem bestimmten gegenseitigen Verhältnis stehen.

Andere Fälle von Bedeutungswandel resultieren daraus, daß
Wörter, die Gegenstände bedeuten, sowohl jeden einzelnen
Gegenstand der betreffenden Klasse bezeichnen, als auch gleich-
zeitig sog. allgemeine Bezeichnungen sind. Im letzteren Falle
ist das Wort Ausdruckszeichen einer allgemeinen Vorstellung.
Eine solche kommt zustande durch komplizierte psychische
Prozesse und wird, soweit die betreffende Vorstellung überhaupt unmittelbar reproduzierbar ist, durch die Vorstellung eines
bestimmten einzelnen Gegenstandes der Kategorie ersetzt, wobei wir folglich unsere Aufmerksamkeit auf die nicht individuellen
Kennzeichen konzentrieren. Eine ganze Reihe von allgemeinen
Vorstellungen kann jedoch nicht unmittelbar reproduziert werden,
und ihr Symbol, ihr Stellvertreter ist ein Sprachzeichen. Halten
wir all das fest, so verstehen wir leicht, daß zu richtigem Verständnis der Rede, wenn es sich um Wörter der oben bezeichneten Klasse handelt, der Hörer genau den Vorstellungskreis

auffassen muß, um den es dem Sprecher zu tun ist. Das wird erreicht entweder durch nicht in der Sprache selbst gegebene oder auch durch rein sprachliche Mittel. Zu den ersten gehört: unmittelbare Apperzeption des Gegenstandes der Rede durch die Sinnesorgane (wenn ich angesichts eines Berges vom Berge spreche, gebe ich dadurch schon zu verstehen, daß ich eben diesen bestimmten Berg meine), und die Gemeinsamkeit der Interessen des Sprechenden und des Hörers im weitesten Sinne des Wortes (den Kindern bedeutet *Vater*, *unser Vater*; für Personen, die ein Gespräch fortsetzen oder erneuern, bedeutet ein Wort, das einen gewissen Begriff bezeichnet, ohne weiteres den Gegenstand, von dem die Rede war; für Hausgenossen bedeutet *die Küche, unsere Küche*, für Einwohner einer Stadt ist *die Stadt, unsere Stadt* usw.). Zu den zweiten gehören Wörter, die auf die Beziehung eines bestimmten Gegenstandes zur Rede hinweisen (*dieses Haus* usw.), und verschiedene nähere Bestimmungen gewisser Kennzeichen des betreffenden Gegenstandes oder seiner Beziehung zu anderen Gegenständen, soweit die betreffenden Kennzeichen für den gegebenen Gegenstand individuelle Bedeutung haben oder soweit sie so zu verstehen sind (vgl. Fälle wie *die griechische* (also keine andere) *Sprache*; *das Haus des Vaters*, soweit der Vater, d. h. unser Vater, ein Haus hat).

Sofern für den Repräsentanten einer Kategorie oder für einander irgendwie ähnlichere Repräsentanten einer Kategorie als entsprechendes Sprachzeichen ein bestimmtes Wort eintritt, das in gegebenem Sinne ohne die Mittel, von denen eben die Rede war, ohne weiteres verständlich ist, so ergibt sich eine Verengung der Anwendungsphäre des betreffenden Wortes, eine Bedeutungsverengung. Dazu muß natürlich die betreffende Bedeutungsbesonderheit des Wortes in ihrer Anwendung aus den Grenzen eines mehr oder weniger engen Kreises heraustreten und allgemeingebräuchlich werden. Eine besondere Unterklasse dieser Fälle machen die sog. Eigennamen aus, d. h. Benennungen von Begriffen, die uns interessieren als bestimmte

Individualitäten ohne Beziehung zu ihren Art- und Gattungskennzeichen. Vgl. Bedeutungsverengungen wie *Papiere* (Ausweispapiere), *Silber* (Tafelgerät). Beispiele für Eigennamen sind etwa: *Burg, Hof, Münster, Stein, Weiler*; Beispiele für Wortgruppen, die Einzelwörtern entsprechen, bringt der folgende Abschnitt.

Nicht nur die Wörter, die Begriffe bezeichnen, als Träger der Merkmale, können eine Bedeutungsverengung erleiden; wir finden dasselbe bei Wörtern, die Merkmale von Gegenständen bezeichnen. Der allgemeine Grund dieser Erscheinung ist natürlich derselbe, wie bei den betrachteten Fällen vom Gebiet der Ausdruckszeichen von Begriffen als Trägern von Kennzeichen, wenn auch nicht alle Wörter dieser Art selbständig alle Stadien durchlaufen; die Veränderung der Bedeutung in der Benennung eines Substantivs kann eine entsprechende Änderung in der Gebrauchssphäre der Benennung des betreffenden Adjektivs nach sich ziehen. Bedeutungsverengung von Wörtern, die Merkmale bedeuten, haben wir in folgenden Beispielen: *fertig* (ursprünglich etwa: „zur Fahrt bereit"); *die Uhr steht, die Uhr geht; scharfer Blick;* als *List* den üblen Nebensinn bekam (ursprünglich „Klugheit, Wissen", vgl. *lehren, lernen*) zog es auch das Adjektiv *listig* nach sich.

Um Irrtümer zu vermeiden, muß hier bemerkt werden, daß sich nicht jedes Beispiel von Bedeutungsverengung genetisch erklären läßt; wenn einmal in der Sprache gewisse Worttypen entstanden waren, die verengerte Bedeutung hatten, so konnten andere Wörter ihrer Analogie folgen, ohne selbständig den ganzen langen Weg zu durchlaufen, der oben in seinen wesentlichen Punkten skizziert wurde. Zweifellos haben sich die zahlreichen Fälle der Verwendung der Benennung des Materials als Bezeichnung der Produkte so verbreitet und verbreiten sich noch weiter so (vgl. relativ neue Wörter des Typus: *Trikot, Samt und Seide* usw.). Andererseits können gewisse Wörter vom Augenblick ihres Entstehens an eine speziellere Bedeutung haben, als die etymologische Analyse erwarten lassen sollte (vgl. *radeln, auteln*).

Unter den Bedeutungswandel genannten Erscheinungen müssen wir als besondere Kategorie die Fälle ausscheiden, die sich dadurch auszeichnen, daß ein bestimmter Bedeutungswandel dem Worte nur innerhalb einer bestimmten Wortgruppe zukommt. Vgl. Verbindungen wie *die Zeit, den Tag zubringen* (*zubringen* in Verbindung mit einem Ausdruck, der die Zeit oder einen Zeitabschnitt bezeichnet); *ohne Arbeit, ohne Stelle dasitzen* usw.

Im Verlaufe des Sprachlebens, in längerer oder kürzerer Entwicklung kann der Bedeutungswandel eines selbständigen Wortes als Teiles einer Wortgruppe zu dessen Übergang in die Klasse der unselbständigen Wörter führen. Man denke z. B. an die sogenannte Kopula, d. h. ein unselbständiges Wort, das im Satz die Beziehung eines gegebenen Wortes als Prädikat zum Subjekt bezeichnet. Die Kopula ist in den indogermanischen Sprachen ihrem Ursprung nach ein Verbum mit der Bedeutung „existieren“. Die Konjugationsformen hat die Kopula erhalten, und ein Prädikat, das aus einem Wort ohne die Form der Prädikativität und der Kopula besteht, kann man deshalb zusammengesetztes Prädikat nennen. Das Verbum, aus dem sich die Kopula entwickelt hat, hat sich aber teilweise auch als volles Wort erhalten, man vgl.: *Gott ist; Ist da jemand?* usw.

Ihrer Bedeutung nach gehört die Kopula zu den unselbständigen Verbindungswörtern; zur selben Klasse müssen wir als Unterklassen auch die Präpositionen und Konjunktionen ziehen. Die Präpositionen dienen zum Ausdruck der Beziehung der durch selbständige Wörter ausgedrückten Begriffe zu einem oder mehreren anderen Begriffen innerhalb einer Wortgruppe. Unter den Präpositionen gibt es Wörter, die zweifellos aus selbständigen Wörtern durch Bedeutungswandel in bestimmten Wortgruppen dazu geworden sind. Hierher gehören Fälle wie *anstatt, nach* (gehört zu *nahe*).

Die Konjunktionen sind Verbindungswörter, die die Beziehung eines Satzes zum andern bezeichnen, und (wenigstens einige von ihnen) auch die Beziehung von zwei Begriffen zu einem dritten innerhalb eines Satzes (*Vater und Sohn kamen*, hier zeigt *und*, daß die durch die Wörter *Vater* und *Sohn* bezeichneten Begriffe in gleichem Verhältnis stehen zu dem durch das Wort *kamen* bezeichneten Merkmal). Unter den Konjunktionen gibt es solche, die zweifellos aus selbständigen Wörtern entstanden sind, dahin gehören z. B. das deutsche *daß*, französisches *que*, die ihrer Herkunft nach Pronomina sind. Lateinisch *et* „und", seiner Herkunft nach identisch mit griechischem ἔτι „noch", ist aus einem Adverbium entstanden.

Die nächste Kategorie unselbständiger Wörter sind Frage- und Verneinungswörter. Auch hier kennen wir Fälle von Verwandlung selbständiger in unselbständige Wörter; so französisch *pas, point*, ursprünglich Substantive mit der Bedeutung „Schritt, Punkt"; in Wortverbindungen wie *je ne vois pas* und ähnlichen hatten diese Wörter ursprünglich ihre selbständige Bedeutung („ich sehe nicht einen Schritt"), aber im Laufe der Zeit sanken sie zu einer bloßen Verstärkung der Negation herab und wurden auf andere Verbindungen übertragen; so entstanden die zusammengesetzten Negationen *ne-pas, ne-point*, und schließlich die einfachen *pas, point*.

Unter den unselbständigen Wörtern, die das Verhältnis des Sprechenden zur Rede bezeichnen, gibt es auch Wörter, die deutliche Spuren ihrer Entstehung aus selbständigen Wörtern aufweisen; so etwa *natürlich, wohl* usw.

Es wäre ein großer prinzipieller Fehler, den hinsichtlich einiger unselbständiger Wörter richtigen Schluß nun zu verallgemeinern und zu glauben, es müßten alle unselbständigen Wörter aus selbständigen hervorgegangen sein. Einmal sind unsere Mittel, die Herkunft von Wörtern zu bestimmen, überhaupt beschränkt, weil wir in den der Wissenschaft am besten bekannten Sprachen, nämlich den indogermanischen, einstweilen nicht weiter als bis in die Epoche der Spaltung der Ursprache zurückgehen können (vgl. Kap. XI), und weil ferner gewisse unselbständige Wörter höchstwahrscheinlich ihrer Herkunft nach Ausdruckszeichen einer besonderen Art sind.

Bisher habe ich solche Fälle des Bedeutungswandels betrachtet, die entweder außerhalb der Wortgruppen zustande gekommen sind oder innerhalb von Wortgruppen als Resultat psychischer Assoziationsprozesse, und die vom Standpunkte der Sprachgeschichte aus als Bedeutungswandel anzusehen sind. Für das Bewußtsein der Sprechenden existiert aber durchaus nicht immer ein Zusammenhang zwischen den einzelnen Bedeutungen eines Wortes, als zwischen verschiedenen Entwicklungsphasen einer gemeinsamen Grundbedeutung. So wird z. B. das Wort *Feder* (eines Vogels) und *Feder* (Stahlfeder) durchaus nicht ohne weiteres als ein und dasselbe Wort in Grund- und abgeleiteter Bedeutung empfunden; es wird vielmehr vom unmittelbaren Sprachgefühl desjenigen, der seine Entwicklung nicht übersieht, für zwei verschiedene Wörter gehalten.

Oben wurde der Satz ausgesprochen, daß der Bedeutungswandel unabhängig vom Lautwandel vor sich geht. Doch gibt es Fälle, in denen Formen, die aus unabhängig voneinander verlaufenden Prozessen entstanden sind, Beziehungen eingehen. Es kann sich nämlich ein Lautwechsel mit einem Bedeutungswechsel assoziieren, oder die lautlichen Varianten eines Wortes können sich in der Bedeutung differenzieren. Ein Fall der ersten Kategorie ist *Mutter — Mütter, Vater — Väter,* wo *ü* gegen *u, ä* gegen *a* als formantisches Element zur Bezeichnung des Plurals fungiert. Zu den Fällen der zweiten Kategorie gehört *Knabe* und *Knappe,* die noch im Mittelhochdeutschen beide die gleiche Bedeutung hatten, und zwar beide die modernen Bedeutungen von *Knappe* und *Knabe* in sich vereinigten.

Von den Fällen der letzten Kategorie müssen wir solche Doppelformen unterscheiden, die eine andere Entstehung haben, und die von einigen Gelehrten, wie z. B. Wundt, ohne hinreichenden Grund mit ihnen zusammengebracht werden. Es sind das Doppelformen, die sich so erklären, daß neben einem alteinheimischen Wort noch ein (aus einer verwandten oder nicht verwandten Sprache oder einem anderen Dialekt) entlehntes Wort existiert. Besonders zahlreich sind derartige Doppelformen in den romanischen Sprachen, wo wir neben Wörtern, die im lebendigen Sprachgebrauch schon wesentlich umgestaltet sind, dieselben Wörter noch als jüngere Entlehnungen aus dem Lateinischen finden; in solchen Fällen wird das neue Wort dann schon mit einer anderen Bedeutung in die Sprache aufgenommen. So im Französischen *chose*, das sich lautgesetzlich aus dem lateinischen *causa* entwickelt hat, und *cause*, eine neue Entlehnung aus dem Lateinischen, die als juristischer Terminus aufgenommen wurde zu einer Zeit, als *chose* schon 'Sache' bedeutete. Gleichartige Fälle gibt es auch im Russischen, das viel aus dem Kirchenslavischen entlehnt hat; vgl. *golova* (Kopf) und (kirchenslavisch) *glava* (Kapitel im Buch, und in bestimmten Redewendungen: *glava gosudarstva* (Staatsoberhaupt); *volost'* (ländlicher Bezirk) und *vlast'* (imperium).

Bei der Besprechung des Bedeutungswandels haben wir noch bei dem Fall zu verweilen, daß ein Wort, als Ausdruckszeichen eines Begriffes, zum Gefühlsausdruck wird, d. h. zur Wortinterjektion. Dahin gehören aus verschiedenen Sprachen bekannte Fälle, wie deutsch *Wehe! Teufel! Himmel!* usw., die zum Ausdruck von Gefühlen dienen, neben echten Interjektionen, wie *ach! oh!* usw. Ferner haben wir eine besondere Klasse von Wortinterjektionen zu beachten, die Rufwörter. Rufwörter sind Wörter, die den Wunsch des Sprechenden ausdrücken, die Aufmerksamkeit des Begriffes auf sich zu lenken, der durch das betreffende Wort ohne das lautliche Bildungselement, das ihm den Wert eines Rufes verleiht, bezeichnet wird. Die Schulgrammatik nennt solche Bildungen ungenau Vokativus. Im Deutschen unterscheidet sich im allgemeinen die Rufform von dem Worte selbst (dem Wort als Begriffsausdruckszeichen), nur durch den Ton. Die Rufwörter können sich in gewöhnliche Wortinterjektionen verwandeln; vgl. z. B. die oben angeführten Fälle wie *Teufel! Himmel!* usw.

Wie schon früher zu warnen war vor voreiligen Verallgemeinerungen, die von richtigen Beobachtungen auf dem Gebiete der Entstehung der unselbständigen Wörter ausgehen, so muß auch hier wieder nachdrücklich betont werden, daß Wortinterjektionen als Gefühlsausdrücke teilweise zum ganz alten Sprachgut gehören, und daß die Entstehung neuer derartiger Ausdruckszeichen in der eben besprochenen Weise schon die Existenz von Gefühlsausdrücken voraussetzt.

Zum Schluß die Bemerkung, daß die Untersuchung des Bedeutungswandels häufig große Schwierigkeiten verursacht, schon weil das Material lückenhaft ist und uns die nötige Kenntnis der seelischen und physischen Bedingungen fehlt, die auf die geistige Entwicklung eines Volkes von Einfluß gewesen sind. Deshalb werden Beobachtungen auf dem Gebiet lebender Sprachen, wo uns viele Prozesse klarer werden als in den toten Sprachen, am meisten von Nutzen sein. Überhaupt hat sich die wissenschaftliche Bearbeitung der Semasiologie (so heißt der Teil der Sprachwissenschaft, der sich mit der Geschichte der Bedeutungen beschäftigt) bisher nur gerade auf die allgemeinsten Fragen erstreckt, während viele Einzelheiten einstweilen noch in Dunkel gehüllt sind. Es ist daher nicht verwunderlich, daß gerade auf diesem Gebiet noch vielfach die Traditionen einer früheren unwissenschaftlichen Sprachbetrachtung herrschen.

3. Untergang und Neuschöpfung von Wörtern.

Daß Wörter verloren gehen können, erklärt sich zunächst durch die Einbußen, die im Gebiete der Vorstellungen stattfinden, obwohl natürlich durchaus nicht immer der Verlust einer bestimmten Vorstellung auch das Verschwinden des betreffenden Ausdruckszeichens nach sich zieht. Das Sprachzeichen kann in einer anderen Bedeutung, die entweder das Wort früher gehabt hat, oder die neu aufkommt, erhalten bleiben. Zweitens kann ein Sprachzeichen verschwinden, sofern die betreffende Vorstellung einen andern Ausdruck erhält, wenn anders die so entstehenden Doppelformen sich nicht von neuem in der oben besprochenen Weise differenzieren.

Namentlich häufig sind Wortverluste zu beobachten im Zusammenhang mit großen kulturellen Umwälzungen, Völkerwanderungen und ähnlichen bedeutungsvollen Ereignissen. Man erinnere sich nur, wie aus fast allen slavischen Sprachen nach der Bekehrung zum Christentum die ganze heidnische Terminologie verschwand. So haben sich im Russischen einige wenige Namen mythischer Wesen noch im realen, der alten Bedeutung entsprechenden Sinn erhalten, doch vornehmlich in weniger kulturellen Gesellschaftsschichten. Andere hierher gehörige Wörter haben nicht mehr denselben Sinn wie einstmals (*Perún* wird in der Schriftsprache in übertragenem Sinn entsprechend der älteren Bedeutung „Donner" verwendet; die polnische Form *piorun* heißt „Donner"; als Name einer Gottheit kennt gegenwärtig keine der beiden Sprachen das Wort mehr).

Als Beispiel der Verdrängung von Wörtern mag das im Lateinischen vorauszusetzende **vos* dienen, das durch das sabellische *bos* verdrängt worden ist. Hierher gehören auch die sogenannten Euphemismen, d. h. die Fälle, in denen Wörter, die eine schlechte Nebenbedeutung bekommen haben, oder die etwas bezeichnen, worüber man in der guten Gesellschaft zu sprechen vermeidet, durch andere ersetzt werden, die in ihrem Sinn nichts Bedenkliches haben. Es ist auch der Fall möglich, daß zwei Wörter, von denen eins das andere verdrängt, sich ursprünglich in der Bedeutung unterschieden, und erst im Lauf der Zeit infolge eines Bedeutungswandels sich sozusagen Konkurrenz zu machen anfingen. So ging in der deutschen Schriftsprache das Wort verloren, dessen mittelhochdeutsche Form *lützel* ist (niederdeutsch *lütt*, engl. *little*); das moderne *klein*, durch das es verdrängt wurde (mittelhochdeutsch *kleine*), hatte einst die Bedeutung „fein, zierlich", und in diesem Sinne wurde *klein* wieder von *fein* (aus mittelhochdeutsch *fīn*) verdrängt, vgl. französisch *fin*; die Entlehnung fand statt etwa um das Jahr 1200. Hierher gehört auch der absichtliche Ersatz fremder, entlehnter Wörter durch eigene. Dabei ist zu bemerken, daß eine radikale „Reinigung" der Sprache in dieser Hinsicht undenkbar ist. Denn jede Sprache nimmt beständig Lehnwörter auf und diese erwerben in ihr zum Teil so weit Bürgerrecht, daß auch Ableitungen von ihnen gebildet werden und sie ohne weiteres gar nicht mehr aus dem Wortschatz der betreffenden Sprache ausgeschieden werden könnten. Russische Wörter wie *moloko* (Milch) und *chlĕb* (Brot) sind im alltäglichen Gebrauch und lassen nicht ihre fremde Herkunft vermuten, sind aber in Wahrheit alte Entlehnungen aus dem Germanischen (vgl. gotisch *miluks, hlaifs*). Unter besonderen Bedingungen, zu Zeiten einer nationalen Erhebung und Wiedergeburt, gelingt es manchmal, eine Anzahl besonders auffälliger „Barbarismen" auszumerzen, namentlich solche späterer Entstehung. Aber im allgemeinen können die Neubildungen, welche sie zu ersetzen bestimmt sind, selten in der Sprache festen Fuß fassen, weil ihnen doch etwas Unbehagliches anhaftet oder sie teilweise gar lächerlich wirken. Das ist auch ganz verständlich; denn da man für diese Neubildungen meist altes Sprachmaterial benutzt, so ruft das seiner Zusammensetzung nach an sich etymologisch klare Wort Vorstellungen hervor, die der Annahme der Neuerung nicht förderlich sind. Eine andere Sache ist es, wenn der Kampf gegen die Fremdwörter nur eine Form der Auflehnung gegen die Aufsaugung einer Sprache durch die andere ist. Vgl. z. B. die andere Slaven lächerlich anmutenden, aber doch in allgemeinen Gebrauch übergegangenen čechischen Bildungen wie *divadlo* (Theater), *hudba* (Musik), *lučba* (Chemie). Man vergleiche auch die zahlreichen Verdeutschungen eingebürgerter Fremdwörter, etwa im Post- und Verkehrswesen, wie *einschreiben, Fahrkarte, Bahnsteig* usw. Natürlich darf man diese Bemerkungen über die Fremdwörter nicht auf die Ungeheuerlichkeiten beziehen, mit denen die Vertreter der oberen Klassen gern ohne jede Notwendigkeit, lediglich einer Mode und törichter Eitelkeit zuliebe, ihre Rede durchsetzen.

Wenn ich nun auf die Entstehung neuer Wörter zu sprechen komme, so handelt es sich mir jetzt natürlich nicht um die Entstehung der Wörter überhaupt, sondern nur um das Aufkommen neuer Wörter in schon fertigen Sprachen.

Am seltensten ist der Fall, daß ein neugeschaffenes Wort einen willkürlich gewählten Lautkomplex darstellt, und selbst in diesen Fällen, soweit wir überhaupt ihre Entstehungsbedingungen kennen, konnten wir zum Teil irgendeinen assoziativen Einfluß konstatieren. Als Beispiel für eine scheinbar ganz willkürliche Kombination führt Wundt das von Reichenbach für eine neue Naturkraft erfundene *Od* an, das wieder verschwunden ist. Dagegen ist das Wort *Gas*, das der gelehrte Alchimist Helmont um 1600 aufbrachte, das aber erst im 19. Jahrhundert wirklich allgemein durchdrang, doch nicht ganz willkürlich gebildet. In Helmonts Aufzeichnungen finden wir einen Hinweis auf den Gedankengang, der dieser auf den ersten Blick eigentümlichen Bildung zugrunde lag: Helmont meinte nämlich, das von ihm entdeckte Gas entspräche dem Chaos der Alten; sodann benutzte er die Bezeichnung *Blas* (von *blasen*) für die von den Sternen ausgehende kalte Luft, — für ihn ein dem von ihm gefundenen Gas paralleler Begriff; auch spielt die Vorstellung des Wortes *Geist* hier mit; denn Helmont nannte das Gas lateinisch *spiritus silvestris*, weil er in erster Linie Kohlensäure darunter verstand.

Zweitens werden neue Wörter gebildet aus bereits vorhandenem Sprachmaterial. Hier sind zwei Fälle möglich: entweder wird das neue Wort vermittelst irgendeines wortbildenden Elementes von einem schon in anderen Wörtern existierenden Stamm abgeleitet, oder das neue Wort ist eine Vereinigung zweier oder mehrerer Wörter.

Der erste Fall ist so gewöhnlich und allgemeinbekannt, daß es nicht lohnt, ihn hier eingehender zu behandeln Ich möchte nur bemerken, daß durchaus nicht alle Suffixe einer Sprache

in jeder Epoche auch wirklich lebendig sind, d. h. durchaus
nicht alle abgeleiteten Wörter dienen Neubildungen zum Muster.
Ungünstig in dieser Beziehung wirkt oft der Umstand, daß im
Zusammenhang mit einem Bedeutungswandel der Wörter, die
das betreffende Wortbildungselement aufweisen, dieses einen
allzu weiten Sinn bekommen kann. Auch lautliche Veränderungen müssen in Betracht gezogen werden, weil ein ursprünglich einheitliches Suffix öfters lautlich differenziert und dadurch
unproduktiv wird. Ferner kommen selten gebrauchte oder
vereinzelt stehende Bildungen nur wenig in Betracht. Natürlich
sind ursprünglich abgeleitete Wörter, die aber nicht mehr als
solche empfunden werden, für die betreffende Epoche nicht
mehr in Stamm und Wortbildungselement zerlegbar. Ebenso
müssen wir für eine gewisse Epoche der Sprachgeschichte von
verschiedenen Wortbildungselementen sprechen in dem Fall,
wenn ein und dasselbe Element sich (sei es formell, sei es
in der Bedeutung oder in beiden Beziehungen) so weit modifiziert hat, daß seine verschiedenen Formen öder Gebrauchs-
weisen schon nicht mehr lediglich als Varianten empfunden
werden. So vergleiche man die Geschichte der t-Suffixe im
Germanischen, die infolge lautlicher Differenzierung abstarben;
vgl. got. *mahts* „Macht", *ga-gumþs* „Zusammenkunft", *deds*
„Tat", *ansts* „Gunst", *-stass*„ Tritt" usw. die alle das alte Suffix
-ti aufweisen. So haben z. B. im heutigen Russischen Wörter
wie *mylo* „Seife", *šilo* „Ahle", *světilo* „Gestirn" usw. infolge
Bedeutungswandels längst den Sinn als Nomina Instrumenti
verloren, der der Kraft des 1-Suffixes innewohnt (eigentlich Mittel
zum Waschen, Nähen, Leuchten). Für das heutige Sprachempfinden hat dies Suffix daher keine spezielle Bedeutung
mehr, obwohl es in den genannten Wörtern immerhin noch als
Suffix mit sehr weiter Bedeutung empfunden wird; anders
in einem Falle wie *rylo*, in dem wir bei seiner heutigen
Bedeutung kein Suffix mehr abtrennen, denn das Wort
wird mit dem Verbum *ryt'* gar nicht mehr in Beziehung gebracht.

Den zweiten Fall unserer Kategorie machen die Fälle aus, wo ein neues Wort aus einer Verbindung von Wörtern oder Stämmen oder aus Wortverdoppelungen entsteht.

Damit eine Wortgruppe (und der erste Typus nichteinfacher Wörter entsteht aus Wortgruppen) ihrer Bedeutung nach zu einem Wort werden konnte, mußte sie ihren Sinn in der Weise wandeln, daß der Komplex nicht mehr ohne Verlust oder Änderung seiner Bedeutung in seine Teile zerlegbar ward. Bezüglich solcher Fälle, die die Gestalt der vollständigen Einzelwörter haben, ist zu bemerken, daß häufig die erste Hälfte der Wortgruppe, die ihrer Bedeutung nach als einfaches Wort zu betrachten ist, die ihr als Glied einer Wortgruppe zukommende Form bewahrt. Wenn wir ein neues Wort, das aus einer Wortgruppe hervorgegangen ist, zusammengesetztes Wort nennen, so müssen wir eine Wortgruppe, die ihrer Bedeutung nach mit dem einfachen Wort gleichwertig ist, besonders bezeichnen: ganz passend ist die von Fortunatov gebrauchte Bezeichnung (slitnoje rečenije), die ich durch das deutsche „zusammengesetzter Ausdruck“ wiederzugeben suche. Zusammengesetzte Wörter sind im Deutschen z. B. *Hungersnot, überhaupt, keineswegs, Vergißmeinnicht*, zusammengesetzte Ausdrücke etwa: *Erster Staatsanwalt* (vgl. *Frau Erster Staatsanwalt*), *kaltes Blut* (unterscheide: *er hat kaltes Blut* und *der Fisch hat kaltes Blut*), *der Blaue Montag, der Stille Ozean.*

Der zweite Typus nichteinfacher Wörter liegt in Fällen vor, wo ein unselbständiges Wort durch seine Bedeutung diejenige eines selbständigen, mit dem es sich verbindet, verändert. Auch diese nichteinfachen Wörter sind hervorgegangen aus Verbindungen zweier (oder mehrerer) Einzelwörter. Das unselbständige Wort selbst kann hier lediglich nur in der Zusammensetzung erhalten bleiben, vgl. im heutigen Deutschen *ent-* und *ant-* (Antwort), neben gotischem *and* (auf, in). Solche nichteinfachen Wörter kann man „zusammengerückte Wörter“ nennen (sostavnyja slova, Fortunatov) und das unselbständige Wort in ihnen Vorsilbe, wobei die Vorsilbe mit dem anderen Element nicht notwendig zu einem Wort zusammenfließen muß. Als Beispiele mögen Fälle dienen wie *Unglaube, Unwahrheit* (*un* verändert die Bedeutung der Wörter *Glaube, Wahrheit* in ihr Gegenteil), *Zugang, herkommen* (*ich komme her*), *abtragen* usw.

Ein besonderer Fall liegt vor, wenn ein unselbständiges Wort die Bedeutung des formantischen Elements der Wörter, mit denen es sich verbindet, ändert. Im Russischen gibt es ein besonderes Wörtchen *by*, das die Bedeutung des formantischen Elements der Vergangenheitsform in der Art verändert, daß eine Modalform entsteht; vgl. *ja dělal* (ich machte) und *ja dělal by* (ich würde machen). Seinem Ursprung nach ist dies *by* ein selbständiges Wort (2. und 3. Person Sing. des Aoristes *bych* von *byť* sein).

Die indogermanischen Sprachen haben auch Vorsilben, die, aus selbständigen Wörtern entstanden, die Form vollständiger Einzelwörter bewahrt haben, die ihnen zukommt. Dahin gehört z. B. der bestimmte Artikel, der seinem Ursprung nach Demonstrativpronomen, ist. Er modifiziert die Bedeutung der Wörter, mit denen er sich verbindet, modifiziert im Sinne einer Individualisation oder eines bestimmten Hinweises auf den betreffenden Gegenstand, woraus sich dann die Bedeutung des bestimmten Hinweises auf eine ganze Klasse der betreffenden Gegenstände im Unterschiede von anderen Begriffen entwickelt. Man vergleiche deutsch *der Vater*, d. h. der bekannte, bestimmte Vater, unser Vater, der Vater, von dem die Rede war, *die Väter*, die Väter im Unterschied von anderen Begriffsklassen. Analog französisch *le chien, les chiens* (*le* aus lateinisch *ille*), griechisch ὁ ἄνθρωπος, οἱ ἄνθρωποι usw.

Die dritte Kategorie nichteinfacher Wörter sind Wörter mit zusammengesetztem Stamm, der aus einer Vereinigung des Stammes eines Wortes mit dem eines anderen entstanden ist. Dieser Typus nichteinfacher Wörter, die wir komponierte Wörter nennen könnten, entstand in den weit zurückliegenden Epochen, als in den Sprachen, die Formen vollständiger Einzelwörter besitzen (nur hier sind Wörter dieses Typus möglich),

die Wortteile, die wir Stamm nennen, noch ohne die formantischen Elemente vorlagen, die später an sie antraten. Sobald
aber einmal solche nichteinfachen Wörter entstanden waren,
kamen nach ihrem Muster weitere Bildungen der Art auf. Auf
analogischem Wege bekommt dann häufig der erste Teil der
Zusammensetzung eine Lautgestalt des Stammes, die dieser
in unzusammengesetzter Form nicht mehr hat; manchmal
breitet sich eine bestimmte Lautgestalt dann analogisch auch
auf Stämme aus, denen sie ursprünglich gar nicht zukam.
Vergleiche griechisches βουληφόρος „ratgebend", gotisch
þiudan-gardi „Königreich", lateinisch *sacerdos* aus **sacro-dōts*
(vgl. *sacer* aus **sacros*); ahd. *gasthūs*, neuhochdeutsch *Gast-
haus* usw. haben im ersten Glied *gast-*, das von Haus aus ein
i-Stamm war, durch Lautwandel aber seine jetzige Gestalt
bekam.

Ferner finden wir z. B. im Griechischen Fälle wie ἰχθυοφάγος
(ἰχθύς ist alter u-Stamm), got. *brōþralubō* (*brōþar* ist r-Stamm),
griechisch θανατηφόρος (θάνατος ist o-Stamm), russisch
vodovoz (*voda* ist a-Stamm), usw., d. h. wir finden im ersten
Teil analogische Verallgemeinerung bestimmter Stammes-
typen. In einzelnen Sprachen wurde schließlich die Komposition vermittelst der Vokale *o* oder *e* die Regel. Es bleibt
noch zu bemerken, daß in Kompositis sich Stämme erhalten
können, die als Simplicia in der betreffenden Epoche nicht
vorkommen, oder auch vorkommen, aber mit in anderer Bedeutung (vgl. das russische *vodovoz*, wo *voz* eine ältere Bedeutung („derjenige, der etwas fährt", vgl. φόρος) hat, als jetzt
das spezialisierte *voz*, d. h. Fuhrwerk).

Die letzte Kategorie der nichteinfachen Wörter stellen die
durch Verdoppelung (Reduplikation) eines Wortes gebildeten
Wörter dar. Solche Wortdoppelungen muß man aber unterscheiden von Verdoppelungen, die lediglich Gefühlsausdruckszeichen sind (vgl. *Kutscher, Kutscher! Kinder, Kinder!*). Eine
Wortverdoppelung, die ein redupliziertes Wort bildet, modifiziert unbedingt dessen Bedeutung; vgl. etwa *schön-schönes*

Rautendelein, schön-schön im Sinne von „sehr schön"; *der rot-rote Mohn.*

Bevor ich weitergehe, muß ich mich noch bei Verbindungen von Einzelwörtern aufhalten, die eine Zwischenstellung zwischen Einzelwörtern und Wortgruppen einnehmen. Solche Wortverbindungen, die wir mit Fortunatov etwa Wortgruppenwörter nennen können, sind den indogermanischen und den meisten anderen Sprachen gänzlich unbekannt. Sie kommen vor in verschiedenen amerikanischen Sprachfamilien, die vielleicht untereinander gar nicht verwandt sind, und sind für sie charakteristisch. Derartige Wortgruppenwörter bergen im ersten Teil des Komplexes (und dieser erste Teil kann in sich auch schon zusammengesetzt sein) Stämme von vollständigen Einzelwörtern ohne die Affixe, die an diese Stämme antreten in den Einzelwörtern mit Wortbildungsformen. Wie wir oben sahen, verbinden sich in zusammengesetzten Wörtern unserer Sprachen mehrere Stämme zu einem Stamm ohne Beziehung zum Satze, indem sie den Stamm eines zusammengesetzten Begriffsausdruckszeichens bilden. In den Wortgruppenwörtern aber vereinigen sich die Stämme im ersten Teile der Zusammensetzung mit den Stämmen im zweiten Teile, als Stämme mit Stämmen von Wörtern, die Satzteile sind. So sind also die Wortgruppenwörter der amerikanischen Sprachen, die Verbindungen von Wörtern, als Satzteilen umschließen, schon deshalb keine Wortgruppen, weil sie in ihrem ersten Teile nicht Einzelwörter, sondern lediglich Teile solcher, d. h. Stämme haben. Andererseits sind aber diese Wortgruppenwörter auch nicht ihrer Struktur nach nichteinfache Einzelwörter, weil sie eine Vereinigung von Wörtern mit Satzwert darstellt. Man könnte sich solche Wortgruppenwörter vorstellen, wenn man annähme, es gäbe etwa Wörter wie *gutkindliebe* mit dem Sinne *„ich liebe gute Kinder".* Im Atztekischen z. B. heißt *naka-tl* „Fleisch", *kwa* „essen", die Gruppe *ni-naka-kwa* „ich esse Fleisch", *ti-naka-kwa* „du ißt Fleisch" usw.

Hinsichtlich der Formbildung gehören die amerikanischen Sprachen zu den agglutinierenden, hinsichtlich ihrer Fähigkeit zur Bildung dieser Wortgruppenwörter machen sie in der morphologischen Sprachklassifikation die besondere Gruppe der sogenannten polysynthetischen Sprachen aus.

Ich gehe nunmehr zu der letzten Quelle über, die die Sprache mit neuem Wortmaterial bereichert. Das ist die Entlehnung von Wörtern aus fremden Sprachen oder aus anderen Dialekten derselben Sprache. Zu dem in anderem Zusammenhang bereits Gesagten habe ich noch folgendes hinzuzufügen. Bei der Übernahme eines fremden Wortes passen sich in der Regel dessen Laute unter normalen Bedingungen den entsprechenden Lauten der aufnehmenden Sprache an, d. h. statt der Laute, die der übernehmenden Sprache fremd sind, treten diejenigen ein, die ihnen akustisch am nächsten stehen. Vgl. z. B. den Ersatz des französischen *j* durch *sch* im volkstümlichen deutschen *sich schenieren*. Zweitens kann ein Lehnwort als Ganzes oder in einem Teile die Erinnerung an ein einheimisches Wort hervorrufen und unter dem Einfluß dieser Assoziation dann lautliche Veränderungen erleiden, die es dem betreffenden Worte angleichen. Vgl. deutsch *Felleisen* aus franz. *valise*, *Armbrust* aus latein. *arcubalista*, *Mailand* neben mittelhochdeutschem *Mīlān*.[1])

Sodann weise ich auf die Tatsache hin, daß ein entlehntes Wort als Muster für die Schöpfung neuer Wörter dienen kann,

---

1) Solche Lautveränderung, die dem betroffenen Wort einen Sinn verleiht durch Assoziation mit anderen Wörtern, heißt „Volksetymologie"; sie kommt auch in nichtentlehnten Wörtern vor, vgl. *Maulwurf* aus althochdeutschem *moltwurf* (*molte* „Erde"). Manchmal entstehen auch Beziehungen zwischen zwei Wörtern oder einem Wortteil und einem andern Wort, die nur zufällig lautlich zusammenfallen: z. B. *Wahnwitz*, *Wahnsinn* assoziieren sich mit *Wahn* (mittelhochdeutsch *wān*), obwohl der erste Teil dieser Wörter ein altes *wan* „leer" ist. *Sucht* wird vom naiven Sprachgefühl mit *suchen* zusammengebracht. In Wirklichkeit beruht aber *Sucht* auf althochdeutsch *suht* „Krankheit", gotisch *sáuhts*, vgl. *siech* (althochdeutsch *sioh*), gotisch *siukan* „schwach sein".

indem sein formantisches Element abstrahiert wird und in die betreffende Sprache als produktives Element übergeht. Vgl. im Deutschen das Pluralsuffix -*s*, das aus Entlehnungen aus dem Französischen herstammt und im Norddeutschen auch auf einheimische Wörter übergegangen ist: *die Jungens* usw.; weiter die zahlreichen Wörter des Deutschen (wie auch des Russischen) mit Präfix *anti-*, das aus einigen Lehnwörtern abstrahiert ist, die im letzten Ende auf das Griechische zurückgehen.

Schließlich kommt es vor, daß nach dem Muster eines fremden Wortes ein neues eigenes Wort geschaffen wird, so daß das erste sozusagen übersetzt wird. Es wäre hier zu erinnern an viele Termini, die aus dem Griechischen oder Lateinischen übersetzt sind, so das lateinische *casus*, übertragen aus dem Griechischen πτῶcιc, weiter ins Deutsche übersetzt als *Fall* (und genau so russisch *padež*), und vieles andere der Art.

Die allermeisten Lehnwörter dringen in eine Sprache ein infolge sogenannter Sprachmischung, d. h. wenn zwei lebende Sprachen einander in dem Maße beeinflussen, daß Individuen, die sie beide beherrschen, ihre Rede mit fremden Wörtern durchsetzen und sich fremde Redewendungen aneignen usw. Im Laufe der Zeit kann der Einfluß der fremden Sprache so groß werden, daß er das eigene Sprachgut immer mehr und mehr zurückdrängt. Dieses kann schließlich ganz verschwinden und nur Spuren hinterlassen in Gestalt gewisser Barbarismen und lautlicher Einflüsse auf die die Oberhand gewinnende Sprache.

Die Sprachmischung, die zum Aufsaugen einer Sprache durch die andere führt, beginnt so mit Zweisprachigkeit, d. h. mit Benutzung beider Sprachen nebeneinander.

Es kommt auch der Fall vor, daß ein von einer Sprache aus einer anderen übernommenes Wort dort eine besondere Bedeutung erhält und dann in anderer Lautgestalt wieder von der ersten Sprache entlehnt wird; vgl. deutsch *Knute* aus russisch *knut*, das seinerseits auf dem germanischen Wort beruht, das z. B. im Deutschen in der Form *Knoten* vorliegt.

Das Studium der Lehnwörter ist lehrreich und gibt höchst wertvolle Resultate für Sprach- und Kulturgeschichte. So haben die Untersuchungen der Lautveränderungen der Lehnwörter vielfach höchst wichtige Aufschlüsse zur Chronologie der Lautgesetze gegeben. Wenn wir nämlich wissen, wann die betreffenden Wörter von der anderen Sprache aufgenommen wurden, so können wir danach den Zeitpunkt festlegen, vor bzw. nach welchem gewisse Lautveränderungen vor sich gegangen sind. Und umgekehrt, wenn wir die Chronologie kennen, bekommen wir dadurch die Möglichkeit, festzustellen, wann ein bestimmtes Wort übernommen wurde, sofern uns andere Hinweise fehlen. Auf die Weise hat man z. B. einige Daten für das Germanische festgestellt, das viel aus dem Lateinischen entlehnt hat. Doch darf man nicht aus dem Auge verlieren, daß es von prinzipieller Wichtigkeit ist, daß das betreffende fremdsprachliche Wort, auf welches sich die oben angeführten Schlüsse gründen, wirklich der lebenden Volkssprache angehört. Denn in der Schriftsprache bewahren viele Entlehnungen ihre fremde Form, ohne von den Lautgesetzen der Sprache, in die sie übergegangen sind, beeinflußt zu werden. Über die Bedeutung der Lehnwortforschung für die Kulturgeschichte vgl. Kap. XI.

4. Wandel der Wortformen.

Im Sprachleben finden wir häufige Wandlungen im Gebiet der Formkategorien, als Folge davon, daß Bildungen, die verschiedenen Klassen angehören, aus lautlichen Gründen zusammenfallen. Z. B. im Urgermanischen gab es zwei Kategorien maskuliner Nomina: erstens Stämme auf altes *o* (hochdeutsch *tag*, vgl. die lateinische zweite Deklination) und zweitens Stämme auf *i* (hochdeutsch *gast*, vgl. lateinisch *hostis*). Im Althochdeutschen hat das Wort *tag* folgende Deklination: Singular *tag*, *tages*, *tage*, *tag*, J. *tagu*, *-o*, Plural N. A. *tagă*, *tago*, *tagum*,

-om, tagun, -on. Das Wort *gast* deklinierte: Singular *gast, gastes, gaste, gast,* J. *gastiu, gestiu, gastu,* Plural *gesti, gestio, gestim, i-n, -en, gesti.* Die Betrachtung dieser Formen zeigt uns, daß im Altdeutschen wie auch im Gotischen eine Reihe von Formen der i-Stämme ersetzt ist durch die entsprechenden Formen der o-Stämme, mit denen sie aus lautlichen Gründen im Nominativ und Akkusativ Singularis zusammenfielen (gen. *gastes* nach Analogie von *tages,* vgl. got. *gastis,* aber in Femininis noch got. *-ais,* z. B. *qenais,* hochdeutsch *-is, enstis,* Dativ *gaste* wie *tage,* got. *gasta* wie *daga,* in Femininis *-i,* got. *anstai,* ahd. *ensti*). Die übrigen im Hochdeutschen nach Analogie der o-Stämme gebildeten Formen sind aus der Gegenüberstellung der beiden Paradigmata klar zu erkennen. In der modernen Sprache sind die alten o- und i-Stämme endgültig zusammengefallen; der Umlaut, der ursprünglich regelmäßig war im Plural der i-Stämme, hat in den oberdeutschen Dialekten sich auf fast alle o-Stämme ausgebreitet (*Täge, Ärme* usw.). In der Schriftsprache zeigt sich diese Tendenz namentlich bei mehrsilbigen o-Stämmen.

Andererseits müssen wir auch einen Einfluß des Bedeutungswandels auf die Formengestaltung feststellen. So können Stämme, die ursprünglich verschiedenen Sinn hatten, nach einem Bedeutungswandel in Wechselbeziehung treten. Dabei werden dann die Doppelformen, die sich so ergeben, in der Weise beseitigt, daß gewisse Formen von dem einen Stamm, andere von dem anderen erhalten bleiben. Vgl. im Lateinischen einen Fall wie *fero-tuli*; in verschiedenen indogermanischen Sprachen sind zu einem Paradigma Formen vereint von dem Stamm, der repräsentiert wird durch lateinisch *est,* mit dem Stamm, repräsentiert durch *fui* (wie das griechische ἔφῦν zeigt, unterschieden sich ehemals die beiden indogermanischen Stämme *-es-* und *bhū-* in der Bedeutung). Analogisch kann die Bedeutungsänderung einer Form ihren Übergang in eine andere Kategorie nach sich ziehen; vgl. im Slavischen z. B. russisch *brat'ja,* polnisch *bracia,* das heute Nominativ Pluralis zu *brat* „Bruder" ist, während es einst ein Femininum mit kollektivem Sinn war.

Die Erweiterung der Gebrauchssphäre einer Bildung auf Kosten einer anderen kann die Vermischung beider auch in der Form nach sich ziehen; die Folge ist, daß schließlich nur eine von ihnen erhalten bleibt, wobei in den verschiedenen Wortkategorien je nach den besonderen Bedingungen sich dem Ursprung nach verschiedene Wörter festsetzen können. Vgl. z. B. die Vermischung des Dativ und Lokativ Sing. im Griechischen: bei den Nomina der ersten und zweiten Deklination hat sich die alte Dativ-, bei denen der dritten die alte Lokativendung erhalten (χώρᾳ, οἴκῳ — πατρί). Ein wichtiger Faktor ist die Erweiterung der Anwendungssphäre der Präpositionen in Verbindung mit einem gewissen Kasus, die die Bezeichnung der betreffenden Beziehung durch die Kasusform allein verdrängt (vgl. griech. ἐν χειρί zur Bezeichnung der Beziehung, die man durch den Lokativ ausdrückte).

Schließlich weise ich noch auf die Fälle hin, in denen infolge einer besonderen Bedeutungsentwicklung eine Flexionsform von den übrigen isoliert, und schließlich nicht mehr mit ihnen assoziiert wird, also auf die Weise zum Adverbium wird (vgl. *tags, nachts, flugs, teils* usw.). Gewisse Verba können durch einen Bedeutungswandel in der Form der 3. Sing. zu sogenannten Impersonalia werden, d. h. unpersönlichen Satzwörtern, vgl. lat. *pluit, ninguit*. Doch darf man nicht etwa denken, daß alle derartigen Wörter diesen Ursprung haben: war in der Sprache einmal der Typus der Satzwörter entstanden, so konnten neue Bildungen nach deren Analogie aufkommen.

In gewissen Fällen wird in einer bestimmten Form eine ganze Wortkategorie isoliert. So ist in den indogermanischen Sprachen der Infinitiv seiner Herkunft nach eine Kasusform eines Substantivs, das mit dem Verbum gleichen Stammes in enge Beziehung getreten ist, und mit ihm gewisse Flexionseigenheiten gemeinsam hat (die Aktion und das Genus). Im Lateinischen sind die Supina auf *-tum* und *-tu* ihrer Herkunft nach Kasusformen deverbaler Substantiva mit Stamm auf -*tu*. Substantiva wie *adventus* sind ihrer Herkunft nach identisch mit Supina wie *ventum*. Die Isolierung des Supinums geschah in gewissen Verbindungen mit Verben und Adjektivum (letzteres bei dem Supinum auf -*tu*); schließlich erstarrte es in einer bestimmten Form (auf -*tum* in den einen, auf -*tu* in anderen Verbindungen).

Ich führe noch ein Beispiel von Bedeutungswandel aus dem Gebiet der Wortbildungsformen an. Eine Diminutivbildung kann ihren speziellen Sinn verlieren, wenn das ihr zugrunde liegende Wort oder das Empfinden für die Zusammengehörigkeit beider verloren geht. Althochdeutsch *armilo* Ärmel, ursprünglich Diminutiv zu *Arm*, lateinisch *gladiolus*, Benennung einer Pflanze, ursprünglich Diminutiv von *gladius*, verloren ihren diminutiven Sinn, weil sie ihrer Anwendung zufolge außer Beziehung zu den entsprechenden, nicht-diminutiven *Arm, gladius* traten. Ferner haben viele deutsche Wörter auf -*el*, wie *Knäuel, Bündel* ihren diminutiven Sinn verloren, als sie sich mit ihrer Herkunft nach nicht-diminutiven Wörtern, wie *Schlüssel, Gürtel* assoziierten.

Im Verlaufe des Sprachlebens verschwinden auch ganze Formkategorien. So ist im Deutschen der alte Aorist verloren gegangen, und die alten Ausdrucksformen der Aktion, die das Griechische in gewissem Umfang erhalten hat. Mit dem Verlust von Altem geht in der Sprache die Neuschöpfung parallel. Es entstehen neue Wortbildungs- und Flexionssuffixe. Diese Erscheinungen sollen nunmehr besprochen werden.

Gewisse Wortbildungssuffixe des Neuhochdeutschen können in ihrer Geschichte bis zu dem Moment zurückverfolgt werden, als sie noch selbständige Wörter waren. So z. B. sind die Suffixe -*schaft* und -*tum* (*Herrschaft, Reichtum*) hervorgegangen aus selbständigen Wörtern (alt *scaft* Eigenschaft, *tuom* Zustand). Die Ableitungssilbe -*lich* (*männlich*), war einmal ein Adjektiv mit der Bedeutung „ähnlich, gleich", vgl. niederdeutsch *lîk* „gleich", engl. *like*. -*tel* (= Teil) in *drittel, viertel* usw. ist

für das heutige Sprachgefühl schon ein Suffix. Das französische Suffix -*ment*, das zur Adverbialbildung dient, geht zurück
auf lateinisch *mente* (von *mens*): z. B. *fièrement* entstand aus
fera mente. Es versteht sich von selbst, daß nur einzelne Bildungen mit den genannten Suffixen diesen ganzen Entwicklungs-
gang durchgemacht haben; die allermeisten entstanden und entstehen als Analogiebildungen zu vorhandenen Mustern. Wir
haben schon früher gesehen, daß eine Verbindung von zwei
(oder mehr) Wörtern den Sinn eines einzelnen Wortes bekommen und weiter auch direkt zu einem Wort werden kann.
Wenn in diesem letzteren Falle eins von den Elementen der
betreffenden Verbindung in beständiger Kombination mit anderen Elementen wiederholt wird, und wenn nun hierbei zwischen
ihnen eine solche Beziehung sich entwickelt, daß das betreffende
sich wiederholende Element aufgefaßt wird als die Bedeutung
der anderen wechselnden Elemente (mit denen es sich verbindet) modifizierend, so wird das betreffende Element zum
formantischen und die letzteren zu stammhaften Elementen der
betreffenden Wörter.

Analog entstehen auch neue Flexionsformen. Wir finden
hier die folgenden Stadien. Dem Entstehen einer neuen Form,
die durch ein Affix solcher Herkunft gebildet wird, geht unmittelbar die sogenannte umschreibende Form vorher. Diese
letztere entsteht, sobald ein unselbständiges Wort, das seine
Flexionsformen erhalten hat, durch diese Formen die Bedeutung eines anderen selbständigen Wortes modifiziert; man
vgl. franz. *j'ai fini*, deutsch *ich habe gesagt, ich werde sagen*
usw. Eine derartige umschreibende Form kann im Laufe der Zeit
zu einer einfachen Form werden, wenn das unselbständige Wort
den Wert eines Affixes erhält, und das selbständige zum Stamm
wird. Vgl. franz. *je dirai, tu diras* usw. wo *ai, as* ihrer Herkunft
nach dieselben *ai, as* sind, die wir als selbständige Wörter kennen
mit der Bedeutung „habe, hast": ursprünglich *dicere habeo, habes.*

Wie wir wissen, können auch Lautveränderungen des Stammes und Wiederholung des Wortes formantischen Wert haben.

In einzelnen Fällen können wir den Ursprung auch dieser Art von Formbildung verfolgen. Eine Lautveränderung des Stammes mit formbildender Kraft entstand hier aus einer Lautveränderung des Wortes, die erst nachträglich mit einem bestimmten Bedeutungswechsel sich assoziierte. Vgl. das Verhältnis von deutsch *Vater* zu *Väter* usw., wovon oben schon gesprochen wurde.

Die Verdoppelung eines Wortes mit formantischem Wert steht ihrem Ursprung nach in Zusammenhang mit der Wortdoppelung, durch die ein neues Wort entsteht, vgl. oben 3. Auch hier ist dafür, daß diese Doppelung als formbildend empfunden wird, das Empfinden unumgänglich notwendig, daß die betreffende Wiederholung die Bedeutung gleichartiger Wörter durchweg gleichartig modifiziert.

Schließlich können neue Formbezeichnungen entstehen durch Verbindung mehrerer schon vorhandener Bezeichnungsarten. So entstand das deutsche Suffix *-keit* aus *-heit* ursprünglich nur in den Fällen, in denen der Stamm auf einen Velar endete (aus *ewigheit* entstand *ewikeit*). Das gegenseitige Verhältnis zwischen *-heit* und *-keit* wurde zuweilen nicht mehr klar empfunden, und *-keit* wurde zu einem selbständigen Suffix, das unter anderem auch Wörter wie *Ewigkeit* bildet.

Wir haben uns hier mit der Entstehungsgeschichte einiger formantischer Elemente bekannt gemacht. Man hat Veranlassung, anzunehmen, daß auch in der indogermanischen Ursprache Suffixe und Präfixe auf diese Weise aus Wörtern mit formantischer Bedeutung gebildet wurden. Weil wir uns aber die indogermanische Ursprache durch vergleichend-historisches Studium ihrer Abkömmlinge nur in der Gestalt erschließen können, die sie kurz vor ihrer Spaltung, also bereits nach einer langen historischen Entwicklung, hatte, so können wir natürlich die Entstehung ihrer Suffixe und Präfixe, die in jener Epoche existierten, nicht genau bestimmen. Lediglich für einige Einzelfälle kann man den im letzten Ende zugrunde liegenden Zusammenhang zwischen einem urindogermanischen Suffix und einem Einzelwort mutmaßen. Sodann wäre es ein prinzipieller Irrtum, diese Herkunft für jedes vorliegende Affix suchen zu wollen. Waren einmal Affixe aufgekommen, so konnten, wie wir sahen, neue entstehen, z. B. aus einer Verbindung anderer Affixe. Der Begründer unserer Wissenschaft, Franz Bopp, glaubte die Entstehung vieler Stammbildungs-, Kasus- und Personalsuffixe aus selbständigen Wörtern aufzeigen zu können. Die fortschreitende Sprachwissenschaft konnte zwar ganz im allgemeinen die Wahrscheinlichkeit seiner Theorie bestätigen, mußte aber zu größter Vorsicht bei der Beurteilung der einzelnen Fälle ermahnen. Nehmen wir z. B. die Personalendung der 1. Person Sing. des Aktivs, die im Präsens bei bestimmten Stämmen in der Ursprache -*mi* lautete, und die im Präteritum auftretende Endung -*m*; wir können annehmen, daß dieses Suffix aus einem Einzelwort hervorgegangen ist, das in nichtformantischer Verwendung die sprechende Person oder eine Beziehung zur sprechenden Person bezeichnete. Aus dem indogermanischen -*mi* hat sich entwickelt griech. μι (δίδωμι), germanisch -*m* (got. *im* „ich bin"); aus *m* griech. ν (ἔφερον) mit Übergang von auslautendem *m* in *n*, lat. *m* (*eram*) usw. Der indogermanische Pronominalstamm, mit dem diese Suffixe genetisch verwandt sind, liegt vor im griech. μέ, lat. *me*, deutsch *mi-ch*. Ebenso liegt die Sache bei dem gemeinindogermanischen Suffix der 3. Pers. Sing. des Aktivs: *ti* im Präsens und *t* im Präteritum; aus *ti* griech. τι in ἐcτί, δίδωτι (daraus jonisch-attisch δίδωcι), lat. *t* in *est*, deutsch *t* in *ist*; man kann annehmen, daß dieses aus dem Pronomen entstand, das mit dem Demonstrativstamm, der mit *t*- anlautet (griech. τόν, lat. *is-tum*) genetisch verwandt ist; das *t* der 3. Sg. mußte im Griechischen und Altslavischen verschwinden, weil im Urgriechischen und im Urbaltischslavischen auslautendes *t* fallen mußte (vgl. griech. ἔφερε aus *ἔφερετ, altslav. *nese* aus *neset*).

Wir können annehmen, daß auch die Formbildungsmittel, die nicht Affixe sind, im Indogermanischen genau ebenso entstanden sind wie in den Einzelsprachen.

5. Wandlungen in den Wortgruppen.

In anderem Zusammenhang habe ich oben schon Beispiele für Veränderungen von Wörtern als Teilen von Wortgruppen angeführt. Wir sahen, daß die Verwendung eines Wortes in Verbindung mit anderen Wörtern im Zusammenhang der Rede seine Lautgestalt beeinflußt. Hierher gehören die Lautveränderungen, die durch die Stellung am Anfang oder Ende bedingt sind, also der Einfluß der Lautgestalt benachbarter Wörter. So lautet z. B. das altindische *tad* (griechisch τό) am Satzende und vor stimmlosem Laut *tat*, z. B. *tat phalam* (diese Frucht), vor Vokalen und stimmhaften Geräuschlauten *tad*, z. B. *tad asti* (das ist), *tad dravati* (das läuft). Ferner kann ein Wort in Verbindung mit anderen Wörtern eine Bedeutungsveränderung erleiden, die es als Einzelwort nicht kennt. Drittens kann die ganze Wortgruppe sowohl einen Lautwandel als einen Bedeutungswandel erleiden, die ihr als Wortgruppe zukommen. Als Beispiel des Bedeutungswandels weise ich noch einmal hin auf *der Erste Offizier* in seinem Werte als zusammengesetzter Ausdruck, und dem gegenüber *der erste Offizier* als einfache Wortgruppe. Zu den Veränderungen des Lautbestandes der Wortgruppe gehören Erscheinungen, die die Reihenfolge der Laute nicht berühren, z. B. Veränderungen des Akzentes der Wortgruppe oder ihrer einzelnen Teile; hierher gehört das Aufkommen der Enklitika, der Wörter ohne eigenen Akzent, die sich eng an andere Wörter anlehnen. Dann Erscheinungen, die die Anordnung der Wortgruppe betreffen. Veränderungen des Lautbestandes der Wortgruppen können schließlich formantischen Wert bekommen und zum Teil Gefühlsausdruckszeichen werden; vgl. *Wasser wollte ich* und das gewöhnliche *ich wollte Wasser*.

Bezüglich der Struktur derjenigen Wortgruppen, die Sätze bilden, ist zu sagen, daß die Bildungsprozesse der verschiedenen Satztypen und ihrer Glieder bisher noch nicht genügend erforscht sind, und ich will mich deshalb auch nicht weiter bei den Einzelheiten aufhalten, indem ich teilweise auch auf

das oben über das gegenseitige Verhältnis zwischen psychologischen, logischen und grammatischen Kategorien der Satzteile Gesagte verweise. Es mag noch bemerkt werden, daß
die unterschiedlichen Arten der Nebenordnung und Unterordnung der Sätze sich erst allmählich ausbildeten. Die erstere
wird sprachlich ausgedrückt durch bestimmte Konjunktionen,
die zweite, wie wir sahen, teils durch Konjunktionen, teils durch
Relativa, teils einfach durch die Wortstellung. Die Relativa
entstehen aus Wörtern mit demonstrativer oder interrogativer
Bedeutung. Vgl. z. B. deutsch *der, wer, welcher*, lateinisch *qui*
usw. Ursprünglich war jeder Relativsatz ein selbständiger Satz,
der einen Hinweis auf eine Frage in sich schloß, und dadurch,
daß im Bewußtsein dieser Satz mit dem andern, auf den er
hinwies, oder auf den ihn beantwortenden in Beziehung trat,
entstand die sprachlich durch ein besonderes Mittel ausgedrückte Vereinigung als eines unselbständigen Satzes mit einem
selbständigen. Damit ein Demonstrativum relativ wird, ist noch
nötig, daß es von der Bedeutung des unmittelbaren Hinweises
auf das apperzipierte Objekt zur Bedeutung des Hinweises auf
den Gegenstand der Rede übergegangen ist.

6. Spaltung der Sprache in Dialekte.

Die Ausdrücke Dialekt und Mundart haben zwei verschiedene
Bedeutungen, je nachdem ob wir sie anwenden auf das Verhältnis, das zwischen den durch sie bezeichneten Einheiten in
der Gegenwart existiert, oder auf das Verhältnis, das in der
Vergangenheit zwischen ihnen existierte. Wenn wir das Vorhandensein bestimmter Dialekte in einer Sprache zu einer bestimmten Zeit feststellen, so gehen wir dabei aus von den
lautlichen Verschiedenheiten gleicher Wörter, die von den Sprechenden als Verschiedenheiten empfunden werden. Vgl. z. B.
südd. *liab* und hochd. *lieb*. Jeder Unterschied in der Bedeutung
der lautlichen Seite einer Sprache schafft schon Unterschiede
zwischen den einzelnen linguistischen Gruppen als zwischen
einzelnen Sprachen. Von diesem Gesichtspunkt aus können

wir von der Sprache eines jeden einzelnen Individuums und sogar von der Sprache eines solchen in jeder einzelnen Periode seines Lebens sprechen. Andererseits können wir die einzelnen Sprachen als Dialekte einer gemeinsamen Sprache bezeichnen, wenn wir an ihren gemeinsamen Ursprung, ihren Zusammenhang in der Vergangenheit denken. Von diesem Gesichtspunkte aus bedienen wir uns der Ausdrücke: romanische, slavische Dialekte usw. Bezüglich der letzteren sei bemerkt, daß natürlich der Begriff slavischer Dialekte unzulässig ist, wenn wir ihm gleichzeitig etwa die Bezeichnung „russische Sprache" gegenüberstellen. Die russische Sprache ist genau so gut ein slavischer Dialekt, wie alle anderen slavischen Sprachen.

Sowohl bei den Dialekten, die innerhalb eines Sprachgebietes existieren, wie bei den Sprachen, die miteinander genetisch verwandt sind, d. h. früher einmal Dialekte einer gemeinsamen Sprache waren und dann infolge irgendwelcher Gründe aufhörten ein gemeinsames Leben zu führen, müssen wir die Tatsachen, die für alte Verwandtschaft beweisend sind, unterscheiden von Übereinstimmungen einer ganz anderen Art, die sich so erklären, daß die betreffenden Tatsachen von einem Dialekt (oder einer Sprache) aus einem andern Dialekt (oder einer andern Sprache) entlehnt sind. Solche Fälle sind in verwandten Sprachen natürlich im allgemeinen schwerer von den auf alter Verwandtschaft beruhenden Übereinstimmungen zu unterscheiden, als Entlehnungen in einander nicht verwandten Sprachen zu bestimmen sind. Doch ist auch hier sorgfältigste Nachprüfung geboten, die sich nicht auf den allgemeinen Eindruck beschränken darf, mit dem man in weiteren Kreisen so gern vorlieb nimmt. Die nötigen Daten finden wir durch Untersuchung der geschichtlichen Entwicklung verwandter Sprachen und Bestimmung des gegenseitigen Verhältnisses der genetisch verwandten Elemente. Im Lateinischen z. B. ist altes *gv* (außer nach *n*) zu *u̯* geworden, vgl. z. B. *vīvus*, griech. βίος, got. *qius*, deutsch *keck*; slav. *živъ* mit *ž* aus g; im Oskischen entstand aber b; daher nimmt man an, daß das lateinische *bos* statt zu erwartenden *vos (vgl. griech. βοῦς, verwandt mit deutsch *Kuh*) Entlehnung aus den sabellischen Dialekten ist.

Also in verwandten Sprachen finden wir Übereinstimmungen, die auf genetischer Verwandtschaft beruhen, Übereinstimmungen, die aus gegenseitigen Entlehnungen zu erklären sind, und Fälle, die nichts miteinander zu tun haben, die in beiden verwandten Sprachen selbständig zustande gekommen sind. In der ersten Kategorie müssen wir wieder einen Unterschied machen zwischen solchen Fällen, die genetisch identisch sind, und Fällen lediglich von Verwandtschaft, die nicht genetisch identisch sind. Vgl. einerseits die genetisch identischen russ. *ty* und lat. *tū* (slav. *y* entstand aus *ū*) und andererseits z. B. russ. *ovca* und lat. *ovis*; russ. *ovca* aus *ovьca*, wo *ovь* mit lat. *ovi-* identisch ist, aber *-ca* ein neues Suffix darstellt. Die Fälle der letzteren Art erklären sich natürlich so, daß eben die Sprache Änderungen unterworfen ist; eine Sprache kann eine alte Bildung in der Gestalt, in der sie genetisch identisch wäre mit einer entsprechenden einer anderen Sprache, verlieren, aber genetisch identische Teile des betreffenden Wortes in anderen Bildungen bewahren. Oder sie bringt neue Bildungen hervor, aus identischen oder verwandten Elementen, die in anderen Sprachen in anderen Kombinationen vorliegen.

Dasselbe finden wir auf dem Gebiete der grammatischen Formen: auch hier müssen wir Entlehnungen unterscheiden von den Erscheinungen alter Verwandtschaft; vgl. im Deutschen das Auftreten des Pluralsuffixes *s*, das abstrahiert wurde aus entlehnten französischen Wörtern (vgl. oben); oder das Aufkommen neuer Suffixe durch Komposition früher vorhandener oder durch Vereinigung des Teils eines Stammes mit einem alten Suffix. Genetisch identisch ist z. B. im Slavischen und Griechischen das Suffix der ersten Person in den Verben des Typus russ. *dam* (altslav. *damъ*), griech. δίδωμι usw. Hierher gehört auch das gotische *-m* in *im*, vgl. ahd. *b-im*.

Endlich müssen wir auch auf dem Gebiet der Wortbedeutungen einen Unterschied machen zwischen Urverwandtschaft und Entlehnung. Allerdings bieten die hierher gehörigen Erscheinungen der Untersuchung große Schwierigkeiten, weil es oft schwer zu beweisen ist, daß eine bestimmte abgeleitete Bedeutung in jeder der verwandten Sprachen selbständig entstanden ist. Andererseits, je weiter wir in der Sprachgeschichte zurückgehen, desto allgemeiner werden die Bedeutungsbestimmungen der genetisch identischen oder verwandten Wörter. In anderem Zusammenhang komme ich noch auf ein paar besondere Fälle zu sprechen (Kap. XI).

Oben sahen wir, daß die Sprache beständigen Veränderungen sowohl äußerer als auch innerer Natur unterliegt. Weiter wissen wir bereits, daß das Streben nach Veränderung in der Regel bei einer größeren oder kleineren Zahl einzelner Individuen seinen Anfang nimmt und dann auf die übrigen Glieder der betreffenden Gemeinschaft übergeht. Das bedeutet also, daß irgendwie wesentliche Verschiedenheiten innerhalb einer Sprache nur dann zustande kommen können, wenn eine Neuerung nicht von allen dieser Sprachgemeinschaft angehörenden Individuen übernommen wird. Eine Spaltung einer solcher Gemeinschaft in irgendeiner Beziehung (territorial, ständisch usw.) hat also als Begleiterscheinung auch eine Sprachspaltung, so zwar, daß die Existenz von Gruppen innerhalb der besagten Gemeinschaft zu einem engeren Zusammenschluß nur innerhalb jeder einzelnen Gruppe führt. Wenn jetzt irgendwie ein Riß in den Beziehungen zwischen den einzelnen Gruppen eintritt, so wird jede von ihnen eine selbständige Existenz weiterführen und in der Folge keinerlei unmittelbaren Einfluß mehr auf die Sprache der anderen Gruppen haben. Gründe zu einem solchen Riß können sein: Auswanderung eines Teils der Gemeinschaft; Aussterben oder gewaltsame Vernichtung eines Teils, der die Rolle eines Bindegliedes gespielt hat, ein Eindringen von Fremdlingen, das eine Trennung in der betreffenden Gemeinschaft zur Folge hat, soziale oder staatliche Umwälzungen usw. Weil die Sprachveränderungen in verschiedenen Richtungen vor sich gehen können, sich nicht gleichmäßig auf alle Gesellschaftsschichten ausbreiten müssen, (je nach der Intensität der Beziehungen zwischen den einzelnen Gruppen, und ebenso in Abhängigkeit davon, wieweit ein Teil für die betreffende Erscheinung empfänglich ist), so können auch ohne äußere Veranlassungen im Laufe der Zeit doch ganz bedeutende dialektische Differenzen entstehen. Sie gehen so vor sich, daß der Dialekt einer Gruppe vorherrschend über die Dialekte der benachbarten Gruppen wird und sie aufsaugt; verschwinden auf die Weise etwa zwischen zwei Gruppen a und d die beiden Mittelglieder b und c, so entstehen dadurch schon tiefgreifendere dialektische Unterschiede.

Je primitiver eine Gemeinschaft ist, desto weniger differenziert ist sie, je kultivierter, desto komplizierter sind ihre Verzweigungen. Doch sind unter kultivierten Verhältnissen die Beziehungen zwischen den einzelnen Gliedern enger, und deshalb muß selbst eine Auswanderung eines Teils der Gemeinschaftsangehörigen nicht notwendig zur Bildung einer neuen, selbständigen Sprache führen. Das vermittelnde, ausgleichende Element ist hier die gemeinsame Schriftsprache. Man denke z. B. an die Auswanderung eines Teils der Angelsachsen nach Amerika, die keine neue Sprachbildung zur Folge gehabt hat, aber die Auswanderung eines Teils der Westskandinavier nach Island war der Grund für die Entstehung einer besonderen isländischen Sprache.

Komplizierter ist der Fall, wenn einmal getrennt gewesene Teile einer Gemeinschaft später wieder ein gemeinsames Leben führen. Stehen sich ihre Sprachen noch so nahe, daß sie als Dialekte einer gemeinsamen Sprache nebeneinander existieren können, so beginnt für ihre Träger ohne weiteres wieder eine Epoche gemeinsamen Lebens.

Eine Schriftsprache entsteht in natürlicher Entwicklung der Verhältnisse des betreffenden Milieus. Hier gibt es verschiedene Fälle. Der einfachste ist der, daß ein Lokaldialekt aus irgendwelchen Gründen zum vorherrschenden wird, und dadurch zur gemeinsamen Sprache des Schrifttums, der

Literatur der ganzen Gruppe von Dialekten, die ein gemeinsames Leben führen. Als solche wird sie bald traditionell auch für ihre eigentliche Heimat, weil im lebendigen Gebrauch der ihr zugrunde liegende Dialekt sich bald von dieser der Tradition mehr unterworfenen Schriftsprache unterscheiden wird. Andererseits ist die lebendige Gemeinsprache nicht ganz einheitlich: in jedem Gebiet nimmt sie, wenn auch in minimalem Grade, lokale Züge an, und diese können sich auch weiter ausbreiten. Außerdem wird ein zur Gemeinsprache gewordener Dialekt sich im Laufe der Zeit in gewissem Umfange von dem ihm zugrunde liegenden Lokaldialekt differenzieren, weil er nicht notwendig alle die Veränderungen mit durchmachen muß, die bei kulturell niedriger stehenden Individuen aufkommen, deren Sprechweise nicht Geltung einer Gemeinsprache hat. Natürlich bleibt eine nahe Beziehung hier immer bestehen, und es wird im allgemeinen nicht zu größeren Differenzierungen kommen. Komplizierter ist die Sache, wenn der Literatur- und Gemeinsprache nicht ein bestimmter Lokaldialekt zugrunde liegt, sondern eine Sprache, die durch Vereinigung der Besonderheiten mehrerer Dialekte entstanden ist, wie sie durch bestimmte Verhältnisse bedingt sein und ganz natürlich vor sich gehen kann. So stellt die deutsche Schriftsprache, die im Reformationszeitalter entstand, eine Fortsetzung der Kanzleisprache der sächsischen Kurfürsten und der Kaiser aus dem Hause Luxemburg dar, die ihrem Ursprung nach eine Mischsprache ist und die Bedeutung der gemeindeutschen Landessprache bekommen hat. Gerade in der Kanzleisprache der Kaiser aus dem Luxemburger Hause hatten sich Oberdeutsch und Mitteldeutsch vermischt, denn deren Kanzlei befand sich in Böhmen, wo eben diese beiden Dialekte zusammenstießen. Die Habsburger übernahmen diese Sprache, und seit Friedrich III. und namentlich Maximilian verließen nur in dieser Sprache abgefaßte Schriftstücke die kaiserliche Kanzlei. Die Sprache der kurfürstlich-sächsischen Kanzlei (in mitteldeutschem Sprachgebiet) näherte sich seit der Mitte des 15. Jahrhunderts sprachlich endgültig der kaiserlichen, teils

indem sie oberdeutsche Eigentümlichkeiten annahm, teils weil
sich das Oberdeutsche und Mitteldeutsche selbst in manchen
Punkten einander genähert hatten. Luther brauchte für seine
reformatorische Tätigkeit natürlich eine im ganzen deutschen
Sprachgebiet verständliche, von lokalen Dialekteigentümlich-
keiten freie Sprache, und es ist daher zu verstehen, weshalb
seine Wahl auf die Kanzleisprache fiel. — Die Geschichte der
russischen Schriftsprache, der ein bestimmter Dialekt (der von
Moskau) zugrunde liegt, ist verwickelt infolge des Einflusses
der anderen Gemeinsprache Rußlands, des Kirchenslavischen.
Die Sprache der Moskauer Behörden, die in ihrer weiteren
Entwicklung zur russischen Schriftsprache wurde, schied sich
von letzterer erst im ersten Drittel des 19. Jahrhunderts.

X. Der Ursprung der Sprache.

Die Frage nach dem Ursprung der Sprache ist nicht neu.
Wir haben bereits gesehen (Kap. II), daß sich zu den verschiedensten Zeiten die Geister mit ihr beschäftigten. Eine
richtige Formulierung des Problems war aber erst möglich, seitdem einerseits die Sprachkunde wirklich eine Wissenschaft
geworden war und andererseits auch das Studium der realen
Erscheinungen des menschlichen Seelenlebens gewisse Fortschritte gemacht und wissenschaftliche Form angenommen hatte.

Ohne alle einzelnen Stadien, die das zu besprechende Problem durchgemacht hat, ausführlicher zu berühren, will ich
mich hier nur bei den wichtigsten und charakteristischen
Richtungen aufhalten, in denen man seine Lösung gesucht hat,
und die dann häufig miteinander kombiniert worden sind.

Einerseits gehört nicht viel dazu, heutzutage die Theorie vom
überirdischen Ursprung der Sprache aufzugeben, und ebenso
die verwandte Anschauung, es habe die Menschheit die Sprache
bekommen als ein „Geschenk“ eines hervorragenden Genies,
des ersten Erfinders der Sprache. Natürlich kann die Sprache,
die in ihrem Leben, wie wir sahen, das Resultat der gemein-

samen Wirksamkeit verschiedenartigster psychophysischer Faktoren ist, nicht äußeren, fremden Ursprungs sein.

Die Anschauung, daß die Fähigkeit durch Sprachlaute Gedanken und Gefühle auszudrücken in der menschlichen Natur wurzele, daß die Entstehung des Zusammenhangs zwischen Sprachlauten und ihren Bedeutungen für uns ein unlösbares Geheimnis bleibe, ist eigentlich einem Verzicht auf jeden Versuch der Lösung der Frage näherzutreten gleichwertig.

Unbedingt negativ müssen wir uns verhalten auch gegenüber der Theorie von der absichtlichen Erfindung der Sprache seitens der Menschen durch ein Übereinkommen. Um etwas mit Bewußtsein zu erfinden, das bisher nicht existiert, muß man doch eine, wenn auch ganz allgemeine Vorstellung von dem haben, was man finden will. Wie konnte denn aber eine primitive Gemeinschaft übereinkommen, Wörter zu verwenden, um dadurch Gedanken und Gefühle auszudrücken, wenn noch keinerlei Sprache, sei es auch in ganz rudimentärer Gestalt, existierte?

Ich gehe nunmehr zu den Theorien über, die mit verschiedenen Variationen auch in unserer Zeit aufgestellt wurden.

Einmal hat man versucht, den Ursprung der Sprache aus den sogenannten Lautnachahmungen abzuleiten; auf der anderen Seite wollte man diesen Ursprung in unwillkürlichen Gefühlsausdruckszeichen sehen, zum Teil sollten sich auch diese beiden Prinzipien kombiniert haben.

In ihrer elementareren Form läßt sich die erste Hypothese im letzten Grunde auf die Anschauung zurückführen, daß zwischen den Sprachlauten, d. h. den Wörtern, und zwischen deren Bedeutungen ein notwendiger, in der Natur der Sache wurzelnder Zusammenhang existiert. In neuerer Zeit erfuhr diese Theorie wesentliche Einschränkungen. Nämlich die tatsächlich vorhandenen Sprachen zeigen uns, daß die lautnachahmenden Wörter keinerlei irgendwie wesentliche Rolle spielen, und es wurde deshalb dem Ausdruck „Lautnachahmung" ein weiterer Sinn beigelegt: ein Sprachlaut (oder ein Komplex von solchen) dieser Art muß Vorstellungen und Gefühle wecken, die denjenigen adäquat sind, welche bei unmittelbarer Apperzeption des betreffenden Objektes entstehen, so daß sich auch ein Zusammenhang zwischen dem betreffenden Wort und der Vorstellung einstellt. Die psychologische Schwierigkeit, die bei dieser Fragestellung ungelöst bleibt, liegt nach Wundt darin, daß zwischen dem ausgesprochenen Sprachlaut und der Vorstellung der Zusammenhang nicht unmittelbar ist; eine unmittelbare Beziehung kann sich einstellen nur zwischen den Vorstellungen der Bewegungsempfindungen, welche durch die Tätigkeit der Sprachorgane hervorgerufen werden, und der betreffenden Apperzeption, welche nach der Lautnachahmungstheorie das Aussprechen des betreffenden Lautes hervorruft.

Endlich war die Ansicht recht verbreitet und existiert auch heute noch, daß man den Ursprung der Sprache in den unwillkürlichen Gefühlsausdruckszeichen zu suchen hat, die in Begleitung gewisser seelischer Zustände auftreten. Man wies früher auf die Analogie hin, die das Sprechenlernen des Kindes bietet, das zum bewußten Gebrauch der Sprachzeichen übergeht von unbewußten, rein reflektorischen Lauten. In neuester Zeit wurde dieser Gesichtspunkt aufgegeben, weil es klar ist, daß das Kind nicht, auch nicht im beschleunigten Tempo, den ganzen Weg von neuem zurücklegt, den die Sprachentwicklung durchgemacht hat; es lernt vielmehr sich einer fertigen Sprache zu bedienen, unter dem Einfluß der schon existierenden Sprache der Erwachsenen. Außerdem liegt hier noch eine Schwierigkeit vor: man muß zugeben, daß die in der Sprache existierenden Gefühlsausdruckszeichen überhaupt nicht als Material für die Bildung von Begriffsausdruckszeichen dienen, und man kann deshalb kaum annehmen, daß auch bei der Entstehung der Wortsprache Lautreflexe dieser Herkunft eine wesentliche Rolle spielten. Im Gegenteil, unsere sprachlichen Beobachtungen zeigen uns gerade, daß die Zahl der alten Gefühlsausdruckszeichen (wie *ah! oh!*) im Lauf der

Zeit abnimmt, Hand in Hand damit, daß Gefühlsausdruckszeichen aus Begriffsausdruckszeichen neu entstehen (vgl.
Kap. IX).

Wundt, der die genauest durchdachte und abgeschlossenste
Theorie des Ursprungs der Sprache gibt (von ihm „Entwick-
lungstheorie" genannt), geht aus von seiner Lehre von den
Ausdrucksbewegungen, welche die Affekte begleiten. Er teilt
sie in drei Klassen: 1. rein intensive Symptome, die Ausdrücke
stärkerer Affekte; handelt es sich um mäßige Affekte, so bestehen sie aus verstärkten Bewegungen, — bei sehr starken
Affekten in einem momentanen Aufhalten, einer Lähmung der
Bewegungen; 2. Qualitätsäußerungen des Gefühls; mimische
Bewegungen, unter denen die Reaktionen der Mundmuskeln
eine hervorragende Rolle spielen, die den Reflexen ähnlich
sind, welche Geschmackseindrücke des Süßen, Sauern, Bittern
begleiten; hierbei entspricht der Gesichtsausdruck, der beim
Eindruck des Süßen eintritt, den Affekten der Befriedigung,
und derjenige, der beim Eindruck des Sauern und Bittern statthat, den Affekten der Unzufriedenheit, während die übrigen
Gefühlsarten, wie Erregung und Depression, Spannung und
deren Lösung durch verschiedene Formen der Anspannung der
Mundmuskeln ausgedrückt werden; 3. Vorstellungsäußerungen;
sie bestehen gewöhnlich in pantomimischen Bewegungen, vermittelst deren entweder auf die den Affekt hervorrufenden
Objekte hingewiesen wird (hinweisende Gebärden), oder durch
die man eine Vorstellung von den Gegenständen und den mit
ihnen zusammenhängenden Prozessen geben will (pantomimische
Gebärden). Gebärden als Willensakte sind auch die erste
Stufe, die die Entstehung der Sprache vorbereitet. Zu den
mimischen und pantomimischen Bewegungen kommen noch,
dank der Fähigkeit zu akustischen Apperzeptionen, die Lautgebärden. Diese letzteren stehen ursprünglich in engem
Zusammenhang mit den Gebärden, und erst im Laufe
der Zeit treten die Lautgebärden, d. h. die Bewegungen
der Sprachorgane, und als deren Resultat der Sprachlaut

(oder die Sprachlaute), vor den übrigen Gebärden hervor, weil sie sich durch besondere Eigenschaften auszeichnen, leichter apperzipiert werden und mehr Verschiedenheiten zulassen.

Der weitere von der Sprache in ihrer Entwicklung durchlaufene Weg ist in vielen Beziehungen noch unklar. Im besonderen können wir Wundt nicht folgen in seiner Auffassung vieler Einzelerscheinungen, weil er vom Standpunkte seiner Theorie viele in der Entwicklung der Sprachwissenschaft teilweise schon klar gelegte Tatsachen zu einseitig betrachtet. Man kann auch mit Wundt nicht einverstanden sein in seinen Versuchen, z. B. in Wörtern moderner Sprachen Entsprechungen zwischen den für ihr Aussprechen nötigen Artikulationsbewegungen und den Lautgebärden zu finden, die er für die primitive Periode des Sprachlebens ansetzt. Solche Versuche sind fruchtlos, weil die Sprache im Verlaufe ihres Lebens auch lautlichen Veränderungen unterworfen ist.

Von Büchern, die das Leben der Sprache im allgemeinen behandeln, können beim heutigen Stande der Wissenschaft etwa folgende als brauchbare Hilfsmittel gelten: Whitney, Leben und Wachstum der Sprache, Leipzig 1876. Das Buch ist in einigen Punkten (z. B. der Behandlung der Phonetik) veraltet; sein Vorzug ist die klare allgemeinverständliche Darstellung, die allerdings die Fragen nicht immer mit der genügenden Tiefe erfaßt. – Paul, Prinzipien der Sprachgeschichte, 4. Auflage, Halle 1909: eine speziellere Arbeit, die große Verdienste hat; bei der Lektüre muß man den besonderen psychologischen Anschauungen des Verfassers, der zu Herbarts Schule gehört, Rechnung tragen. – Wundt, Völkerpsychologie, 1. Band. Die Sprache I. II. 2. Auflage, Leipzig 1904. Eine Ergänzung hierzu ist Delbrück, Grundfragen der Sprachforschung, Straßburg 1901; das Buch enthält eine vorzügliche Gegenüberstellung der Anschauungen Pauls und Wundts. – Wundt, Sprachgeschichte und Sprachpsychologie, Leipzig 1901 (Entgegnung auf Delbrücks Buch). – Sütterlin, Das Wesen der sprachlichen Gebilde, 1902. – Eine Geschichte der Frage nach dem Ursprung der Sprache bietet Steinthals nicht leicht lesbares Buch 'Ursprung der Sprache', 4. Auflage, 1888.

XI. Die indogermanische Ursprache und die prähistorische indogermanische Epoche.

Wir wissen bereits, daß das vergleichend-historische Studium der einzelnen indogermanischen Sprachen die Epoche ihres Lebens erschließt, da sie noch ein Ganzes, eine gemeinsame indogermanische Ursprache darstellten. Die Zeit ist längst vorbei, da man sich die indogermanische Ursprache im Vergleich mit ihren Nachkommen als etwas Besonderes vorstellte, in Hinsicht auf Einheitlichkeit, Abgerundetheit und ideale Durchsichtigkeit ihres Baues. Wir wissen jetzt, daß sie wie jede andere lebende Sprache in eine Reihe von Dialekten zerfiel, und daß sie schon eine lange Entwicklung hinter sich hatte, die mit Ausnahme einiger Einzelheiten für uns in Dunkel gehüllt ist. Es will mir, wie auch anderen Linguisten, einstweilen inkonsequent scheinen, weiter zurück zu gehen und Hypothesen über noch entferntere Epochen aufzustellen. Im einzelnen darf man wohl keine Grenzen ziehen zwischen urindogermanischen dialektischen Verschiedenheiten in der Lautform der Wörter, die man als aus einer gemeinsamen Grundform durch verschiedenartige Veränderung entstanden erklärt, und zwischen Verschiedenheiten in der Formbildung, bei denen man zweifelt, ob man die für lautliche Differenzen gegebene Erklärung auch auf sie anwenden, oder ob man sie besser auffassen soll als alte nicht auf einen gemeinsamen Typus zurückführbare Verschiedenheiten. Faßt man sie in letzterem Sinne auf, so würden sie vielleicht von der weit zurückliegenden Zeit zeugen, da eine Reihe von (noch nicht als Indogermanen zu bezeichnenden) Stämmen, deren Sprachen sich mehr oder weniger unterschieden, ein in vielen Beziehungen gemeinsames Leben führten und den gemeinsamen indogermanischen Sprachtypus schufen, der die Möglichkeit gewisser gruppenweiser Verschiedenheiten nicht ausschloß. Wenn wir wissen, daß die indogermanische Ursprache schon eine lange Vorgeschichte hatte (und außer theoretischen Erwägungen weisen auch ganz objektive Daten aus Laut- und Formensystem darauf hin), und wenn uns Hinweise fehlen, auf Grund deren wir der Herkunft gewisser nach Ausweis der Einzelsprachen bereits ursprachlicher Verschiedenheiten nachgehen könnten, haben wir überhaupt kein Recht, die Frage nach ihrer Entstehung aufzuwerfen. Denn man kann sich doch nicht lediglich auf Mutmaßungen beschränken und sozusagen nach dem Gefühl eine von mehreren Möglichkeiten bevorzugen.

Eine Reihe von Fragen erhebt sich auch bezüglich der sog. Epoche der Spaltung der indogermanischen Ursprache, also der Epoche, die wir durch vergleichend-historisches Studium der Einzelsprachen erschließen. In der Tat überzeugen wir uns jetzt immer mehr und mehr, wie verfehlt es ist, die Sache zu einfach anzusehen, als könnten wir unsere Ursprache in all ihren Details als ein einheitliches Ganzes rekonstruieren, das zu einem gewissen Zeitpunkt wirklich so gesprochen worden ist. Außer den oben besprochenen dialektischen Verschiedenheiten ist auch der Umstand zu berücksichtigen, daß wir bei der augenblicklichen Lage der Dinge nicht imstande sind, die Konsequenz der Veränderungen zu bestimmen, die den einzelnen Teilen, in welche die Ursprache zerfiel, ihre besondere Gestalt verlieh. Es ist sehr wohl möglich, daß gewisse Erscheinungen, die für einzelne Sprachen charakteristisch sind, schon in der Epoche aufkamen, als noch ein Zusammenhang mit den Schwestersprachen bestand, und als in ihnen noch Züge sich erhielten, deren Veränderung für sie später charakteristisch wurde. Daraus darf man aber noch nicht schließen, wie einige Gelehrte es getan haben, die von uns rekonstruierten ursprachlichen Formen wären nichts weiter als bequeme Symbole für die Zwecke der Forschung, als wäre das einzige Reale die Verwandtschaft der Einzelsprachen (Meillet). Die Sache ist doch nicht so aussichtslos, wenn wir nur beachten, daß wir allerdings die Einzelheiten des Spaltungsprozesses nicht kennen, und deshalb auch nicht suchen dürfen, eine bestimmte Antwort

auf die Frage zu finden, in welchem Augenblick die Einzelexistenz einer Sprache beginnt. Beschränken wir uns in dieser
Hinsicht, so haben wir dafür das volle Recht, die Geschichte
der Laute und Formen der Einzelsprache zu entwickeln, von
der Epoche der Spaltung der indogermanischen Ursprache an,
indem wir darunter die letzten Augenblicke des gemeinsamen
Lebens der späteren Einzelsprachen verstehen und absehen
von möglichen Wanderungen und Teilungen, die vielleicht der
tatsächlichen Abtrennung einer bestimmten Gruppe voraus-
gingen. Wir haben dann den Laut- und Formenbestand der
indogermanischen Ursprache lediglich als die gemeinsame
Grundlage all ihrer einzelnen Zweige anzusehen. Diese Grundlage definieren wir einstweilen ohne Rücksicht darauf, wann
und welche Teile dieser Grundlage zuerst Veränderungen unter-
lagen.

Bezüglich der Frage nach dem Verhältnis der sprachlichen
zur physischen Verwandtschaft der indogermanischen Stämme
ist zu wiederholen, daß die Zugehörigkeit zu einer Nation bestimmt wird, wie wir schon sahen (Kap. IV), nicht nach den
physischen Merkmalen des Individuums, sondern nach der Zugehörigkeit zu einem gemeinsamen geistigen Kulturkreis, für
den immer die Sprache von größter Wichtigkeit ist. Schon
rein theoretisch kann man kaum erwarten, daß alle Völker, die
indogermanische Sprachen reden, auch in physischer Hinsicht
eine gemeinsame Rasse darstellen. Dagegen zeugen ausdrücklich sowohl moderne anthropologische Untersuchungen der
Indogermanen wie auch historische Tatsachen. Es wäre ebenfalls verfehlt, eine Antwort suchen zu wollen auf die Frage,
welchen von den unter den Indogermanen verbreiteten Typen
man für den ursprünglichen Träger indogermanischer Sprache
und Kultur ansprechen darf. Es sind zu große Zeiträume ver-
flossen seit jener weit zurückliegenden Epoche, als die indogermanische Ursprache entstand, bis zu ihrer Spaltung, und zu
kompliziert ist die Geschichte ihrer Ausbreitung. Die moderne
Anthropologie hat vieles von den früheren Ideen fallen lassen,

und Virchow z. B. leugnet geradezu die Einheitlichkeit des indogermanischen Typus in kraniologischer Hinsicht. Wie ich mir die Sache vorstelle, sind wir tatsächlich nicht imstande, den ursprünglichen Zustand aufzuhellen, wenn wir auch wohl annehmen dürfen, daß in der alten Zeit die Indogermanen ein mehr einheitliches Ganzes vorstellten als später, als sie sich vielfach mit Autochthonen vermischt hatten. Höchst wahrscheinlich ist ferner V. Hehns Annahme, daß die dunkleren Indogermanen aus südlicheren Gegenden stammen oder aus einer Mischung mit dunklen Rassen hervorgegangen sind.

Die Erschließung der indogermanischen Ursprache ließ den Begriff der Urindogermanen[1]) aufkommen, den Gedanken, man könne ihre Kultur, die Geschichte ihrer Wanderungen erschließen, ihre Urheimat entdecken. Ohne allzusehr auf die Details einzugehen, mag darauf hingewiesen sein, daß gegen die Mitte des 19. Jahrhunderts die Frage nach der Urheimat mehr oder weniger bestimmt beantwortet wurde: man suchte sie in Asien im Quellgebiet des Amu-darja und Sir-darja. Man stützte sich dabei auf allgemeine Erwägungen, aber auch auf von der Sprachwissenschaft gelieferte Daten (hierher gehört z. B. der Schluß auf das Erscheinen der Indier in Indien von Norden her: denn sie brachten von dort, aus der gemeinsamen indogermanischen Urheimat die Bekanntschaft mit der Birke mit, deren Benennung zweifellos in der gemeinindogermanischen Epoche bekannt war, vgl. altindisch *bhūrja-* „Art Birke", althochdeutsch *birka*, kirchenslavisch *brěza*, russisch *berëza*, litauisch *béržas*), teilweise auch auf die Überlieferungen der ältesten Literatur der Iranier und Indier. Auf breitere Grundlagen stellte die indogermanische Prähistorie nach mehr oder weniger

---

1) Den Ausdruck Urindogermanen müssen wir nicht im anthropologischen, sondern im kulturellen Sinne verstehen. Allerdings wurde früher nicht immer eine scharfe Grenze zwischen diesen beiden Begriffen gezogen, und die Versuche zur Lösung der in Rede stehenden Fragen trugen den weiter oben entwickelten Sätzen noch nicht Rechnung.

gelungenen Versuchen seiner Vorgänger erst im Jahre 1845 A. Kuhn, der auf Grund der Resultate der vergleichend-historischen Durchforschung der indogermanischen Sprachen ein allgemeines Bild des Kulturzustandes der Indogermanen entwarf. Zu derselben Zeit wurde eine solidere Basis sowohl für die vergleichende Grammatik wie für die Anwendung ihrer Resultate auf die Kulturgeschichte durch die Arbeiten Potts, Benfeys und einiger anderer Gelehrten geschaffen, die dem damaligen Zustande der Wissenschaft entsprechende kritisch durchgearbeitete etymologische Arbeiten lieferten, nach denen man ganze Verzeichnisse kulturhistorisch wichtiger Wörter anlegen konnte. Auf Kuhn folgte im Jahre 1848 Jakob Grimm, der diesen Fragen einige Kapitel seiner Geschichte der deutschen Sprache widmete. Ausgehend von dem Material, das die deutsche Sprache liefert, stellte ihm Grimm die aus den anderen verwandten Sprachen gewonnenen Hinweise gegenüber, und er sprach zuerst den Gedanken aus, daß zwischen der gemeinindogermanischen Epoche und der historisch bezeugten Epoche selbständigen Lebens der deutschen Sprache und Stämme noch kulturelle Übergangsepochen liegen. Kuhns und Grimms Methoden zeichnen sich durch ihre Einfachheit aus: wenn sich ein bestimmtes Wort in allen oder den meisten indogermanischen Sprachen in annähernd gleicher Form (lautgesetzliche Verschiedenheiten kommen nicht in Betracht) und mit annähernd gleicher Bedeutung wiederholt, so geht es eben auf die indogermanische Epoche zurück, ebenso wie der von ihm ausgedrückte Begriff. So dachte man damals, und aus der Übereinstimmung z. B. von altindisch *aśva-*, avestisch *aspa-*, lat. *equus*, griech. ἵππος, lit. *aszva*[1]), altirisch *ech*, altsächsisch *ehu* schloß man ohne weiteres, daß die Indogermanen das Pferd als

---

1) Litauisch *aszva* „Stute" entspricht genau dem altindischen *aśvā*, lateinischen *equa*, aber nicht dem altindischen *aśva-*, lateinischen *equus*; das Beispiel stellt einen von den Unterschieden in der Wortbildungsform dar, die man damals beim Zusammenstellen von Wörtern für Zwecke der Kulturgeschichte unberücksichtigt ließ.

Haustier gekannt haben. So schien es um die Mitte des 19. Jahrhunderts, als wären die Fragen nach Urheimat, Wanderungen und ältester Kultur der Indogermanen absolut zuverlässig und gründlich beantwortet. Jedoch die weiteren Fortschritte der Wissenschaft erschütterten diese Überzeugungen. Ich gehe jetzt zu dieser neuen Periode über und betrachte der Bequemlichkeit halber die drei Grundprobleme gesondert.

Bei den Versuchen, ein Bild von der Kultur der Indogermanen bis zu ihrer Spaltung zu gewinnen, ist zunächst Kuhns Aufsatz 'Die Sprachvergleichung und Urgeschichte' (1855, in der von ihm redigierten 'Zeitschrift für vergleichende Sprachforschung') zu erwähnen. Hier finden sich Bemerkungen von weittragender methodologischer Bedeutung. Sie betreffen die Anwendung der vergleichenden Methode, auf die Kuhn selbst vor zehn Jahren hingewiesen hatte, und es wird hier hervorgehoben, daß die Sache am einfachsten liegt, wenn die Benennung eines bestimmten Kulturerzeugnisses in der Wurzel wie im Suffix entweder in allen indogermanischen Sprachen genetisch identisch ist, oder wenigstens in denen, die die längste literarische Überlieferung besitzen. Jedoch kommt das nicht oft vor, und die Fälle sind überhaupt nicht häufig, in denen ein bestimmtes Wort eine Entsprechung in allen oder den meisten indogermanischen Sprachen hat. Das erklärt sich dadurch, daß der Vorstellungskreis der einzelnen Völker sich verändert hat, sich erweitert oder verengert hat, je nach der Natur der Länder, durch welche sie zogen, und dem Kulturniveau der Stämme, mit denen sie in Berührung traten, wobei viele Sitten und Gewohnheiten unter neuen Lebensbedingungen schwinden mußten. Es ist daher nicht weiter verwunderlich, daß wir bei Griechen, Römern und Germanen Tier- und Pflanzennamen antreffen, die den alten Indern unbekannt sind, die in ihrer neuen Heimat eine so eigenartige Natur vorfanden. Immerhin hat dieser Umstand ernstliche Bedeutung, weil die Existenz gewisser kultureller Termini, die in den Einzelsprachen nicht genügend bezeugt sind, infolgedessen für die

indogermanische Ursprache unbewiesen bleibt, und nur mehr
oder weniger wahrscheinlich ist. Ferner macht Kuhn darauf
aufmerksam, daß wir oft die Bedeutung eines Wortes für die
indogermanische Ursprache nicht präzisieren können, sobald wir
in den Einzelsprachen verschiedene Bedeutungen verwandter
Wörter finden (vgl. griech. φηγός „Eiche", lat. *fāgus* „Buche"!).
Kuhns Hinweise wurden im Laufe der Zeit schärfer formuliert,
erweitert und vervollständigt, auch im Zusammenhang mit den
Kontroversen über neue Versuche ein Bild des Kulturzustandes
der Indogermanen in ihrer Urheimat zu entwerfen. Solche
unternahmen verschiedene Gelehrte: eine hervorragende Stelle
nimmt unter ihnen Pictet ein, der lange Zeit für Historiker
und Ethnologen eine Autorität war, trotz gewichtiger Einwen-
dungen der Spezialkritik. Er hielt das alte Baktrien für die
Urheimat der Indogermanen, auf Grund allgemeiner Erwägungen
und sprachlicher Daten, und gewann ein allgemeines Bild des
derzeitigen Kulturzustandes ohne weiteres aus den Schlüssen,
welche die geographischen und naturhistorischen Besonderheiten des erwähnten Terrains nahe legten, wenn auch nichts
weiter dafür sprach. Andererseits bemüht sich Pictet ganz
und gar nicht, in seinem linguistischen Material das Alte vom
Neuen, das erst in der Einzelexistenz der verwandten Sprachen,
zum Teil auch nur als literarische Tradition auftritt, zu scheiden.
Zudem war er in seinen linguistischen Kombinationen recht
kühn, sogar vom Standpunkt des damaligen Standes der Kenntnis der Lautgesetze. Fügen wir dazu noch seine Überzeugung
von dem höheren Alter des Indischen gegenüber den andern
verwandten Sprachen (die übrigens damals die allgemein herrschende war), die ihn zwang, für die Bestimmung des Kulturzustandes der Indogermanen zunächst vom Indischen auszu-
gehen, so erhalten wir einen ungefähren Begriff davon, wieweit seine Untersuchungsmethoden zuverlässig waren. Allerdings lenkten die besten Kenner des Altindischen gleichzeitig
(die erste Auflage von Pictets Buch erschien 1859—1863, die
zweite 1877) die Aufmerksamkeit auf die willkürliche Benutzung

des Indischen. Doch konnten sie auf viele Gelehrten, die der speziell sprachwissenschaftlichen Arbeit fernstanden, keinen wirklichen Einfluß ausüben.

Auch in Deutschland fehlte es nicht an Versuchen, eine zusammenhängende Darstellung der Kultur der indogermanischen Periode zu geben. Der Iranist Justi zeichnete im allgemeinen dasselbe Bild wie Pictet; aber Schleicher wies schon im Jahre 1860 darauf hin, daß auch kulturelle Termini von einem anderen Volk entlehnt werden können, so daß man also sehr vorsichtig sein müsse mit Wörtern, die sich nicht in allen verwandten Sprachen oder wenigstens in den beiden Gruppen, der slavobaltischgermanischen und iranoindischen, wiederholen (man denke daran, daß zu jener Zeit schon die Frage bezüglich der sogenannten „Wandermotive" in Mythologie und Volksliteratur aufgeworfen war). Außerdem erkannte Schleicher, wie unrichtig die Schlüsse sind, die aus dem Fehlen bestimmter mit den entsprechenden Termini anderer Sprachen verwandter kultureller Termini bei einem Volke gezogen werden: solche Wörter können sehr wohl im Verlaufe eines jahrtausendelangen Sprachlebens verloren gehen.

Als das Gemeinsame aller der zahlreichen im Lauf der betrachteten Periode unternommenen Versuche, die kulturellen und ethischen Bedingungen des Lebens der Indogermanen zu rekonstruieren, muß man unbedingt die Vorstellung von dessen hohem Niveau ansehen; man schrieb ihm schon feste Familien-, Gemeinde- und Staatsverhältnisse zu, Ackerbau und Viehzucht, fast alle heutigen Haustiere usw. Eine wichtige Rolle spielten dabei besonders romantische Ideen von einer Art „goldenen Zeitalters", das unsere Vorfahren in der Urheimat verlebten, und auch die stolze Überzeugung von der reichen Begabung unserer Rasse, die eine so hervorragende Rolle in der allgemeinen kulturellen Entwicklung der Menschheit gespielt und früh eine ziemlich hohe Zivilisation geschaffen hatte. Die Schwierigkeit, die sich ergab, als die Archäologie den recht niedrigen Kulturzustand der Einwohner Europas, welche die „Küchenreste" hinterlassen hatten, erschloß, wurde in der Weise umgangen, daß man einen Wechsel in der Besiedelung Europas annahm, der durch das Eindringen der Indogermanen, die mit den Metallen das Licht der Zivilisation aus Asien mit sich brachten, hervorgerufen wäre.

Die idyllischen Bilder, die man sich in den 50er und 60er Jahren ausgemalt hatte, wurden stark beeinträchtigt durch das Buch von V. Hehn 'Kulturpflanzen und Haustiere in ihrem Übergang von Asien nach Griechenland und Italien sowie in das übrige Europa' (1. Auflage 1870). Hehn gab gewissermaßen eine abschließende Kritik der früheren mit sprachwissenschaftlichen Hilfsmitteln arbeitenden Methoden und legte einen soliden Grund für die Aufführung eines neuen Gebäudes.

Hehn geht bei seiner Untersuchung aus von den Nachrichten antiker und mittelalterlicher Schriftsteller über Leben, Gewohnheiten und Sprachen namentlich der Bewohner des nördlichen Europa, vervollständigt diese Daten und kommentiert sie durch die Ergebnisse der Linguistik, von der er nur gelegentlich ausgeht. Gleichzeitig formulierte er klar und scharf die zwei folgenden Einwürfe gegen seine Vorgänger. Erstens darf man den Wörtern der indogermanischen Ursprache nicht die Bedeutung der Kulturbegriffe zuschreiben, die sie in späterer Zeit haben (z. B. aus der Zusammenstellung aller indogermanischen Sprachen folgt, daß die urindogermanische Gemeinsprache schon ein Wort mit der Bedeutung „Pferd" kannte, daraus folgt aber keineswegs, daß in dieser weit zurückliegenden Epoche das 'Pferd' schon bekannt war als das gezähmte Haustier, das es in späteren Epochen ist). Zweitens bemerkt er, ähnlich wie Schleicher, die Wichtigkeit der Entlehnung kultureller Termini von einem andern Volk, worauf man früher nicht genügend geachtet hatte; die Verschiedenheit in der Auffassung der beiden Gelehrten besteht darin, daß Hehn solche Entlehnungen auch in der Epoche, als die sich später trennenden Sprachen einander noch nahe standen, für möglich hält, so daß zugleich mit der Aneignung eines neuen Begriffes auch eine entsprechende Benennung aufkam, die analog der war, die er in seiner Heimat hatte. Übertragen wir Hehns Beispiel in die Sprache der modernen Wissenschaft, so würden wir sagen, wenn bei einem der verwandten Völker etwa der Begriff „mahlen" aufkommt und zu seiner Bezeichnung das Wort verwendet wird, das allen diesen Völkern in der allgemeinen Bedeutung „zerkleinern" bekannt ist, so verbreitet sich gleichzeitig mit der Verbreitung des betreffenden Begriffes auch die Anwendung des Wortes auf ihn, das in seiner ursprünglichen Bedeutung allen diesen Sprachen gemeinsam ist.

Das allgemeine Bild der Kultur unserer Vorfahren, das man aus Hehns Buch gewinnt, unterscheidet sich grundlegend von den früheren idyllischen Ausblicken. In seiner Darstellung sind die Indogermanen ein nomadisierender Hirtenstamm, der mit den Elementen des Ackerbaues erst gegen Ende des gemeinsamen Lebens bekannt wurde. Als zahme Haustiere kannten sie: Hornvieh, Schaf und Schwein. Ihre Nahrung ist Fleisch und nicht zu Butter oder Käse verarbeitete Milch; ihre Wohnung im Winter künstliche mit Rasen oder Mist gedeckte Hütten, im Sommer Laubhütten oder hölzerne Wagen; von Getränken ist bekannt nur Met; Salz bekamen erst die nach Europa übergegangenen Indogermanen, und von den Metallen brachten sie nur das, übrigens nicht zu Geräten verarbeitete, Kupfer mit. Auch ihr Familienleben war höchst primitiv: man tötete arbeitsunfähige Greise, der Vater hatte das Recht, das Neugeborene nicht anzunehmen, die Frau wurde gekauft oder geraubt usw. Die religiösen Vorstellungen waren nach Hehn in dieser Periode höchst primitiv: noch kein Schritt war getan zur Personifizierung der Naturkräfte, es herrschte der Glaube an Zauberei und anderer Aberglaube.

Hehns Einfluß kam nicht schnell zur Geltung. Auch nach dem Erscheinen seines Buches blieben zunächst die früheren Anschauungen herrschend, und Ficks 1873 erschienenes Buch 'Die ehemalige Spracheinheit der Indogermanen Europas' steht im allgemeinen auf dem früheren Standpunkt. Die 70er

Jahre, in denen viele prinzipielle und eine ganze Reihe spezieller Fragen der vergleichenden Grammatik der indogermanischen Sprachen genauer bearbeitet wurden, lenkten das Interesse von den indogermanischen Altertümern ab. Sie gingen aber natürlich nicht spurlos für diese Disziplin vorbei, weil die Erfolge der wissenschaftlichen Arbeit auch auf dem Gebiete der Etymologie zutage traten und einen soliden Grund für die kulturhistorische Bearbeitung dieser Sprachen legten. 1883 erschien die erste Auflage von Schraders 'Sprachvergleichung und Urgeschichte', wo in weitestem Umfange die Resultate mit benutzt waren, die eine Reihe von Spezialisten auf dem Gebiete der vorhistorischen Kultur durch Untersuchungen von deren materiellen Resten gewonnen hatten. Hiermit und mit der im allgemeinen ausreichenden Vorsicht bei der Benutzung der Ergebnisse der Sprachwissenschaft hängt es zusammen, daß Schrader in mancher Hinsicht zu anderen Folgerungen als Hehn gekommen ist. Auch befaßt er sich schon mit Dingen, die letzterer überhaupt nicht erwähnt. Ohne auf die Einzelheiten einzugehen, mag hier bemerkt sein, daß nach Schraders Darstellung die Kultur der Indogermanen mit der Kultur der neolithischen Periode zusammenfällt; weiter behauptet er den Übergang vom Hirtenleben zum Ackerbau in seiner elementaren Form. Schraders Folgerungen sind im allgemeinen von der Wissenschaft akzeptiert worden. In seinen weiteren Arbeiten hat er seine Untersuchungen vervollständigt und erweitert, immer auf demselben Standpunkt stehend, den er in seinem ersten großen Werk einnahm. Unter den späteren Arbeiten nimmt eine hervorragende Stelle sein 'Reallexikon der indogermanischen Altertumskunde' ein, das in alphabetischer Folge eine Reihe von Artikeln über hierhergehörige Fragen bringt.

Indem ich zu dem andern Problem übergehe, bemerke ich vor allen Dingen, daß die Erschließung der indogermanischen Ursprache auch die Untersuchung der Frage nach ihrer Spaltung nach sich zog, wobei die Einzelsprachen nach ihrer

näheren Verwandtschaft in Gruppen geordnet wurden, die man
teils aus den diesen Sprachen gemeinsamen Altertümlichkeiten
zu erkennen glaubte, teils aus ihren gemeinsamen Neuerungen.
Auf die Gruppen, welche im einzelnen Bopp, Grimm u. a. auf-
stellten, soll hier nicht näher eingegangen werden. Bopps Anschauung ist im wesentlichen die folgende: der slavobaltische
Zweig ist nach Abtrennung der übrigen Sprachen in näherem
Zusammenhang mit der indoiranischen Gruppe geblieben, die
in den indischen und iranischen Zweig erst nach der Abtrennung des slavobaltischen Zweiges zerfiel. Schleichers Theorie
nennt man die Stammbaumtheorie (Schleicher selbst hat, wie
Schrader gezeigt hat, den Ausdruck zum erstenmal im Jahre
1863 in der Broschüre 'Die Darwinsche Theorie und die Sprachwissenschaft' gebraucht), und er selbst stellte den Prozeß der
Spaltung der indogermanischen Ursprache anfangs graphisch
dar durch die Verzweigungen eines Baumstammes, während er
sich später des einfachen Schemas einer sich verzweigenden
Linie bediente. Das Wesentliche dieser Theorie ist folgendes.
Innerhalb der indogermanischen Ursprache bildeten sich infolge
der in der Natur der Sprache begründeten Tendenz nach Differenzierung zwei Sprachen (vielleicht auch noch mehr, erhalten
und weiter entwickelt haben sich aber jedenfalls nur diese
zwei); später haben sich die Indogermanen getrennt, und die
ihnen überkommenen Varianten der gemeinsamen Ursprache
haben sich weiter differenziert. Bei der Bestimmung der
nächsten verwandtschaftlichen Beziehungen zwischen den verschiedenen Abkömmlingen der gemeinsamen Ursprache ging
Schleicher von zwei Thesen aus. Erstens, je weiter nach Westen
die indogermanische Sprache gekommen ist, desto mehr Neubildungen enthält sie und desto weniger Altes; zweitens, je
weiter nach Westen ein indogermanisches Sprachgebiet liegt,
desto früher hat es sich von der gemeinsamen Ursprache losgetrennt. Nach diesem Schema trennten sich also zuerst die
Slavogermanen ab, sodann setzten sich die Gräkoitaler in Bewegung und schließlich die Indoiranier. Nur bezüglich der

keltischen Sprachen entstand für Schleicher eine Schwierigkeit. Zuerst nahm er, entsprechend seiner zweiten These, an,
sie hätten sich früher als ihre Verwandten losgetrennt, die genauere Bekanntschaft mit diesen Sprachen nötigte dann aber
doch, sie näher zur gräkoitalischen Gruppe zu stellen, und das
störte natürlich das allgemeine dem ganzen System zugrunde
liegende Prinzip.

In demselben Jahre (1853), in dem Schleicher zum erstenmal mit seiner Auffassung der Spaltung der indogermanischen
Ursprache hervortrat, sprach Max Müller den Gedanken aus,
daß sich die Indogermanen ursprünglich in zwei Gruppen gespalten hätten: in eine nordwestliche, aus der später die indogermanischen Europäer hervorgingen, und eine südliche, die
später in Inder und Iranier zerfiel. Diese Theorie, die in ihrer
ursprünglichen Form ohne hinreichende Begründung ausgesprochen wurde, fand später Anhänger in Lottner, Curtius,
Fick und anderen, welche auf die allen europäischen (indogermanischen) Sprachen gemeinsamen Eigentümlichkeiten hinwiesen,
die sie von ihren asiatischen Schwestersprachen unterschieden.

Schleichers Grundidee wurde auch für die einzelnen indogermanischen Sprachzweige und ihre Gruppen angewendet.
Dabei galt der Satz, daß nähere Verwandtschaft zweier oder
mehrerer Sprachen nur zu erklären sei durch die Annahme,
daß die betreffenden Sprachen nach ihrer Trennung von den
übrigen eine gemeinsame Existenz, also als e i n e Sprache, geführt und sich erst später in zwei oder mehrere selbständige
Sprachen gespalten hätten.

Gegen die Stammbaumtheorie trat im Jahre 1872 einer der
hervorragendsten Vertreter der vergleichenden Sprachwissenschaft der Periode nach Schleicher auf, nämlich Johannes
Schmidt. Nach seiner Ansicht stellt die Gesamtheit der indogermanischen Sprachen eine kontinuierliche Reihe dar, in der
immer benachbarte Elemente spezielle Übereinstimmungen aufweisen; dabei erstreckten sich gewisse Erscheinungen auf
mehrere Nachbarsprachen, indem sie sich in verschiedenen

Richtungen gegenseitig durchkreuzten. Es erkläre sich das so, daß in ursprachlicher Zeit an verschiedenen Punkten der noch eine kompakte Masse darstellenden Ursprache Neuerungen aufkamen, die auf die benachbarten Gegenden übertragen wurden und sich dort mehr oder weniger eingebürgert hätten. Das Vorhandensein scharfer Grenzen, die es bei dieser Auffassung des Differenzierungsprozesses eigentlich nicht geben dürfte, erklärt sich nach Schmidt durch Verschwinden von Zwischengliedern infolge eines Übergewichtes, das aus irgendwelchen Gründen ein Sprachgebiet über seine Nachbarn zu beiden Seiten gewinnt. Es bleibt noch zu bemerken, daß aus dieser Theorie, die man Wellentheorie genannt hat, folgt, daß man die jetzige Verteilung der indogermanischen Sprachen als Reflex der Gruppierung in der Urheimat ansehen muß, wenn es sich auch da um einen bedeutend kleineren Maßstab handelte.

Schmidts Anschauungen fanden überzeugte Anhänger unter den Spezialisten der modernen Dialektforschung; aber auch ebenso entschiedene Gegner, die Schmidts Argumente nicht gelten lassen wollten. Es zeigte sich in der Tat, daß eine Reihe lautlicher Besonderheiten, auf die sich Schmidt berief, doch anders aufzufassen sind (z. B. wurde von Schmidt selbst nachgewiesen, daß auch die indoiranischen Sprachen einmal Vokale hatten, die den europäischen *e* und *o* entsprechen, und daß in der Ursprache nicht nur *a* existierte, auf dessen Erhaltung bei den Indoiraniern im Gegensatz zu der gemeineuropäischen Lautspaltung sich auch Schmidt berufen hatte), aber er hielt seine Theorie deshalb nicht für erschüttert, weil er nicht alle Einwände zugab (so hielt er sich nicht für widerlegt durch die Erschließung von zwei, und dann drei Gutturalreihen in der Ursprache, statt des einen Paares *k* und *g*, das man früher ansetzte. In deren in den einzelnen Sprachgruppen verschiedener Vertretung sah er einen Beweis für seine Anschauung, weil sonst z. B. die Übereinstimmung des Baltischen, Slavischen, Indischen und Iranischen in der Vertretung des palatalen *k* und *g* durch palatodentale Laute unerklärt bleibt).[1]) Schrader steht, wie mir scheint, nicht ganz mit Recht auf Schmidts Seite. Ich möchte lieber Brugmann beistimmen, der annimmt, daß solche Übereinstimmungen das Resultat von Zufälligkeiten sein **können** (wenn auch nicht absolut sein **müssen**), und daß für die Frage nach der näheren Verwandtschaft zwischen Sprachen nicht vereinzelte Übereinstimmungen entscheidend sind, sondern das Vorhandensein einer Anzahl gleicher Neubildungen. Ich glaube auch mit vielen anderen, daß die Frage entschieden werden muß auf Grund der Gesamtergebnisse der Geschichte der untersuchten Sprachen, und daß wir nicht die eine oder andere Einzelheit herausgreifen dürfen.

Stammbaum- und Wellentheorie wurden verschmolzen von dem bekannten Slavisten Leskien. In der Vorrede zu seinem Buche 'Die Deklination im Slavisch-Litauischen und Germanischen' zeigte er, daß es unmöglich ist, sich die Verbreitung der Indogermanen ausschließlich als allmähliche Ausbreitung ohne Veränderung der urheimatlichen Gruppierung vorzustellen.

---

1) Vgl. altslavisch *sьto*, litauisch *szìmtas*, altindisch *śatám* und griechisch ἑ-κατόν, lateinisch *centum*; altslav. *desętъ*, lit. *dészimt*, altind. *dáśa* und griech. δέκα, lat. *decem*; altslav. *zna-ti*, lit. *źinó-ti*, altind. Wurzel *jñā* 'wissen' und griechisch γιγνώσκω, lat. *co-gnōsco, nōsco*. Andrerseits, mit altem velaren *k* altslav. *krъvь*, lit. *kraũjas*, altind. *kravís* „rohes Fleisch" und griech. κρέας, lat. *cruor*; mit altem velaren *g* kirchenslav. *žeravь* (*ž* aus *g* vor palatalem Vokal), lit. *gérvė* und griech. γέρανος, lat. *grūs*. Im Griechischen und Lateinischen hatten labiovelares *k* und *g* eine andere Entwicklung als reinvelares *k* und *g*, die mit palatalem *k* und *g* zusammenfielen: wo die Labialisation sich hielt, wurden im Griechischen die labialovelaren *k* und *g* zu π und β (außer vor palatalen Vokalen), τ und δ (vor palatalen Vokalen), im Lateinischen zu *qu* und *gu*; letzteres hielt sich nur nach *n* und wurde in anderer Stellung zu *v*: vgl. griech. πότερος, lat. Pronominalstamm *quo-*, altslav. *koteryi, kotoryi*, lit. *katràs*, altind. *katará-*; griech. τε ,lat. *que*, altind. *ca*; griech. βίος, lit. *vīvos*, altslav. *žívъ* (*ž* aus *g*), lit. *gývas*, altind. *jīvá-* „lebendig" (griech. βίος hat kurzes *i*); griech. ἀ-δελφός („Bruder", wörtlich „aus demselben Mutterleibe"), altind. *gárbha-s* „Mutterleib, Frucht", altslav. *žrěbę*.

Es ist jedenfalls nicht ohne Verschiebungen der einzelnen Gruppen und ohne Auswanderungen abgegangen. Es ergibt sich auf die Weise folgendes Schema: drei Gruppen a, b, c innerhalb der Ursprache, aus denen sich später selbständige Sprachzweige entwickelten, konnten in verschiedenem Verhältnis zueinander stehen, und zwar gewisse Erscheinungen gehörten a, b, c an, andere a und b, wieder andere b und c; die Abwanderung der Gruppe c hob den Zusammenhang von c mit a und b auf, so daß hiernach a und b, die in dem alten gegenseitigen Verhältnis blieben, jetzt gemeinsame Veränderungen durchmachen konnten, an denen c keinen Anteil mehr hatte.

Die Anerkennung von Leskiens Theorie seitens der meisten Vertreter der Sprachwissenschaft steht im Zusammenhang mit Beobachtungen aus der Geschichte der lebenden Sprachen und dem Sprachleben überhaupt. Wir sahen schon (s. Kap. IX), daß die Spaltung der Sprache in Dialekte, die dann selbständige Sprachen wurden, eine höchst komplizierte Erscheinung ist, die sich nicht in eine bestimmte Theorie, wie die Stammbaum- oder Wellentheorie, fügt. Es fragt sich also nur, was die konkreten Veranlassungen zur Spaltung der indogermanischen Ursprache waren, und ich bin der Ansicht, daß alle Versuche, diesen Prozeß zu erklären, beim augenblicklichen Stande der Wissenschaft nichts als mehr oder weniger geistreiche Hypothesen bleiben werden. Wenn man auch im Prinzip die Möglichkeit gegenseitiger Beeinflussung der indogermanischen Sprachen und ihrer nichtindogermanischen Vorgänger, die von einigen zur Erklärung gewisser Erscheinungen in bestimmten indogermanischen Sprachen herangezogen wurden (Penka, Hirt u. a.), zugibt, so würde ich doch einstweilen eine praktische Anwendung dieser Hypothese nicht wagen.

Auch für die Frage nach der Urheimat der Indogermanen hat Pictet den Anfang systematischer Forschung gemacht: er sprach sich für das alte Baktrien aus, worauf ihn eine Reihe von linguistischen, topographischen und historisch-geographischen Erwägungen brachten. In der Folgezeit widmeten sich eine Menge Gelehrter und Dilettanten der interessanten Frage. Ebenso entschieden, wie man früher gewisse Gebiete südöstlich vom Kaspischen Meere für die Urheimat unseres Stammes hielt (ich halte mich hier nicht bei der Hypothese von dem indischen Ursprung der Indogermanen auf, die völlig verfehlt ist und sich auf die ganz falsche Auffassung des Sanskrit gründet, als wäre dies die Ursprache, von der alle ihm verwandten Sprachen ausgegangen sind), ebenso überzeugt wird heutzutage die Urheimat meist irgendwo in Europa gesucht.

Linguisten und Vertreter anderer Wissenschaften, die den ersteren Standpunkt einnahmen, haben sich teils auf allgemeine Erwägungen gestützt, die in Asien die Wiege des Menschengeschlechtes sehen, teils auf mehr spezielle Angaben der Überlieferungen und der ältesten Literaturdenkmäler der Iranier und Indier: auf die Vorstellungen über den Gang der Ausbreitung der Indogermanen, wobei sie von der Überzeugung ausgingen, daß die ihrer Struktur nach ältesten Sprachen, wofür das Altindische und Altiranische galten, der angenommenen Urheimat näher als alle anderen sein müßten, und schließlich auf die Ergebnisse der vergleichend-historischen Durchforschung der indogermanischen Sprachen. Auf diesem letzten Wege hoffte man Hinweise auf klimatische und geographische Erscheinungen zu finden, desgleichen auf Tier- und Pflanzenwelt, die es ermöglichen würden, die gesuchte Urheimat geographisch genau zu bestimmen.

Für Europa — um auf das zweite Stadium in der Geschichte dieser Frage zu kommen — wurde zuerst auf Grund allgemeiner Erwägungen gestimmt. Der Engländer Latham erkannte schon im Jahre 1851 die größere Wahrscheinlichkeit der Annahme, daß man an Europa und nicht an Asien zu denken habe, weil die Abtrennung der kleineren Masse von Sprachen, und dazu der gleichartigeren, wie sie die indoiranischen sind, von der größeren und mehr differenzierten, wie die europäischen, wahrscheinlicher ist als das Gegenteil, daß nämlich die Indogermanen aus Asien gekommen wären, wo sie nur

einen kleinen Teil ihres ursprünglichen Bestandes zurückgelassen hätten. Wie zu erwarten, hat diese Hypothese lebhafte Kontroversen hervorgerufen, und der Grundgedanke, daß
der Ausgangspunkt der Indogermanen in Europa zu suchen
sei, wurde weiter entwickelt. Die einzelnen Forscher haben
dabei die genauere geographische Lage dieses Ausgangspunktes
verschieden zu bestimmen gesucht (Skandinavien, die Sümpfe
von Pinsk, Norddeutschland, die südrussischen Steppen), wobei
gelegentlich recht ausgedehnte Territorien genannt wurden (vom
35. Grad nördl. Breite bis zum Polarkreis). Auch hier treffen
wir Argumente allgemeinen Charakters und Schlüsse aus den
Ergebnissen der linguistischen Paläontologie; der Unterschied
liegt darin, daß sich für die europäische Theorie auch Anthropologen und Archäologen auf Grund von Argumenten aus dem
Bereiche ihrer eigenen Wissenschaften ausgesprochen haben.
Ich pflichte unbedingt Kretschmer und einigen anderen in
ihrer ablehnenden Haltung gegenüber den Versuchen bei, Material für die Lösung der Frage nach der Urheimat der Indogermanen aus den von der Anthropologie und Archäologie
beigebrachten Tatsachen zu gewinnen. Bezüglich der ersten
Disziplin ist zu sagen, daß der Glaube an die Möglichkeit, scharf
gesonderte Arten vorhistorischer Rassen auf Grund kraniologischer Messungen zufällig erhaltener ganzer Schädel und
Schädelstücke bestimmen zu können, durch die Beobachtungen
jetzt lebender Rassen stark erschüttert wurde; bei diesen finden
wir nämlich in größerem oder geringerem Maße Vermischung
der betreffenden Typen. Andererseits ist eine unumgängliche
Voraussetzung bei allen Schlüssen von den jetzigen Bewohnern
Europas auf ihre vorhistorischen Vorfahren die Überzeugung
von der Konstanz der kraniologischen Merkmale: doch wird
gerade diese von gelehrten Autoritäten bestritten; z. B. eine
Autorität wie Virchow, der sich bezüglich des ersterwähnten
Punktes skeptisch ausgesprochen hatte, spricht von der Möglichkeit eines Überganges der Dolichokephalen in Brachykephalen
(s. die Literatur zu der Frage im 2. Kapitel von Kretschmers

'Einleitung in die griechische Sprache'). Ebenso skeptisch muß man sich einstweilen auch gegenüber allen Versuchen verhalten, andere Merkmale heranzuziehen, z. B. Gesichtsform, Farbe und Struktur der Haare, Hautfarbe usw. Im Resultat muß man eben sagen, daß alle Hypothesen, welche die Indogermanen mit irgendeiner neolithischen Rasse zusammenstellen wollen, schwach begründet sind, sowohl in der Bestimmung der neolithischen Rassen selbst, als auch in den Versuchen, eine von ihnen mit den Indogermanen zusammenzustellen. Bestätigt wird dieses Urteil durch die große Mannigfaltigkeit, manchmal geradezu Gegensätzlichkeit der von den verschiedenen Gelehrten aufgestellten Theorien.

Nicht besser steht es mit den Theorien, die sich auf die Ergebnisse der Archäologie stützen; hierher gehören die Arbeiten von Much und Kossina. Der erstere hat mehr oder weniger alle Reste der materiellen Kultur angezogen, während der zweite sich fast ausschließlich auf äußere Form und Ornamentik der Tongefäße beschränkt. Gemeinsam ist beiden die Annahme, daß die geographische Verbreitung der Reste, die von der fortschreitenden Kultur zeugen, bedingt ist durch die Wanderungen der Völker, und daß man durch das Studium derartiger Objekte den Ausgangspunkt der betreffenden Bewegung bestimmen könne. Schrader hat vollkommen recht, wenn er in seinem Buch die ganze Unsicherheit und Willkürlichkeit solcher Folgerungen aufzeigt, die abhängen von zufälligen Resten und z. B. Handelsbeziehungen gar keine Rechnung tragen. Ebenso wie er, halte auch ich es für völlig unberechtigt, bestimmte Kulturgegenstände den Urindogermanen zuzuschreiben (noch dazu unterscheiden sich darin die beiden Gelehrten), mag auch auf den ersten Blick der Umstand bestechend sein, daß Much so wie Kossina, jeder von seinem Standpunkt aus, zu gleichen Resultaten gekommen sind, indem sie die Urheimat nach Norddeutschland verlegten.

So verliert die europäische Hypothese das, was sie scheinbar vor der andern, die die Urheimat in Asien suchte, voraus hatte, nämlich, daß sie durch andere mit objektiven Tatsachen arbeitende Wissenschaften gestützt wurde. Sehen wir nun zu, wie es um die Argumente steht, die uns die Sprachwissenschaft, unterstützt durch die Kulturgeschichte, an die Hand gibt.

Schrader schreibt in der 3. Auflage seines Buches (S. 124): „Wenn es aber somit weder der Anthropologie, noch der Urgeschichte bis jetzt gelungen ist, irgendwelche entscheidende Gesichtspunkte für die Beantwortung der Frage nach der Urheimat der Indogermanen beizubringen, so bleibt als der einzige Weg, auf dem man sich z. Z. mit der Hoffnung auf Erfolg der Lösung des schwierigen Problems nähern kann, immer noch der linguistisch-historische, d. h. die Verbindung sprachwissenschaftlicher mit historischen und geographischen Erwägungen übrig.“ Wenn man vorurteilslos die Motive nachprüft, welche die Gelehrten die gesuchte Urheimat in verschiedene Punkte Europas verlegen ließen, so muß man doch an der Möglichkeit einer endgültigen Antwort bei Anwendung dieser Methode zweifeln. In der Tat, wenn die Tatsachen der „linguistischen Paläontologie“, die zugunsten der asiatischen Theorie ins Feld geführt werden, der Kritik nicht standhalten, oder besser gesagt, die Frage nicht in diesem Sinne entscheiden, so gilt dasselbe auch für die Argumente, die die europäische Theorie begründen sollen. Und wirklich ähnlich wie früher die Überzeugung herrschte, daß man die Urheimat unbedingt in Asien suchen müsse, und daß nur noch ihre genauere geographische Lage zu bestimmen sei, so neigte sich später die Mehrheit der zuerst von Latham auf Grund allgemeiner Erwägungen aufgestellten Hypothese zu. Die Sprachwissenschaft gibt nur allgemeine Hinweise auf die Natur der Urheimat, die auf recht verschiedene Gegenden passen; gewisse Einzelheiten sind von Anhängern beider Hypothesen in gleicher Weise benutzt worden. Die meisten von ihnen gehen in der Regel nicht von der Gesamtheit der Tatsachen aus, sondern nur von ein paar herausgegriffenen Einzelheiten. Verhältnismäßig wenige Gelehrte

(z. B. Whitney, später teilweise auch Kretschmer) nahmen in der Frage einen skeptischen Standpunkt ein.

Wenn die Sache nicht durch theoretische Erwägungen[1]), nicht mit Hilfe der Anthropologie und Archäologie zu entscheiden ist, wenn die „linguistische Paläontologie" nur ganz allgemeine Hinweise auf die Natur und Lebensbedingungen der Urheimat der Indogermanen zu geben vermag, so kann man jene kaum genau fixieren. Wenn man indes an diese Möglichkeit glaubt, so wird der richtigste Weg immer noch der von Schrader gewählte bleiben, der die Urheimat in das südöstliche Steppengebiet Europas verlegt, das sich auch bis nach Asien hinzieht, indem er sich auf das gesamte Material stützt und nicht lediglich Einzelheiten herausgreift, wie das andere tun, die sich z. B. auf die Verbreitungsgebiete der Buche stützen, die nach ihrer Meinung den Indogermanen bekannt war (Hirt). Zum Schluß muß noch gesagt werden, daß für die Feststellung der Urheimat verläßliches Material auch kaum von dem Ausfall der Antwort auf die Fragen zu erwarten ist, ob die der indogermanischen Sprachen einerseits mit den finnischen, andererseits mit den semitischen Sprachen verwandt seien. Denn wir werden es da mit so weit zurückliegenden Epochen zu tun haben, die vielleicht durch Jahrhunderte und durch mannigfaltige Völkerverschiebungen von der uns durch vergleichende Betrachtung der indogermanischen Sprachen erschlossenen Periode getrennt sind. Was Johannes Schmidts Argument zugunsten der asiatischen Theorie anlangt, nämlich den Hinweis auf alte kulturelle Beziehungen der Indogermanen zu den Semiten (die entlehnten altind. *paraśú-s*, griech. πέλεκυc = sumerisch *balag*, babylonisch-assyrisch *pillaku* „Axt"; altind. *lohá-s, lohá-m*, slav. *ruda*, lat. *raudus*, altnord. *raudi*,

---

1) Den allgemeinen Erwägungen in dieser Frage können andere, gerade entgegengesetzte, entgegengehalten werden: man darf sich z. B. nicht darauf berufen, daß von zwei verwandten Gruppen die größere der Ausgangspunkt ist; denn die angelsächsische Rasse ist z. B. in der neuen Welt viel zahlreicher als im Mutterlande.

sumerisch *urud*; der Einfluß des babylonischen Zählsystems, in
dem die 60 eine wichtige Rolle spielt, auf das Dezimalsystem,
vgl. im Griechischen die Scheidelinie zwischen ἑξήκοντα und
ἑβδομήκοντα), so beweist es nichts, denn der Kultureinfluß eines
Volkes auf das andere kann unmittelbar sein, kann aber auch
manchmal Umwege machen.

Kretschmer verzichtet im allgemeinen darauf, die Urheimat
der Indogermanen im engeren Sinn zu bestimmen, und versucht lediglich die Grenzen ihrer ältesten Ausbreitung fest-
zulegen; er findet sie so, daß er die Gebiete abtrennt, in welche
sie sichtlich erst spät eingedrungen sind. So ergibt sich ihm
ein schmaler Streifen, der von Frankreich durch ganz Mittel-
europa bis zu den kirgisischen Steppen und bis Iran reicht.
Seine weiteren Erwägungen darüber, daß die Ergebnisse der
„linguistischen Paläontologie" im Gebiete jeder Einzelsprache
am besten zu den historischen Sitzen ihrer Träger stimmen
und zu der Annahme nötigen, daß keine bedeutenderen Verschiebungen und Wanderungen stattgefunden haben (S. 64 f.),
wollen auch bei dieser Fragestellung ebensowenig entscheidend
scheinen wie auch bei der anderen, weiteren Fassung des
Problems. Man vergleiche z. B. die Erwägungen, die er auf
der Tatsache aufbaut, daß ein Teil der Indogermanen das
Wort „Meer" kannte: er sucht dessen Entstehung bei den
Kelten, weil es zur Eiszeit weder die Nordsee, noch die Ostsee
gab (und Kretschmer nimmt an, daß die Indogermanen wenigstens zum Teil schon der paläolithischen Kulturperiode angehören), und sich deshalb die Benennung des Meeres nur
von den Kelten ausbreiten konnte, die am Ozean saßen;
Kretschmer weiß dabei nicht recht, was er mit dem lateinischen
mare anfangen soll, das bezeugt, daß die italischen Stämme
das Meer kannten. Der Ausweg, den er darin zu sehen glaubt,
daß das Verhältnis von lat. *mare* zu keltisch *mori* unklar ist,
befriedigt natürlich nicht. Nach meiner Ansicht ist auch die
Theorie von dem paläolithischen Ursprung der Indogermanen
nichts als eine kühne Hypothese.

Nachdem wir uns in allgemeinen Zügen mit der Geschichte des Problems der indogermanischen Kultur, ihrer Urheimat und Ausbreitung bekannt gemacht haben, gehe ich über zur allgemeinen Wertung der Mittel, über welche die Sprachwissenschaft für die Erforschung vorhistorischer Epochen verfügt.

Hier wäre zunächst zu erwägen, ob wir mit dem „argumentum ex silentio" operieren dürfen, ob wir Schlüsse ziehen dürfen auf Grund des Fehlens gewisser Kulturwörter in einer Sprache. Wir kennen nun Fälle, in denen altes Sprachgut später verloren gegangen ist, und deshalb kann das Fehlen solcher Ausdrücke an sich als späterer Verlust aufgefaßt werden oder auch als alte Unbekanntschaft mit den entsprechenden Begriffen. Speziell für die indogermanischen Sprachen muß man das gewaltige Verbreitungsgebiet berücksichtigen, und die dadurch bedingten klimatischen und geographischen Verschiedenheiten, woraus sich von selbst die Notwendigkeit ergibt, hier bedeutsame Veränderungen auf dem Gebiete altererbter Kulturwörter zu erwarten. Schrader spricht sich mit vollem Rechte gegen eine absolute Skepsis in dieser Frage aus, wie sie z. B. Kretschmer, wenigstens theoretisch, vorträgt. Im 1. Band der 'Sprachvergleichung und Urgeschichte' findet sich folgende These (S. 162): „Im besonderen wird man nicht an ein zufälliges Aussterben einst vorhandener Ausdrücke denken dürfen, wenn es sich um ganze Begriffskategorien handelt." Als erklärende Beispiele führt er einige Fälle an, wo im Indogermanischen eine verhältnismäßige Armut an alten eigenen Bezeichnungen zu konstatieren ist, die sich nicht auf die näher verwandten oder benachbarten Sprachen beschränkte, auf dem Gebiet der Schiffahrt, des Schiffbaus, im Gegensatz zu den Ausdrücken, die sich auf den Wagenbau beziehen, und anderen. Aus der Betrachtung solcher Fälle leitet er völlig mit Recht Schlüsse auf bestimmte Seiten des Kulturzustandes der Indogermanen ab, hier z. B. die Annahme, daß die Indogermanen nicht nur keine Fischesser waren, sondern auch, daß die Fische keinerlei bedeutende Rolle in ihrem täglichen Leben spielten, daß ihre Wasserfahrzeuge wahrscheinlich

weiter nichts waren als ausgehöhlte Baumstämme usw. (vgl. 'Reallexikon' s. v.). Es werden Fälle angeführt (S. 163), in denen
auch wir bezüglich einzelner Ausdrücke (nicht ganzer Gruppen
solcher) berechtigt sind, bestimmte Schlüsse auf Grund des
Fehlens altererbter Bezeichnungen in diesen Sprachen zu ziehen,
nämlich, wenn die Geschichte dieser Wörter selbst die nötigen
Hinweise liefert: so z. B. weisen auf das Fehlen von Fenstern
in den indogermanischen Wohnstätten die Besonderheiten der
Geschichte der einzelsprachlichen Wörter: ihre Entlehnung aus
einer anderen Sprache (lat. *fenestra*)[1]), Bildung durch Komposition (gotisch *auga-daurō*), die Etymologie (russ. *okno*, neben
oko „Auge“) usw.

Eine zweite Frage betrifft einen grundlegenden Punkt der
linguistisch-historischen Forschung, die Frage nämlich, in wieviel Sprachen sich verwandte Wörter wiederholen müssen,
damit man sie für gemeinindogermanische halten darf (d. h.
für Wörter, die in der Ursprache schon existiert haben), und
welchen Wert Entsprechungen haben, die sich nur auf einige
Sprachen beschränken, aber andererseits in den Einzelsprachen
nicht identisch, sondern nur verwandt sind. Wie wichtig dieses
Problem ist, wird man einsehen, wenn man sich die Mühe gibt,
auch nur flüchtig die etymologischen Wörterbücher zu durch-
blättern. Selten sind im allgemeinen die Fälle, wo wir ein Wort
in einer bestimmten Gestalt durch alle verwandten Sprachen
verfolgen können: häufiger können wir in allen Sprachen Bildungen von ein und demselben Stamm nachweisen, die aber
im einzelnen sich unterscheiden. Ernstliche Schwierigkeiten
entstehen auch für die Bedeutungsbestimmung der betreffenden
Wörter oder Stämme in der Ursprache, weil wir durchaus nicht
immer die Bedeutungsentwicklung verwandter Bildungen durch

---

1) Das lateinische *fenestra* sehen einige Forscher als Entlehnung
aus dem Griechischen an, obwohl ein entsprechendes Wort doch
nicht belegt ist, andere halten es für eine Bildung von der Verbalwurzel, die dem griechischen φαίνω, altindischen *bhāti* 'leuchtet'
zugrunde liegt.

die Einzelsprachen verfolgen können, und weil wir uns oft nur ganz allgemeine Vorstellungen über den Bedeutungswert in der Ursprache bilden können. Natürlich gibt uns die Sprachgeschichte manchmal für unsere Schlüsse eine zuverlässige Unterlage; wenn z. B. die Entsprechung der speziellen, übertragenen Bedeutung eines Wortes in einigen Sprachen vorhanden ist, während der Stamm in seiner ursprünglichen Bedeutung auch in anderen Sprachen belegt ist, so macht dieser Umstand wahrscheinlich, daß die spezielle Bedeutung sich von Anfang an auf die betreffende Sphäre beschränkte. Schrader gibt einige Beispiele: irisch *imb*, althochdeutsch *anche* „Butter" sind Bildungen von einer Wurzel mit der allgemeinen Bedeutung „schmieren", „Salbe", vgl. lat. *unguentum*, altindisch *añjana-* (S. 167).

Überhaupt können wir bei vereinzelten Entsprechungen, die sich nur auf einige von den verwandten Sprachen beschränken, oft nicht sagen, ob sie einst ein großes Verbreitungsgebiet hatten und in den anderen Sprachen lediglich in Verlust gerieten, oder ob ihr ursprüngliches Verbreitungsgebiet sich mit dem von uns erschlossenen deckt. Man muß deshalb unbedingt, wie Schrader tut, daran festhalten, daß im allgemeinen nur solche teilweisen Entsprechungen für allgemeine Folgerungen von Wert sind, die sich nicht auf vereinzelte Fälle beschränken, sondern sich in einer größeren Zahl wiederholen. Solche Beziehungen hat die Wissenschaft nur zwischen benachbarten (oder einmal benachbart gewesenen) Sprachen aufgezeigt, außer zwischen dem indischen und dem iranischen Sprachzweig einerseits und zwischen dem baltischen und dem slavischen andererseits. Daraus folgt weiter, daß wir als gemeinindogermanisch ansehen können: 1. solche Wörter, die sich in allen Sprachzweigen wiederholen (über den Unterschied zwischen ganz identischen und nur verwandten Wörtern s. u.); 2. mit großer Wahrscheinlichkeit solche Wörter, die in den meisten der einzelnen Sprachzweige sich wiederholen; 3. mit einiger Wahrscheinlichkeit Wörter, die in Sprachen bezeugt sind, deren unmittelbare Beziehungen frühzeitig aufhörten. Schrader ist geneigt, die Wörter für indogermanisch zu halten, die mindestens in einer indoiranischen und in einer europäischen Sprache bezeugt sind, in einer nordeuropäischen und einer südeuropäischen Sprache, oder gar nur im Griechischen und Lateinischen. Natürlich müssen wir bei der Wertung von Fällen der beiden letzteren Kategorien auch berücksichtigen, wieviel allgemeine Wahrscheinlichkeit unsere Thesen auf Grund unserer Kenntnisse der Geschichte der indogermanischen Sprachen in ihrer Gesamtheit haben; für am meisten subjektiv möchte ich die Schlüsse halten, die mit Tatsachen der dritten obengenannten Kategorie operieren. Für die zweite Kategorie kann man auf Grund der vorhergehenden Bemerkungen Schraders eine treffendere Formulierung geben, die die italischen Sprachen ausschließt, welche Berührungen mit den keltischen, weiter den germanischen und sogar den baltoslavischen Sprachen haben. Es wäre noch auf eine Einzelheit einzugehen, wie nämlich die Ausdrücke „indogermanisch“, „indogermanische Epoche“ zu verstehen sind angesichts der verschiedenen Folgerungen, die sich auf lexikalische Entsprechungen der indogermanischen Sprachen gründen. Ich stimme vollkommen Schrader bei, daß wir die völlige Analogie zwischen der Entstehung solcher Entsprechungen in allen indogermanischen Sprachen zugeben müssen und solchen, die sich nur auf einige Sprachen in der oben gezeigten Weise erstrecken (d. h. an einem oder mehreren Punkten der Gesamtmasse entstand eine Neuerung und breitete sich von da aus weiter aus), wenn es sich wirklich um alte Erscheinungen handelt, die noch in der Epoche des gemeinsamen Lebens der einzelnen Sprachzweige entstanden sind. In Fällen der letzteren Art können wir im allgemeinen die Frage nicht entscheiden, wie weit sich ursprünglich die Verbreitungssphäre erstreckt hat. Besonders vorsichtig muß man sich gegenüber Ähnlichkeiten in benachbarten Sprachgruppen verhalten, weil sie, wenn auch immer noch sehr früh, doch vielleicht schon nicht mehr in der gemeinsamen Epoche entstanden sind; teilweise konnten sie freilich auch in dieser Epoche entstehen. Die Frage wird dadurch noch komplizierter, daß wir den allgemeinen Gang der Ausbreitung der Indogermanen nicht kennen, und es sich hier nicht nur um eine einfache allmähliche Ausbreitung mit etwa derselben Gruppierung wie in der Urheimat handelt, sondern um eine ganze Reihe von Verschiebungen und Abwanderungen. Man darf endlich auch nicht übersehen, daß die von uns aufgestellten Entsprechungen nicht gleich alt sind, weil man doch annehmen muß, daß sie in verschiedenen Epochen der Ursprache entstanden und sich auch verschieden rasch verbreiteten, so daß Fälle gegenseitiger Durchkreuzung innerhalb des betreffenden Zeitraumes vorkamen. Das darf uns aber nicht von der Forschung abhalten; denn, solange wir nicht imstande sind, im einzelnen die ursprachlichen Epochen auseinanderzuhalten, müssen wir uns notwendigerweise auf allgemeine Umrisse, eine allgemeine Charakteristik beschränken, ohne die allmählich gemachten kulturellen Errungenschaften irgendeiner Gruppe der „Indogermanen" bestimmter zu konstatieren.

Sodann erhebt sich die Frage, welchen Bedingungen die Ähnlichkeit der einzelnen Wörter in formeller Beziehung genügen muß, wenn wir sie als Material für linguistisch-historische Untersuchungen benutzen wollen. Wir haben oben gesehen, wie Kuhn hierüber dachte, und müssen anerkennen, daß die heute angewandten Untersuchungsmethoden sich im Zusammenhang mit den allgemeinen Erfolgen der modernen Wissenschaft bedeutend vervollkommnet haben. Abgesehen von dem einfachen Fall, daß wir in den einzelnen Sprachen volle Identität der stammhaften und formantischen Elemente des betreffenden Wortes finden, müssen wir noch mehrere Fälle unterscheiden, die uns erlauben, auf ein Wort positive Schlüsse aufzubauen. Erstens, können die Unterschiede in Stamm oder formantischem Element lautlicher Natur sein und unter bestimmten Bedingungen schon in der Ursprache existiert haben (z. B. griech. πόδα und lat. *pedem* zeigen im Stamm eine alte Vokalverschiedenheit, die sich aus ursprünglichen Verhältnissen erklärt). Zweitens können wir in den einzelnen Sprachen im Genus oder im Wortbildungselement Verschiedenheiten haben, die sich als Neuerungen erklären, wenn auch vielleicht schon in der Ursprache in dieser Hinsicht dialektische Unterschiede vorhanden waren. So kann der Unterschied zwischen lat. *cor* und lit. *szirdìs* auch alt sein. Andererseits muß man auch in den Fällen vorsichtig sein, wo wir in verwandten Sprachen gleichartige Bildungen von ein und derselben oder von verwandten Wurzeln finden. Denn es ist möglich, daß entsprechende Wörter unabhängig voneinander entstanden sind, sofern die betreffende Wurzel und das betreffende Suffix in der betreffenden Sprache wirklich lebendig war (z. B. altind. *jñātā* neben der Verbalwurzel *jñā*, griech. γνωστήρ neben γιγνώσκω, lat. *nōtor* neben *nōsco*, u. a. in der Bedeutung „Bürge“, sind offenbar selbständige Bildungen dieser Sprachen). Zweitens muß man von den lautnachahmenden Bildungen mit Vorsicht Gebrauch machen, da infolge ihrer Entstehungsweise nicht notwendig Verwandtschaft vorzuliegen braucht (z. B. lat. *ulucus*, altind. *úlūka-* „Eule“).

Ferner darf man die Geschichte der Wortbedeutungen nicht unberücksichtigt lassen und Neuerungen nicht auf ältere Epochen übertragen. Denn außerordentlich häufig bleibt ein und derselbe Ausdruck, ungeachtet aller Modifikationen des Begriffes selbst: so folgt z. B. aus der Gegenüberstellung der indogermanischen Sprachen, daß unsere entfernten Vorfahren die durch das Verbum „kochen“ bezeichnete Handlung kannten; daraus darf man aber noch nicht schließen, daß sie auch alle die Vervollkommnungen und Vorrichtungen kannten, die erst das Resultat einer langen kulturellen Entwicklung sind. Viel Fehler sind in dieser Hinsicht bezüglich religiöser und abstrakter Begriffe begangen worden. Unbedingt notwendig ist, wie das auch schon Hehn betont hat, daß die aus linguistischen Untersuchungen gezogenen Schlüsse an den Ergebnissen der Kulturgeschichte nachgeprüft werden.

Die Lehnwörterfrage hat Kretschmer sehr einseitig beleuchtet, in letzter Zeit auch Wundt (Völkerpsychologie I², 2, 642). So behauptet Kretschmer, daß es keinen Unterschied gebe zwischen der Verbreitung durch Entlehnung aus einer Sprache in die andere — z. B. des altind. *pipallī*, *pipparī*, das ins Griechische übergegangen ist in der Gestalt πέπερι und von da weiter ins Lateinische (*piper*), von wo es die Germanen übernahmen (*Pfeffer*) — und der Verbreitung in der indogermanischen Epoche, etwa des Wortes, das altind. *yugá-m*, griech. ζυγόν, lat. *jugum*, altslav. *igo* lautete. Ich stimme Schrader völlig bei, wenn er sich gegenüber diesen Versuchen, Schlüsse aus sprachwissenschaftlichen Erwägungen ihrer Bedeutung zu entkleiden, ablehnend verhält, weil das Vorhandensein eines bestimmten Kulturwortes in der indogermanischen Epoche sich durch ebensolche Überlieferung des betreffenden Begriffes und seines Ausdruckszeichens von einer Gruppe zur anderen erklärt wie auch in späterer Zeit. Ich sehe darin ebensowenig wie Schrader etwas Verhängnisvolles für die Grundlagen der sprachwissenschaftlichen Forschung. Denn es handelt sich darum, daß in einer bestimmten Epoche ein bestimmter Ausdruck unter den Indogermanen verbreitet war, und Kretschmers und Wundts Einwände hätten nur dann Beweiskraft, wenn sie zeigen könnten, daß die indogermanischen Sprachen noch nach ihrer Trennung lange Zeit im allgemeinen unverändert blieben, und daß eine ganze Reihe kultureller Errungenschaften in dieser Epoche gemacht wurden, die von einer Gruppe an die andere, teilweise auf beträchtliche Entfernungen hin und über dazwischenliegende Völkerschaften anderen Stammes weitergegeben werden. Das ist aber unbeweisbar schon deshalb, weil die sprachlichen Tatsachen dagegen sprechen. Im Verlaufe langer Epochen, als die Indogermanen noch gemeinsam Veränderungen ihrer Sprache durchmachten, erreichten sie eine gewisse Kulturhöhe — andernfalls müßten wir unbedingt in der Sprache selbst Anhaltspunkte dafür finden, daß die kulturellen Errungenschaften nicht in der gemeinsamen Periode gemacht wurden. Wenn eine Sprache aus einer anderen ein Wort entlehnt, so kann dieses natürlich keine Spuren von Veränderungen aufweisen, die vor diesem Zeitpunkt in der betreffenden Sprache vor sich gegangen sind, aber es unterliegt (richtiger, es kann unterliegen) ebenso wie die nicht entlehnten Wörter den später eintretenden Lautveränderungen, soweit sie für dasselbe in Betracht kommen. Daraus, daß wir in nahe verwandten Sprachen nicht immer ein Lehnwort von einem alteinheimischen unterscheiden können[1]), folgt noch nicht, daß das überhaupt nicht möglich ist, und wie wir wissen, liefert die Untersuchung der Lehnwörter wichtige Resultate für die Kulturgeschichte und auch für die Chronologie der Sprachgeschichte. Doch muß man auch hier eine gewisse Vorsicht walten lassen: nicht immer bedeutet Entlehnung eines Wortes auch Entlehnung des Begriffes selbst. Schrader führt Fälle an, in denen die Aufnahme eines fremden Wortes gewissermaßen eine Modesache war (z. B. die in den verschiedensten Sprachen verbreiteten Lehnwörter zur Bezeichnung von gewissen „Damen"). Andrerseits hebt er auch mit Recht hervor, daß häufig bei der Entlehnung eines Wortes zur Bezeichnung eines Gegenstandes, der schon seinen heimischen Namen hat, eine besondere Bedeutungsschattierung zu erkennen ist, die gleichzeitig mit dem fremden Wort übernommen wird. So ist im Deutschen das dem altindischen *aśva-*, griechischen ἵππος, lateinischen *equus* entsprechende Wort für „Pferd" verloren gegangen, nachdem aus dem Lateinischen eine neue Bezeichnung angenommen war (*Pferd* aus latein. *paraverēdus* „Postpferd"), weil man „Postpferde" von den Römern kennen lernte.

Ich komme zu den Resultaten, die aus der Analyse der Formen des Bedeutungswandels zu gewinnen sind. Schrader weist darauf hin, daß kulturelle Errungenschaften in den meisten

---

1) Man kann z. B. nicht kurzerhand die Frage entscheiden, ob das slavische Wort für „Ufer" (altslavisch *brěgъ*, russisch *bereg* usw., urslavisch **bergъ*) ein altslavisches Wort, mit deutsch *Berg* urverwandt oder Lehnwort aus dem Germanischen ist, wie viele annehmen.

Fällen eben hier zu konstatieren sind, weil die Sprache nur selten neue Wörter aus neuem Sprachstoff schafft und nicht eben häufig zu Entlehnungen ihre Zuflucht nimmt. Meist handelt es sich um irgendeine Anpassung von schon Vorhandenem an den neuen Bedeutungsinhalt. Als Beispiel führt er die Geschichte des lateinischen Wortes *pecunia* an, dessen Etymologie auf die weit zurückliegende Epoche weist, als noch meistenteils Vieh als Tauschobjekt diente; die weitere Untersuchung bringt ihn zu der Annahme, daß die Grundbedeutung des Wortes „Schaf" etwas wie „Wollträger" war. Er erwähnt auch den bekannten Fall, lateinisch *hostis,* gotisch *gasts,* slavisch *gost*ь, wo aus der älteren Bedeutung „Feind", „Fremder" sich schließlich der Sinn „Gast" entwickelte.

Zum Schluß ist zu betonen, daß die Hauptaufgabe der sprachgeschichtlichen Untersuchung der indogermanischen Altertümer vor allem die ist, einen festen Untergrund für die Erforschung der Kulturgeschichte der einzelnen indogermanischen Völkerschaften zu legen, ähnlich wie die Hauptaufgabe der vergleichend-historischen Grammatik die Geschichte der Einzelsprachen ist, von der Epoche ihres gemeinsamen Lebens an. Hier wie dort kommt der Rekonstruktion der vorhistorischen Perioden ein selbständiger Wert nicht zu.

Nachträge.

S. 34. Die vielfach erörterte Frage über Schleichers Auffassung der sogenannten Lautgesetze läßt sich endgültig dahin
beantworten, daß Schleicher in seinen letzten Lebensjahren der
Annahme nahe gekommen ist, es gäbe ausnahmslos wirkende
Lautgesetze und sie durchkreuzende falsche Analogiebildungen.
Sein Schüler Johannes Schmidt berichtet, Schleicher wäre der
erste gewesen, der die Ausnahmslosigkeit der Lautgesetze
lehrte. Doch kann man aus seinen Schriften nicht — vgl. z. B.
Delbrück, Einleitung, Kap. IV, — eine klare Vorstellung darüber
gewinnen, wieweit er die Konsequenzen seiner Anschauung
von der Sprache als einem Naturwesen gezogen hat — denn
wer die Sprache für ein Naturwesen hält, muß auch für ihre
Erscheinungen Gesetzmäßigkeit fordern.

S. 57. Die deutsche Turfanexpedition hat Denkmäler zweier
bisher unbekannter indogermanischer Sprachen mitgebracht.
Nach vorläufigen Mitteilungen der Gelehrten, die sich mit ihnen
befaßt haben, stellt die eine Sprache (Tocharisch) einen selbständigen Zweig unserer Sprachfamilie dar, der nach der Behandlung der alten k- und g-Laute zu den *centum*-Sprachen
gehört (vgl. S. 211). Die andere Sprache gehört zum Indoiranischen. Vgl. Sitzungsberichte der Kgl. Preußischen Ak. d.
Wissensch. XXXIX.

S. 100. Außer den beschriebenen Arten von Konsonanten
gibt es noch sogenannte Faukale und Laute mit lateraler Explosion. Die erste Abart entsteht dadurch, daß in Verbindungen
von Explosivlauten mit folgendem Nasal der Knall beim Öffnen
des Gaumensegels, während die Mundhöhle abgesperrt ist, die
einzige schallbildende Artikulationsstelle des Mundraumes ist.
Also z. B. bei *tn, bm* usw. wird die schallbildende Explosion

des *t-* und *b*-Lautes durch die Gaumensegelexplosion ersetzt. Ein analoges Verhältnis entsteht in Verbindungen eines Explosivlautes mit folgendem *l*, nur wird hier die gewöhnliche Explosion dadurch ersetzt, daß die Ränder der Zunge sich von den Zähnen abheben.

S. 134. Es ist wohl zu unterscheiden zwischen den Genusformen der Substantive und der Adjektive. Die ersteren haben dieselben als Formen der Wortbildung, die letzteren als Formen der Wortbeugung, weil die Genusform des Adjektivums nur durch den Satzzusammenhang bestimmt wird.

S. 135. Die Eigenart des semitischen Sprachtypus mag folgendes Beispiel illustrieren: im Arabischen heißt *qataltu* (*q* bezeichnet einen hinteren Velar) „ich habe getötet", *qutiltu* „ich wurde getötet", *aqtaltu* „ich ließ töten", *qatl* „töten", *qitl* „Feind", *qutl* „tödlich" usw., wir sehen also, daß nur die Laute *q-t-l* die Träger der Bedeutung „töten" sind, — jeder Vokal hat schon formantischen Wert.

S. 174. Gotisches *þiudan-gardi* ist wie *midjun-gards* „Erdkreis" zu beurteilen. Die Stämme *þiudana-* (vgl. N. *þiudans*), *midjuna-* sind durch *þiudan-, midjun-* ersetzt worden.

S. 184. Bopps Agglutinationstheorie ist mehrfach angegriffen worden. Es wurden auch neue Hypothesen über den Ursprung der formbildenden Elemente der indogermanischen Ursprache aufgestellt, jedoch sind das ebenso wie Bopps Theorie glottogonische Hypothesen, die sich einstweilen nicht beweisen lassen. Ich betone auch, daß wir die indogermanische Ursprache nur in den letzten Stadien ihrer Entwicklung kennen, über die weiter zurückliegenden Epochen sind wir lediglich auf unsichere Vermutungen angewiesen. Bopps Hypothese hat wenigstens die Analogie der späteren Sprachentwicklung für sich.

Verlag von B. G. Teubner in Leipzig und Berlin

Die Sprachstämme des Erdkreises. Von F. Nikolaus Finck. [VIII u. 143 S.] 8. 1909. Geh. M. 1.—, geb. M. 1.25.

Sucht vom Standpunkt der neuesten sprachgeschichtlichen Forschung aus, sowie gestützt auf reiches Tatsachenmaterial, einen umfassenden Überblick über die auf Erden vorhandenen Sprachidiome zu bieten und ihre Fülle auf größere Spracheinheiten zurückzuführen, indem es, ausgehend von der ethnographischen Einteilung der Menschheit in kaukasische, mongolische, amerikanische und äthiopische Rasse die einzelnen Sprachstämme in ihren weiten Verzweigungen darlegt und die gegenseitigen Zusammenhänge aufzeigt.

Die Haupttypen des menschlichen Sprachbaues. Von F. Nikolaus Finck. [VI u. 156 S.] 8. 1910. Geh. M. 1.—, geb. M. 1.25.

Vermittelt einen unmittelbaren Eindruck der sechs Haupttypen, nach denen sich alle Sprachen der Erde ordnen lassen, dadurch, daß es dem Leser ein charakteristisches Textstück je einer der die Typen repräsentierenden Sprachen selbst vorlegt und durch eine neue Art eindringender Analyse zugleich jedem ein unmittelbares Verständnis des Textes und einen Überblick über die in der betreffenden Sprache herrschenden allgemeinen Gesetze und individuellen Besonderheiten ermöglicht.

Einführung in die vergleichende Grammatik der indogermanischen Sprachen. Von A. Meillet. Vom Verfasser genehmigte und durchgesehene Übersetzung von Wilhelm Printz. [XVIII u. 330 S.] gr. 8. 1909. Geh. M. 7.—, in Leinwand geb. M. 8.—

Dieses auf streng wissenschaftlichen Grundsätzen aufgebaute, dabei in der übersichtlichen Darstellung sowie in der Stoffauswahl den Bedürfnissen des Anfängers Rechnung tragende Werk will einen Überblick über das gesamte Gebiet der indogermanischen Sprachwissenschaft bieten. An ein ausführliches methodisches Kapitel schließt sich eine Übersicht über die indogermanischen Sprachgruppen, sodann wird eingehend an der Hand zahlreicher, wohl gewählter Beispiele Laut- und Formenlehre, Syntax sowie der Wortschatz der indogermanischen Sprachen besprochen und zum Schluß die Entwicklung der indogermanischen Dialekte behandelt, während ein Anhang eine kurze Geschichte der indogermanischen Sprachwissenschaft und bibliographische Angaben enthält. Die Klarheit und Kürze, die das Originalwerk auszeichnet, ließen eine Übertragung wünschenswert erscheinen, die, durch die Unterstützung des Verfassers dem neuesten Stand der Wissenschaft angepaßt, sich als ein in seiner Art bisher noch nicht vorhandener Führer durch die indogermanische Sprachwissenschaft bezeichnen darf.

Charakteristik der lateinischen Sprache. Von F. Oskar Weise. 4. verbesserte Auflage. [IV u. 202 S.] 8. 1909. Geh. M. 3.—, in Leinwand geb. M. 3.60.

„Weises gedankenvolles und inhaltreiches Buch über die lateinische Sprache erschien zuerst 1891. Aus einer liebevollen Vertiefung in den interessanten Gegenstand geboren, überraschte es durch eine Fülle trefflicher Urteile des sprachkundigen Verfassers; der gewandte, gefällige Stil machte es zu einer angenehmen Lektüre. ... Als erste zusammenfassende Darstellung des Charakters der lateinischen Sprache war es in seiner Art neu. All die tausendfältigen Beobachtungen, die erfahrene Sprachkenner über lateinische Redeweise gelegentlich gemacht hatten, stellte es mit eigenem Urteil übersichtlich zusammen; Andeutungen der Grammatiker wurden weiter verfolgt, immer unter dem Gesichtspunkte, den Gründen der sprachlichen Erscheinungen nachzuforschen und von der höheren Warte der psychologischen Betrachtung aus ein richtiges Urteil zu gewinnen."

(Wochenschrift für klassische Philologie.)

Verlag von B. G. Teubner in Leipzig und Berlin

Rhetorik. Von Ewald Geißler. Geh. M. 1.—, geb. M. 1.25.

Macht durch Anwendung der Grundsätze der modernen künstlerischen Bewegung auf das gesprochene Wort den Versuch einer zeitgemäßen Wiederbelebung der Rhetorik und will so, gestützt zugleich auf die vertiefte wissenschaftliche Einsicht der modernen Psychologie, Phonetik und Völkerpsychologie nicht nur den Berufsredner, der sein Organ durch falsche, unnötig anstrengende Bewegung oft dauernd schädigt, eine gesunde Sprachweise lehren, sondern jedem Anleitung geben, seiner Stimme Klang, Schönheit und Gestaltungskraft zu verleihen, und für alle Regungen des Innenlebens und alle Seiten der Persönlichkeit den angemessenen und ästhetisch kultivierten Ausdruck zu finden, wodurch sich zugleich die Kultur des gesprochenen Worts als ein notwendiges Stück der Bildung des Menschen zu körperlicher, ästhetischer und innerlicher Vollendung ergibt.

Die menschliche Stimme und ihre Hygiene. Von Paul H. Gerber. Mit 20 Abbildungen. Geh. M. 1.—, geb. M. 1.25.

Nach den notwendigsten Erörterungen über das Zustandekommen und über die Natur der Töne werden der Kehlkopf des Menschen und seine Funktion als musikalisches Instrument behandelt; dann werden die Gesang- und die Sprechstimme, ihre Ausbildung, ihre Fehler und Erkrankungen sowie deren Verhütung und Behandlung erörtert.

Petite phonétique comparée des prinzipales langues européennes. Par Paul Passy. Geh. M. 1.80, geb. M. 2.20.

„Der hohe Wert der petite phonétique besteht darin, daß sie in abgeklärter Form alles das darbietet, was ein scharfer Beobachter lautlicher Erscheinungen und einer der bedeutendsten Phonetiker unserer Zeit über die Sprachlaute der wichtigsten europäischen Sprachen zu sagen weiß. Passy läßt sich in seinem Urteil nicht durch andere beeinflussen, bei ihm beruht alles auf eigener Beobachtung. Er ist dabei ein praktischer Schulmann, der auch treffliche Winke betreffs der Schwierigkeiten zu geben weiß, die bei der Erzeugung einzelner Laute zu überwinden sind."
(Zeitschrift für französische Sprache und Literatur.)

Intonation curves. A collection of phonetic texts in which intonation is marked throughout by means of curved lines on a musical stave. By Daniel Jones. Steif geh. M. 2.60.

Um den bisher mit der Darstellung des phonetisch so wichtigen Wechsels der Tonhöhe verbundenen Schwierigkeiten zu begegnen, werden hier die Biegungen (inflections) der Stimme vermittels genauer in ein Notensystem eingezeichneter Kurven wiedergegeben. Die Beispiele sind dem Englischen, Französischen und Deutschen entnommen und zeigen die verschiedensten Arten der Aussprache von der gewähltesten an bis zur Sprache des Alltagslebens.

Lehrbuch der Phonetik. Von Otto Jespersen. Autorisierte Übersetzung von Hermann Davidsen. Mit 2 Tafeln. Geh. M. 5.—, in Leinwand geb. M. 5.60.

Phonetische Grundfragen. Von Otto Jespersen. Mit 2 Figuren im Text. Geh. M. 3.60, in Leinwand geb. M. 4.20.

Growth and Structure of the English Language. By Otto Jespersen. In Leinwand geb. M. 3.—

„... Der kopenhagener universitätsprofessor O. Jespersen zählt zu den allerhervorragendsten vertretern der phonetischen wissenschaft und seine werke sind für den neusprachlehrer aus dem grunde von besonderer wichtigkeit, weil er, selbst früher lehrer, sich ununterbrochen in fühlung mit den bedürfnissen des neusprachlichen unterrichts gehalten hat, was wir sonst nur noch von Viëtor und Paul Passy kennen. Soweit ich sehe, sind alle seine schriften von direktem und zumeist sehr hohem werte für den neusprachlehrer." **(Prof. Dr. H. Klinghardt in „Die neuer. Sprach.")**

Die Kultur der Gegenwart. Ihre Entwicklung und ihre Ziele

Herausgegeben von Professor Paul Hinneberg

Teil I, Abteilung 7:

Die orientalischen Literaturen

mit Einleitung „Die Anfänge d. Literatur u. d. Literatur d. primit. Völker"

[IX u. 419 S.] Lex.-8. 1906. Geh. M. 10.—, in Leinwand geb. M. 12.—

Inhalt: Die Anfänge der Literatur und die Literatur der primitiven Völker: E. Schmidt. — Die ägyptische Literatur: A. Erman. Die babylonisch-assyrische Literatur: C. Bezold. Die israelitische Literatur: H. Gunkel. Die aramäische Literatur: Th. Nöldeke. Die äthiopische Literatur: Th. Nöldeke. Die arabische Literatur: M. J. de Goeje. Die indische Literatur: R. Pischel. Die altpersische Literatur: K. Geldner. Die mittelpersische Literatur: P. Horn. Die neupersische Literatur: P. Horn. Die türkische Literatur: P. Horn. Die armenische Literatur: F. N. Finck. Die georgische Literatur: F. N. Finck. Die chinesische Literatur: W. Grube. Die japanische Literatur: K. Florenz.

Teil I, Abteilung 8:

Die griechische u. lateinische Literatur u. Sprache

2., vermehrte und verbesserte Auflage.

[VIII u. 494 S.] Lex.-8. 1907. Geh. M. 10.—, geb. M. 12.—

Inhalt: I. Die griechische Literatur und Sprache. Die griechische Literatur des Altertums: U. v. Wilamowitz-Moellendorff. — Die griechische Literatur des Mittelalters: K. Krumbacher. — Die griechische Sprache: J. Wackernagel. — II. Die lateinische Literatur und Sprache. Die römische Literatur des Altertums: Fr. Leo. — Die lateinische Literatur im Übergang vom Altertum zum Mittelalter: E. Norden. — Die lateinische Sprache: F. Skutsch.

Teil I, Abteilung 9:

Die osteuropäischen Literaturen und die slawischen Sprachen

[VIII u. 396 S.] 1908. Geh. M. 10.—, geb. M. 12.—

Inhalt: I. Die slawischen Sprachen: V. v. Jagic. — II. Die slawischen Literaturen. Die russische Literatur: A. Wesselovsky. — Die polnische Literatur: A. Brückner. — Die böhmische Literatur: J. Máchal. — Die südslawischen Literaturen: M. Murko. — III. Die neugriechische Literatur: A. Thumb. — IV. Die finnisch-ugrischen Literaturen. Die ungarische Literatur: F. Riedl. — Die finnische Literatur: E. Setälä. — Die estnische Literatur: G. Suits. — V. Die litauisch-lettischen Literaturen. Die litauische Literatur: A. Bezzenberger. — Die lettische Literatur: E. Wolter.

Teil I, Abteilung 11, 1:

Die romanischen Literaturen und Sprachen

mit Einschluß des Keltischen.

[VII u. 499 S.] Lex.-8. 1909. Geh. M. 12.—, in Leinw. geb. M. 14.—

Inhalt: I. Die keltischen Literaturen. 1. Sprache und Literatur der Kelten im allgemeinen: H. Zimmer. 2. Die einzelnen keltischen Literaturen. a) Die irisch-gälische Literatur: K. Meyer. b) die schottisch-gälische und die Manx-Literatur. c) Die kymrische (walisische) Literatur. d) Die kornische und die bretonische Literatur: L. Chr. Stern. II. Die romanischen Literaturen. 1. Frankreich bis zum Ende des 15. Jahrhunderts. 2. Italien bis zum Ende des 17. Jahrhunderts. 3. Die kastilische und portugiesische Literatur bis zum Ende des 17. Jahrhunderts. 4. Frankreich bis zur Romantik. 5. Das 19. Jahrhundert: H. Morf. III. Die romanischen Sprachen: W. Meyer-Lübke.

Verlag von B. G. Teubner in Leipzig und Berlin

Schriften von Professor Dr. Oskar Weise

aus dem Verlage von B. G. Teubner in Leipzig und Berlin

Unsere Muttersprache, ihr Werden und ihr Wesen. 7., verb. Auflage.

Gebunden *M.* 2.80.

„... Eine große Summe gelehrter Arbeit ist hier in so klarer, einfacher und anregender Weise dargelegt, daß es auch dem Laien nicht viel Mühe kostet, sich die wichtigsten Ergebnisse der deutschen Sprachforschung anzueignen. Was wir da vernehmen von der Wechselwirkung zwischen Sprache und Volksart, von den Besonderheiten der Germanen und Romanen, vom innern Leben der Wörter, vom Gegensatz zwischen nord- und süddeutscher Sprache und Art, vom Unterschied zwischen Mundart und Schriftsprache, vom Parallelismus in der Entwicklung des Stils und der Kultur, vom heimischen Wortschatz und vom Bedeutungswandel, von den Sprachgesetzen und der Geschichte der Fremdwörter, all das bringt uns eine solche Fülle von Belehrung und öffnet ein solches Verständnis für eines unserer teuersten Güter, daß jeder Leser seine Freude an dem schönen Büchlein haben muß.“ (Schweizerisches Evangelisches Schulblatt.)

„... Der Geist Herders lebt in ihm auf, dies lebendige Sicheinfühlen in dem Buche, die heimliche Poesie der Sprache. ... Es wird empfohlen für die gebildete Laienwelt, insbesondere für Eltern, die eine anregende und zuverlässige Anleitung in Händen haben möchten, um mit ihren heranwachsenden Kindern Fragen der Muttersprache, wie jeder Tag und jede Stunde sie aufwirft, lehrend und lernend erörtern zu können.“ (Westermanns Monatshefte.)

Unsere Mundarten, ihr Werden und ihr Wesen. Gebunden *M.* 3.—

Das Buch ist ein Seitenstück zu des Verfassers Schrift ‚Unsere Muttersprache‘ und ebenso volkstümlich gehalten. Es will zunächst über die Besonderheiten der Mundarten in Lautgestalt, Wortbiegung, Wortbildung, Wortschatz (heimische und fremde Wörter), Stil in Prosa und Volksdichtung aufklären, aber auch die Beziehungen zwischen Dialekt und Volksart aufdecken; weitere Abschnitte untersuchen, wieviel altertümliches Sprachgut die Mundarten fortführen, in wieweit sie Blicke in die höhere Kultur unseres Volkes ermöglichen, in welchem Maße deutsche Dichter und Denker in ihrer Schriftsprache mundartliche Formen oder Ausdrücke verwenden, endlich welche Besonderheiten der Volkswitz bei den einzelnen Stämmen zeigt. In einem einleitenden Abschnitte aber ist das Werden, d. h. die Entstehung und allmähliche Entwicklung der dialektischen Formen erörtert und den sozialen, politischen und religiösen Gründen nachgegangen worden, aus denen sie sich erklärt.

Ästhetik der deutschen Sprache. 3., verbesserte Auflage. Gebunden *M.* 3.—

„... Ausgestattet mit tausend Beispielen, die zum Teil in humorvollen Wendungen auftreten, treffend im Urteil und reich an Beziehungen zur Sprachgeschichte und zur schönen Literatur, vermag das Buch wirklich das Bewußtsein von dem ästhetischen Gehalte der deutschen Sprache zu erwecken und bei aller Wissenschaftlichkeit doch den Weg zur Praxis zu weisen. Von Nutzen wird es daher dem Schüler wie dem Gereiften sein.“ (Allg. Literaturzeitung.)

„Daß ich es nur gleich mit einem Worte sage: ich kenne kein Buch über die deutsche Sprache, das mir so gefallen hätte wie diese neueste Gabe des bereits durch die trefflichsten Werke um unsere herrliche Muttersprache hochverdienten Verfassers; ich kenne kein Buch, das in so geschickter Weise dem Bedürfnis nach rechtem Verständnis und feinsinniger Würdigung unseres edelsten Gutes entgegenkäme und so geeignet wäre, jedem, wer es auch sei, herzliche Lust an diesem Gute und warme Liebe zu ihm zu erwecken.“ (Zeitschrift f. d. deutschen Unterricht.)

Wie denkt das Volk über die Sprache? Von Prof. Dr. Friedrich Polle. 3., verbesserte Auflage von Professor Dr. Oskar Weise. In Leinwand geb. *M.* 1.80.

„... Polles Buch bedarf keiner Empfehlung; es wird auch so seinen Weg gehen wie das Buch Weises ‚Unsere Muttersprache‘. Seine Ausführungen beruhen auf einer ausgedehnten Belesenheit und einer liebevollen Beobachtung der Denkweise des Volkes und sind dennoch so frisch und anziehend geschrieben, daß sie in der Tat die weitesten Kreise für die behandelten Fragen zu erwärmen vermögen.“ (Zeitschrift des Allgemeinen Deutschen Sprachvereins.)